Jacques Heers

L'HISTOIRE ASSASSINÉE

Les pièges de la mémoire

ÉDITIONS DE PARIS

Du même auteur

Le Livre de comptes de Giovanni Piccamiglio, homme d'affaires génois (1456-1459), 377 p., Paris et Aix-en-Provence, 1959

Gênes au XVe siècle : activités économiques et société, 741 p., Paris, SEVPEN, 1961 ; éd. abrégée, Flammarion, 1971

L'Occident aux XIVe et XVe siècles : aspects économiques et sociaux, 439 p., Paris, PUF, 1961 (Nouvelle Clio) ; 6e éd. 1990

Le travail au Moyen Âge, 125 p., Paris, PUF, 1968 (Que sais-je ?) ; 4e éd. 1982

Précis d'Histoire du Moyen Âge, 422 p., Paris, PUF, 1968 ; 4e éd. 1990

Fêtes, jeux et joutes dans les sociétés d'Occident à la fin du Moyen Âge, 235 p., Paris et Montréal, 1972 ; 2e éd. 1982

Le clan familial au Moyen Âge : étude sur les structures politiques et sociales des milieux urbains, 225 p., Paris, PUF, 1974 ; 2e éd. 1982 (Quadrige)

Parties and political life in the Medieval West, 312 p., Amsterdam et New York, 1977 ; éd. fr. PUF, 1974

Société et économie à Gênes, XIVe-XVe siècles, 362 p., Londres, Variorum Reprints, 1979

L'itinéraire d'Anselme Adorno en Terre Sainte (1471), 511 p., Paris, CNRS, 1979, en collaboration avec G. de Groër

Christophe Colomb, 666 p., Paris, Hachette, 1981 ; éd. de poche, Marabout, 1983 ; 2e éd. 1991

Esclaves et domestiques au Moyen Âge dans le monde méditerranéen, 296 p., Paris, Fayard, 1981

Fêtes des fous et carnavals au Moyen Âge, 280 p., Paris, Fayard, 1983

Marco Polo, 368 p., Paris, Fayard, 1983 ; 2e éd. 1986

Espaces publics et espaces privés dans la ville : le liber terminorum de Bologne (1294), 173 p., Paris, CNRS, 1984

Machiavel, 459 p., Paris, Fayard, 1985

La vie quotidienne à la cour pontificale au temps des Borgia et des Médicis (1420-1520), 284 p., Paris, Hachette, 1986 ; 2e éd. 2001

La ville au Moyen Âge : paysages, pouvoirs, conflits, 635 p., Paris, Fayard, 1990

1492 : la découverte de l'Amérique, 190 p., Bruxelles, Complexe, 1991

1492-1530 : la ruée vers l'Amérique. Les mirages et les fièvres, 218 p., Bruxelles, Complexe, 1992

Les temps de "transition" (de 1300 à 1520), 57 p., Paris, Bibliothèque d'Orientation Mentha, 1992

Le Moyen Âge, une imposture, 268 p., Paris, Perrin, 1992

Gilles de Rais, 246 p., Paris, Perrin, 1994

Libérer Jérusalem : la première croisade, 369 p., Paris, Perrin, 1995 ; éd. de poche 2003

Jacques Cœur, 282 p., Paris, Perrin, 1997

De saint Louis à Louis XI : forger la France, 218 p., Paris, Bartillat, 1997

L'esilio, la vita politica et la società nel medioevo italiano, 250 p., Naples, Liguori, 1997

Louis XI, 428 p., Paris, Perrin, 1999 ; éd. de poche 2003

Les Barbaresques, la course et la guerre en Méditerranée (XIVe-XVe siècles), 368 p., Paris, Perrin, 2001

Les négriers en terres d'Islam : la première traite des Noirs (VIIe-XVIe siècles), 312 p., Paris, Perrin, 2003

Chute et mort de Constantinople, 344 p., Paris, Perrin, 2005

13 rue Saint-Honoré, 78000 Versailles
http://www.editions-de-paris.com
ISBN 2-85162-175-0

I

CROIRE OU NE PAS CROIRE ?

Ce que nous appelons la Mémoire n'a que peu de commun avec l'Histoire. Ce sont deux démarches différentes, parfois contradictoires, en tout cas incompatibles. Faire mémoire conduit à évoquer des événements du passé de façon émotionnelle, engagée, pour exalter des hauts faits d'armes, justifier telle ou telle entreprise, ou, plus souvent peut-être, pour maintenir le souvenir des heures sombres et des martyrs.

Grands témoins, témoins trompeurs, hypocrites

Mémoires et entretiens, plaidoyers pro domo

Les lecteurs, et les auditeurs plus encore, prennent intérêt à une Histoire manifestement subjective qui, pour mieux asseoir ses jugements, fait appel aux acteurs eux-mêmes ou aux témoins encore en vie. Les livres consacrés à un passé tout récent occupent de longs rayons de nos bibliothèques. Et ces livres ne sont, bien souvent, que la mise en forme des récits d'un personnage particulièrement bien placé qui parle de ses expériences, de ses relations ou de rencontres occasionnelles et se croit autorisé à faire partager ses réflexions, ses convictions et ses états d'âme.

Les témoignages du genre « Le Président (ou le Général) que j'ai bien connu m'a dit... » ou « Tel que je l'ai connu... » ou « Sur les pas de... » ou encore « Vingt ans avec... », font fureur grâce à ce cachet d'authenticité et même d'impartialité hautement revendiqué. Les lecteurs qui apprécient ces ouvrages, souvenirs et confidences, y trouvent toutes sortes d'anecdotes, d'aperçus inattendus sur la vie d'un homme célèbre ainsi dévoilée sans que celui-ci puisse répondre pour confirmer ou démentir. Ils devraient pourtant s'interroger sur le mémorialiste lui-même, sur ses intentions et ses convictions.

Plus difficiles à déchiffrer peut-être, les *Entretiens* mettent en scènes de longs, très longs, "face à face" entre un auteur, souvent estimé pour ses propres travaux, et un homme public de grande notoriété ou l'un de ses proches, de ses héritiers, fils ou fille, neveu ou nièce (sauf exceptions, on ne va pas plus loin). Ces ouvrages ne sont certes pas dénués d'intérêt : interroger un témoin, et surtout un témoin vraiment privilégié, est toujours passionnant. C'est entendre un homme de qualité parler de sa vie ; c'est connaître ses choix et ses refus. Rien de médiocre ni de méprisable mais notre connaissance de la période et du personnage mis en scène n'en tire que peu de profit tant le miroir peut être déformant. À en lire quelques-uns, l'on en vient à penser que ce ne sont qu'exercices d'autosatisfaction ou plaidoyers pour la défense d'un proche et l'on trouve alors « qu'il est regrettable qu'outrepassant ce rôle, péremptoire sur tous les sujets qui le dépassent, se donnant à tous moments un rôle qu'il n'a pas eu et se présentant comme le seul détenteur de la vérité historique contre les historiens qu'il injurie pour la plupart au passage, il transforme son témoignage en règlement de comptes »[1].

La recherche historique n'a rien de commun avec ce genre de publications. Pourtant, contrairement à toute rigueur qui exigerait recul et confrontation, ces entretiens gagnent de plus en plus et, de curieuse façon, s'affirment méthode d'enquête pour des chercheurs et des auteurs qui se disent historiens. À la façon des spécialistes socio-ethnologues qui, tant bien que mal, rassemblent les traditions orales de l'Afrique profonde, ils interrogent les ruraux d'aujourd'hui, ceux du moins qui cultivent encore des terres, sur les pratiques agraires de leurs ancêtres plus ou moins lointains. Sur leur lancée, certains remontent jusqu'aux temps obscurs du Moyen Âge. Plus communément, "le chercheur"

---

[1] P. NORA dans *Le Débat*, mars-avril 2005, cité par E. de MONTETY, *Le Figaro Magazine*, 29 avril 2005, au sujet du livre *De Gaulle mon père,* entretiens de M. Tauriac et de l'amiral Philippe De Gaulle, 2 vol., 2004.

s'intéresse à un passé tout récent, consulte les témoins survivants et s'en tient là sans plus outre. C'est ainsi que certaines études consacrées au Concile de Vatican II ne présentaient d'autre documentation que les interrogatoires des cardinaux encore en vie. Nous voyons aussi nombre de mémoires d'étudiants consacrés à la littérature ou à l'art des temps tout proches de nous, donner large place aux confidences de la veuve et des enfants de l'écrivain ou de l'artiste.

Pour évoquer le passé, la *Mémoire* se nourrit aussi de récits qui se disent irrécusables. Mais le fait que des écrits, relations ou plaidoyers de toutes sortes, nous viennent de loin, découverts en un fonds d'archives peu exploité ou sur les rayons d'une bibliothèque privée, quasi confidentielle, ne leur donne, sur le plan historique, aucune valeur supplémentaire. Ni le parchemin, ni l'encre vieillie à peine lisible, ni l'écriture quasi indéchiffrable parfois, n'incitent à croire davantage ces auteurs qui, illustres ou anonymes, n'ont certainement pas, plus que ceux d'aujourd'hui, pris la plume pour dire le vrai, libres de toute passion ou intérêt. Ce que l'homme peut dire de ce qu'il a vécu, observé et analysé à sa manière, n'a de valeur et d'intérêt que pour connaître ses propres façons de penser, de juger les personnages et les événements de son époque.

Le mémorialiste est toujours un homme engagé, soumis ou à un maître ou à la mode, presque toujours au désir de bien parler de lui. Ce sont cependant ces témoignages, généralement uniques, que les auteurs des premiers manuels ont privilégiés. En effet, les textes anciens demandent de longs apprentissages, beaucoup de patience et de discernement. Il faut, le plus souvent, maîtriser un latin enrichi, alourdi d'emprunts aux parlers vulgaires ou à ceux des métiers. Cette langue, truffée de nombreuses abréviations, est, dès qu'il s'agit d'un document tout ordinaire, si mal écrite qu'elle en devient parfois incompréhensible. Chaque historien pourrait, sur ce sujet, évoquer de fallacieuses interprétations provoquées par de mauvaises lectures et citer nombre de documents demeurés indéchiffrables et inexploités. La crainte de devoir affronter tant de difficultés a, pendant longtemps, orienté les recherches vers des fonds documentaires plus accessibles que d'autres. Les historiens avaient tout à défricher ; ils manquaient de repères et de bonnes chronologies. Contraints de construire la trame des événements, ils sont allés au plus important et, il faut bien le dire, au plus facile. Ils ont d'abord et surtout étudié, l'on pourrait plutôt dire démarqué, mis en relief et en couleurs, ce que disaient les grands témoins du temps. Ces "mémoires", le plus souvent d'une grande richesse, furent publiées, traduites en parler moderne, bien annotées par des érudits qui avaient pris le soin de tout identifier, personnages et lieux de l'action. On les trouvait rassemblées dans de grandes collections, disponibles dans toutes les bibliothèques. L'étude en était aisée et cette Histoire se limitait généralement à présenter les faits dans un bon ordre, à clarifier des situations trop embrouillées et à tout assortir de doctes commentaires, notamment de différentes manières de jugements.

Cependant, l'on doit bien considérer que ces textes ont, en leur temps, été forgés à dessein et n'étaient, pour la plupart, que des travaux de commande ou des plaidoyers pour soi. L'auteur ne prenait évidemment pas la plume dans le seul souci d'occuper ses loisirs ou pour revivre en secret les grands et moins grands moments de sa vie. Presque toujours, c'était pour plaire à un maître, pour se justifier, pour clamer justice de fausses accusations ou, tout ordinairement, pour le délicat bonheur de se placer sur le devant de la scène, de s'attribuer mérites et hauts faits. Ouvrages, le plus souvent, de combat politique où le point de vue personnel, les engagements familiers ou communautaires, les souvenirs obsédants et, par-dessus tout, le désir de plaire pèsent plus lourd que l'application à faire connaître la vérité. Le mémorialiste parle forcément de lui, de ceux qui l'ont aidé et, plus encore, des malfaisants et des méprisables qui avaient grand tort de ne pas l'apprécier, ont contrarié ses projets ou brisé sa carrière et, au prix de vilaines manières, magouilles et corruption, ont mieux réussi que lui-même.

Suivre ces témoins est, en quelque sorte, se faire complice d'une manœuvre et nous devons donc admettre que, plus l'homme paraît important, plus haut situé sur l'échelle des charges et des fortunes, plus au cœur des décisions et des événements, plus il doit nous être suspect. L'image de Louis XI en ombres noires nous vient de Commynes qui s'est appliqué à mal parler du roi pour, tout simplement, assurer son salut : il avait, de fort méchante façon, trahi le duc de Bourgogne et quitté son camp de nuit pour rejoindre celui du roi de France qui, pour prix de cette vilenie, lui avait fait don de plusieurs grands fiefs et seigneuries, confisqués aux princes et aux nobles moins bien en cour. Le roi mort, Commynes, pour échapper à la prison et à la ruine, prit la plume pour salir la mémoire de son maître défunt. Cela fut d'autant mieux accepté que, dans le même temps, pour obtenir le divorce d'avec Jeanne de France, le roi Louis XII faisait paraître nombre de témoins qui attestaient que ce mariage avait été imposé par Louis XI, usant alors de violences et de manœuvres indignes d'un souverain. Ainsi s'est imposée cette légende noire que nos manuels rappellent encore.

De nombreux auteurs, tout particulièrement parmi les plus connus et plus souvent cités, ont beaucoup et longtemps travaillé de cette façon. On n'a voulu connaître de Louis IX, Saint Louis, que ce qu'en dit Joinville qui rédigea la *Vie* du roi, pour, au moment où s'engageait le procès de canonisation, imposer l'image du souverain pieux, miséricordieux et chevaleresque. Pendant de longues générations d'historiens, on en restait à cette seule source, maniée avec plus ou moins d'habileté ou de fantaisie. La véritable personnalité de ce roi, très chrétien certes mais aussi remarquable homme d'État, ne nous fut offerte qu'en 1980 et 1985, par les deux ouvrages de Gérard Sivéry[2]. Mais quels journaux ou magazines pour grand public en parlent ? La notoriété va à ceux qui ne se sentent nullement disposés à mener de longues recherches dans les fonds d'archives. Ce qui fait que les étudiants engagés dans la préparation d'une thèse ont des lectures que l'homme soumis aux "médias" ne peut pas connaître.

Rien de ce que peut dire ou écrire un homme public n'est innocent. Dès qu'elles prennent un autre ton que celui d'un compte-rendu austère et impersonnel, dès qu'elles mettent davantage l'auteur en vedette, les lettres sont tout aussi équivoques que les mémoires. Faute d'autres sources, nous les tenons volontiers pour de vrais témoignages et leur faisons confiance. Mais c'est à tort et, là encore, par désir d'exploiter un témoignage direct. On voit mal, en effet, comment les agents d'un souverain et

---

[2] *Saint Louis et son siècle,* 1980. – *L'économie du royaume de France au siècle de Saint Louis,* 1985

de l'État, chargés de missions ou de commandements, pouvaient, en rendant compte, ne pas se prévaloir de leurs succès, insister sur leurs mérites, égratigner ou accabler leurs adversaires ou leurs voisins.

Des voyages de Christophe Colomb, nous ne savons que ce qu'il en dit lui-même. Mais le *Journal* de son premier voyage n'est pas du tout tenu au jour le jour. C'est une lettre rédigée sur le chemin du retour pour faire connaître l'heureuse issue de l'entreprise. Tout au long, il ne parle que de lui, de la manière dont il a conduit ses hommes et mérité récompense. De plus, circonstance que les biographes de l'amiral ne rappellent pas volontiers, de la première et authentique version de cette lettre, recopiée pourtant en plusieurs exemplaires, n'est resté que le manuscrit confié à Las Casas qui l'a gardé par-devers lui. Il l'a, un peu plus tard, publié en prenant toutes sortes de libertés, aménageant le texte, retranchant ici, ajoutant de longs passages de sa main. C'est ce travail que nous disons être de la main d'un Colomb sincère !

Certains textes ont connu une telle notoriété, tenus pour d'exceptionnels documents, que, faute d'en identifier vraiment les auteurs et d'étudier les circonstances de leur rédaction, nous cédons volontiers à ce qu'impose une tradition erronée. Nous continuons à parler du *Livre de Marco Polo*, capitaine d'une galère de la Sérénissime fait prisonnier par les Génois à la bataille de la Curzola dans l'Adriatique en l'an 1298, alors que l'auteur est indiscutablement Rusticello de Pise, lui aussi prisonnier à Gênes. Intitulé le *Devisement du Monde*, ce livre écrit en français, langue que Polo ignorait certainement, s'adressait à un public de cour, comme déjà plusieurs ouvrages et compilations de Rusticello, familier du roi d'Angleterre. Les Vénitiens l'ont, en quelque sorte, accaparé et changé son titre quelque deux cents ans plus tard pour en faire un récit de voyage à la gloire des navigateurs de Venise ; ils l'ont mis en bonne place dans le recueil de Gianbattista Ramusio, secrétaire du Sénat puis du Conseil des Dix de Venise, recueil intitulé *Delle navigazioni e viaggi* (1550-1559).

Pendant très longtemps, les historiens n'ont vu dans ce livre qu'un récit de voyage. Certains, tout récemment, ont même fait de Polo un "explorateur", au même titre que Colomb ou Vespucci, alors qu'aller en Chine à l'époque, cheminant de gîte en gîte, de caravansérail en caravansérail sur une route reconnue depuis toujours et parfaitement balisée, n'avait rien d'une aventure et n'apportait aucune sorte de découverte. En tout cas, la conception et l'écriture ne sont sûrement pas celles d'un récit, pas même d'un itinéraire. L'auteur ne donne ni les dates de départ et d'arrivée, ni les distances et les étapes. Nulle mention d'un quelconque incident, pas même du froid ou de la chaleur. L'ordre suivi par le narrateur est si fantaisiste, si capricieux que celui qui veut l'accompagner chapitre par chapitre en vient à tracer un parcours vraiment tourmenté à l'excès, marqué par d'invraisemblables détours et retours. Pourtant certains historiens, aujourd'hui encore, indiquent, carte à l'appui, la route qu'aurait suivie le Vénitien. Certains l'identifient même avec la fameuse "route de la soie" alors que celle-ci, très bien décrite dans les manuels des marchands de ce temps, n'a rien de commun avec ce que l'on peut construire à partir du livre.

Ce *Devisement* est manifestement un Discours sur les pays mal connus, un *Miroir*. On l'a présenté aussi comme un *Livre des Merveilles* et, pendant deux cents ans, les Italiens ne disaient pas autre chose lorsqu'ils l'intitulaient le *Millione*. C'était d'abord une sorte de conte merveilleux destiné à divertir un public de cour. Tous les choix vont en ce sens. Si l'auteur, Rusticello, ne parle pas du thé pourtant très connu en Chine à cette époque, du moins dans les provinces du Sud, c'est que les hommes et les femmes d'Occident n'en consommaient pas. En revanche, il s'attarde à décrire la pêche et le commerce des perles et, plus encore, les fastes de la cour de l'empereur mongol. Un voyageur, marchand, vénitien et homme d'affaires aurait-il consacré de si longs chapitres aux chasses impériales ?

Marco Polo est-il vraiment allé en Chine ? D'autres l'ont fait en son temps, et même avant lui. Mais Madame Frances Wood, du British Museum, affirme qu'il aurait simplement rassemblé des témoignages et des légendes recueillis ici et là[3]. Qu'importe : pour l'enseignement et la presse largement diffusée, Polo est un négociant, auteur d'un récit de voyage. Ce qui s'inscrit dans une

[3] *Did Marco Polo go to China ?*, 1995.

logique longtemps sûre d'elle-même qui, à l'abri de toute mise en cause, attribuait aux hommes du négoce et aux villes, "républiques marchandes", l'ouverture au monde. Un *a priori* idéologique qui a quelque peu paralysé ou sclérosé la recherche par le refus de s'intéresser aux travaux commandés par les princes, les prélats et les grands seigneurs, mécènes attentifs qui se préoccupaient davantage des *merveilles* des pays lointains que de la route de la soie.

Écrivains et artistes, témoins de leur temps ?

Nous avons tous, faute d'une moisson suffisamment riche par ailleurs, cédé à la tentation de conduire nos recherches sur la société en portant attention à ce que nous montrent les romans, les drames et les comédies de l'époque, les chansons ou les libelles, et, dans un registre tout différent, les œuvres d'art, peintures murales et peintures de livres, statues et bas-reliefs.

Ces enquêtes exercent une telle fascination que nous ne cherchons pas toujours à définir les origines et la nature des œuvres. Nous en arrivons à oublier que le but des écrivains et des artistes n'était pas généralement de présenter une image aussi fidèle que possible de la réalité. Ceux qui ne dépendaient de personne, libres de leurs choix et de leurs manières, imposaient leur marque, leur talent ou leur génie ; ils ressentaient de façon personnelle ce qu'ils voyaient et tentaient de faire partager cette vision. D'autres, très nombreux et non des moindres, devaient répondre à des commandes, aux attentes d'un maître ou d'un public qu'ils s'appliquaient à bien connaître, à satisfaire, à flatter. Il leur fallait alors renchérir sur des clichés, tellement récurrents, prenant figure si ordinaire qu'ils s'imposent à nous, aujourd'hui, comme des réalités : les paysans rustres, malpropres et grossiers des soties et des farces, les chevaliers généreux, déjà sans peur et sans reproche (ou si peu...) des chansons de gestes et des cours d'amour de Marie de Champagne.

Qui parlait trop vrai et bravait la mode du temps risquait l'infortune. Libéré des bagnes d'Alger, Cervantès n'eut d'abord que de noirs accents pour évoquer ses cinq années de servitude. L'*Épitre à Matteo Vasquez*, secrétaire de Philippe II (1583) et sa *Vie d'Alger*, jouée à Madrid en 1583, parlent sans concession de ces temps de souffrance et d'humiliation. Mais il n'eut aucun succès et prit conscience que le public exigeait tout autre chose que les sombres souvenirs d'un drame vécu. Pour faire vivre sa famille ruinée par le paiement de sa rançon, il dut changer de ton. Le récit du *Capitaine prisonnier* inclus dans le *Don Quichotte* (1605) puis la comédie intitulée *Les bagnes d'Alger* et surtout l'*Amant généreux*, l'une de ses douze *Nouvelles exemplaires* (1613) ont des accents plus sereins, légers même, pour mettre longuement, complaisamment, en scène les amours du captif et de la belle "mauresque", galanteries, séductions, intrigues rocambolesques et petites peurs pour rien. Et toujours, l'heureuse fin[4].

Peintres et sculpteurs ne se comportaient évidemment pas comme les reporters photographes de nos jours. Leurs soins n'étaient pas de montrer les travaux et les jours tels qu'ils les voyaient ou auraient pu les voir mais de faire parler leur sensibilité, leur tempérament et, souvent même, leur imagination. Ils ont reconstruit des décors de toutes pièces, dessinant de mémoire ou recopiant des modèles à la mode. Aussi demeure-t-on rêveur, très circonspect en tout cas, lorsque, pour étudier les cadres de vie des paysans, leurs outils et leurs pratiques, tel auteur d'aujourd'hui ne rassemble, pour toute documentation, que les figurines de livres enluminés et les petites scènes, ornements des portails de nos cathédrales.

Si le groupe sculpté, en haut-relief, placé au-dessus de l'une des portes du palais de Jacques Cœur à Bourges, montre bien une galéasse marchande portant trois mâts et deux châteaux de bois, image certainement de connaisseur, le seul vitrail encore en place aujourd'hui de ceux ("grands panneaux de vitres où sont des galées et navires en peintures fort belles") qui ornaient les fenêtres de la "chambre des galées", est travail de pure invention. L'homme qui a dessiné cette ridicule petite nef, à un seul mât et grande voile carrée, n'avait évidemment jamais rien vu de tel (les flottes de Jacques Cœur ne comptaient, d'ailleurs, que des galées, aucune nef) et cet esquif mal équilibré n'aurait pu tenir en mer. Ce qui laisse aussi à penser que les commis de Bourges, placés par

[4] L. CAZENAVE, « L'esclavage de Cervantès (1575-1580) », *Bulletin de la Société de Géographie d'Alger*, 1924.

l'homme du roi au commandement des "galées de France", devaient, à Aigues Mortes ou à Montpellier, découvrir navires et navigation maritime pour la première fois.

Ce que l'on ne doit pas croire...

Les lois et les règlements, de nature éminemment officielle, ordonnances des rois de France, bulles pontificales, directives épiscopales et procès-verbaux des synodes, ne rendent compte que des intentions de l'autorité dont ils émanent. On a beaucoup étudié les interdictions et les contraintes sans même chercher à voir si elles étaient suivies de véritables applications. Ces lois et ces ordonnances font, comme les *Mémoires*, le bonheur d'auteurs qui les présentent comme des témoignages irréfutables de la vie politique et sociale. On n'hésite pas à écrire : « voilà ce que l'on exigeait... voilà ce qui se faisait » ou : « c'était interdit, donc jamais ou rarement pratiqué ». Il faut, bien sûr, conclure à l'inverse. Ces condamnations sans cesse renouvelées sont d'évidentes preuves d'impuissance et l'on aurait dû s'en douter à considérer, par ailleurs, l'extrême rareté sinon l'absence même des poursuites judiciaires. La loi informe des intentions du législateur et de ses échecs à se faire respecter, rien de plus.

Les interdits régulièrement édictés contre l'usure témoignent, sans aucun doute, du fait que celle-ci devait être chose commune. Certes, toute forme de prêt portant intérêt ou toute autre forme de compensation financière étaient déclarées illicites. Les moralistes rappelaient volontiers que le prêt devait être « gratuit et pour l'amour de Dieu », que l'« argent ne fait pas d'argent » et que « l'homme doit gagner son pain à la sueur de son front ». Pendant très longtemps, la plupart des historiens ont pris tout ceci très au sérieux et nombreux furent ceux qui, sans y aller voir de plus près, sans entreprendre la moindre recherche et parfois même en totale contradiction avec ce qu'ils pouvaient constater à lire les documents de l'époque, ont présenté l'image d'une économie véritablement "primaire", sans forts investissements financiers, sans pratique du crédit, en somme sclérosée, privée de moyens. Ces analyses furent poussées si loin que certains, avec

Max Weber[5], ont affirmé que ces restrictions, qui paralysaient les activités bancaires, furent, pour une part non négligeable du moins, à l'origine de la Réforme. Les négociants, financiers, banquiers, tous les hommes d'argent sévèrement atteints par ces condamnations, empêchés d'entreprendre et de conduire leurs affaires à leur gré, auraient adhéré à une religion qui, ignorant ces interdits, permettait toutes les formes d'enrichissement. Cette thèse, trop simpliste, n'a, en fait, trouvé que peu d'échos et est aujourd'hui complètement abandonnée. Mais quelques auteurs des manuels d'Histoire parlent toujours de cette condamnation du prêt comme évidente et respectée. Ils y voient la preuve de la puissance de l'Église et renforcent l'image d'une société soumise aux tabous, image d'obscurantisme.

Dans quelque temps, disons dans un ou deux siècles, les historiens étudiant la circulation automobile en notre temps, vont-ils, déchiffrant ce qui leur restera de nos panneaux fichés au long des routes, conclure que nous ne dépassions jamais les 90 ou les 130 à l'heure ?

Nous ne pouvions imaginer que les hommes des temps passés aient pu, si aisément, refuser de se plier aux interdits, attitude humaine pourtant toute banale. Aussi l'Histoire des trafics de l'argent est-elle, sur ce point, demeurée longtemps quasi nulle, sans bénéficier d'enquêtes qui, pourtant, n'auraient demandé ni beaucoup de temps ni beaucoup de perspicacité. On n'a pas fait remarquer que Weber et ses disciples simplifiaient à l'extrême ou faisaient mine de mal comprendre la doctrine de l'Église. Ils ignoraient, en tout cas, ses incertitudes et son évolution : dès les années 1200 et 1300, les interdits se sont assouplis sous la pression de certains théologiens, des Dominicains notamment, soucieux de répondre aux attentes des hommes d'affaires. Il fut admis que l'argent pouvait produire un intérêt raisonnable si le prêteur courait un risque d'y perdre. Cette tolérance a permis le développement de l'assurance maritime et de toutes sortes

[5] Max Weber (1864-1920) auteur de plusieurs ouvrages sur la sociologie de la religion dont, publiés après sa mort : *Économie et Société* (1921) et *Études de sociologie de la religion* (1924). Cf. J. GROSCLAUDE, *La sociologie juridique de Max Weber*, 1961.

d'opérations, quelques-unes fort complexes, malaisées à déchiffrer aujourd'hui, pour tourner la loi en donnant l'apparence d'un risque. Le plus commun étant de prévoir le remboursement dans une monnaie différente de celle du prêt ; on jouait sur les cours.

C'est ainsi que les financiers, à Venise et à Gênes d'abord puis dans toute l'Italie, mirent au point ce qu'ils appelaient la *ricorsa* ou le *recambio* qui consistait en l'aller et le retour d'une lettre de change, volontairement refusée à sa destination par le payeur désigné. Tout était parfaitement au point et le prêteur ne courait aucun risque. C'était affaire de change, donc licite. Selon les cours, le créancier gagnait plus ou moins mais ne perdait jamais. Ces opérations convenues entre les deux parties, prêteur et emprunteur, demeuraient certes complexes mais les contraintes, tel l'acheminement effectif des lettres d'une place à l'autre, ne pesaient pas lourd. Des centaines de lettres de change, des milliers sans doute, circulaient chaque année, non, comme on pourrait le croire, pour assurer de réels transferts d'argent mais simplement pour camoufler des prêts. On veillait seulement à ce que le temps de l'emprunt, temps des trajets aller et retour, soit suffisamment long pour justifier un prêt. C'est pourquoi les hommes d'affaires de Florence et de Gênes, inventeurs sans doute et sûrement grands artisans de l'opération, prirent l'habitude de choisir une ville relativement éloignée. Bruges puis Anvers, Londres et Séville furent préférées à d'autres, trop proches de l'Italie et ces transactions furent bien, pour une bonne part tout au moins, à l'origine du développement de leurs banques. C'est ainsi que, dans une société où l'Église et, souvent, le pouvoir politique, interdisaient les prêts d'argent, tous qualifiés alors d'usuraires, ces prêts, pratiqués sur une vaste échelle internationale, ont assuré la fortune des principales places bancaires de l'époque. Mais ceux qui se refusent à penser que, malgré les interdits maintes fois répétés, les prêts d'argent étaient largement pratiqués ne peuvent le voir.

Le monde rural usait d'une pratique toute simple que nul moraliste n'aurait pu condamner. Un paysan vendait sa terre à un voisin plus à l'aise ou à un homme de la ville, étant convenu qu'il pourrait la reprendre à son gré en reversant très exactement la somme reçue, mais pas davantage. Il n'était pas question d'usure. Mais, entre-temps, l'emprunteur continuait à cultiver sa terre en la tenant en location de son créancier pour un loyer annuel qui représentait donc l'intérêt de l'argent, généralement de 5 à 10 % par an. Ces opérations, que l'historien de l'économie appelle des locations-ventes étaient si ordinaires que ces contrats établis par les notaires en bonne et due forme, en toute légalité, représentaient parfois l'essentiel de leurs activités, se chiffrant chaque année par dizaines et même par centaines pour un seul village ou terroir.

L'étonnante propension à ne tenir compte que de la loi et non de la pratique nous a aussi conduits à mal interpréter les rapports entre les diverses communautés. On laissait croire que les prêts interdits aux Chrétiens n'étaient pratiqués que par les Juifs qui, tout naturellement, en faisaient leur principal métier. Image inéluctable du Juif usurier... Cela s'est écrit et s'écrit encore alors que tous nos textes, les plus communs, les plus accessibles, ceux qui ne peuvent échapper à personne, parlent des Cahorsins et des Lombards, changeurs et prêteurs. Ces hommes n'étaient-ils pas Chrétiens ? De plus, les historiens aujourd'hui s'accordent bien à dire que les Juifs exerçaient toutes sortes de métiers, souvent très éloignés du commerce de l'argent, essentiellement manuels[6], et que les tenants des "tables de prêts" étaient, en fait, des hommes de toutes nations. Les *Lombards* avaient en charge les finances et la comptabilité des comtes de Hainaut qui leur garantissaient le monopole des tables dans toute la principauté[7]. À Paris, ces *Lombards* sont des Toscans. À Gênes, ce sont des hommes du Piémont, d'Asti et de Chieri. L'an 1400, le roi de France Charles VI fit entreprendre une vaste enquête pour recenser et punir « toutes manières de Lombards et autres gens prestant à usure et faisant faulx contrats illusoires ». Les commissaires ont, quatre années durant, parcouru tout le Nord du royaume, Picardie, Champagne, Touraine et Île-de-France, et imposé 520 amendes à 491 "usuriers". Leurs procès-verbaux ne font état que de quatre "compagnies" de Lombards. Tous les au-

---

[6] D. IANCU-AGOU, « Topographie des quartiers juifs en Provence médiévale », *Revue des Études juives*, 1974.

[7] R. CHAZAN, *Medieval Jewry in Northern France. A Political and Social History*, Baltimore-Londres, 1973.

tres usuriers sont des hommes d'Île-de-France ou des pays avoisinants. Certains ne se limitaient certainement pas à de tout petits trafics : l'un fut taxé d'une peine de 400 livres, un autre de 1.600 livres[8].

Tels sont les faits. Et l'on doit évidemment en conclure que ce ne sont pas les condamnations de l'Église mais bien l'opinion publique qui pouvait interdire ou, plus souvent, imposer quelques restrictions aux trafics de l'argent et à l'usure. Prêter à intérêt, faire profit de la misère de ses semblables, pouvait donner mauvais genre. L'homme d'affaires qui en faisait métier craignait la réprobation de ses voisins et de ses amis. Pour tenir ces opérations secrètes, il usait de subterfuges pour qu'elles aient un caractère plus ou moins convenable ou, sinon, allait exercer ces vilaines pratiques ailleurs, loin de chez lui. Les Génois, Vénitiens et Toscans s'abstenaient de prêter à intérêt chez eux mais le faisaient ouvertement s'ils s'installaient à Londres et à Bruges. Plus ordinairement, nombre de bons et même de grands bourgeois, bien considérés dans leurs cités, confiaient un capital à des Juifs ou à des *Lombards* pour qu'ils le fassent fructifier. En 1457, les *Lombards* de Bruges avaient reçu d'importantes sommes d'argent tant des marchands de la ville que des associés de Côme de Médicis. Quelques années plus tard, le pape voulant taxer les Juifs de Milan pour financer une expédition contre les Turcs, Francesco Sforza l'en dissuada car, disait-il, « beaucoup de capitaux des Chrétiens sont entre leurs mains et cela ferait trouver une grande et infinie quantité d'hommes de mauvaise volonté ». À Mantoue les tables et banques de prêts des Juifs appartenaient, en sous-main, aux Trotti, grands banquiers chrétiens et ainsi, sans doute, dans toute l'Italie.

* *
*

[8] C. VORNEFELD, *La situation sociale et les origines des usuriers chrétiens au temps de Charles VI*, Mémoire dactylographié, Université de Paris IV-Sorbonne, 1988.

La difficulté d'interpréter et d'utiliser des textes que leur caractère officiel fait croire essentiels et qui, de plus, présentent souvent l'avantage d'être très accessibles, bien conservés et très faciles à lire, montre qu'une démarche historique fructueuse n'est pas de rechercher et d'exploiter quelques documents exceptionnels. Ceux qui semblent les plus importants, ceux que l'on trouve tout de suite parce qu'ils nous sont communément proposés, auréolés d'une sorte de considération, ceux dont l'étude ne présente généralement aucune sorte de difficulté sont très rarement dignes de foi. Plus utile, plus riche d'enseignements est, dans bien des cas, de rassembler des textes nombreux et variés, même très ordinaires, qui ne prétendent pas imposer une seule image mais donnent des éclairages nuancés et laissent au chercheur le soin d'étudier différentes interprétations. L'enquête a tout intérêt d'aller vers des hommes ou des femmes très ordinaires qui écrivent dans l'exercice de leurs métiers, sans nulle intention de se faire connaître d'un quelconque public et encore moins de se forger une quelconque renommée. L'expérience apprend que ce sont ces textes très modestes, trop longtemps laissés de côté, qui apportent le plus.

Le métier d'historien ?

Trop ou trop peu, glaner ou moissonner ?

Peut-on parler du métier d'historien ? Le mot est commode, devenu habituel, mais la moisson de documents est tellement différente, plus ou moins riche et de nature souvent si particulière, selon les époques et même selon les pays, les villes et les sociétés, que les méthodes d'approche et d'élaboration n'ont rien de commun. Les uns doivent se contenter de débris mis ensemble comme pour un puzzle, les autres étudient des séries et peinent à seulement classer ce qui leur est offert. Devrait-on même parler de "médiéviste" ou de "moderniste" ? À l'intérieur même de ces grandes périodes définies tant bien que mal pour l'enseignement, la quête des sources et les difficultés de mise en œuvre varient du tout au tout.

Presque toujours, les fonds d'archives se révèlent d'une déconcertante diversité et les rapports de l'historien avec les documents ne sont pas simples. On ne lui sert jamais sur un plateau ceux qu'il attend et qui lui seraient le plus utile. Les soins mis à les préserver firent que ce qui nous reste n'a rien de comparable d'un pays à l'autre et même d'une ville à l'autre. L'histoire de la conservation des différents types de documents, à peine esquissée par quelques rares spécialistes, mériterait certainement plus d'attention et nous conduirait à rectifier nombre de conclusions et d'idées toutes faites. Pendant de longs temps, garder des écrits ne se justifiait que si l'on entendait faire valoir des droits, exiger des paiements, déterminer et délimiter des biens fonciers, exécuter les volontés des défunts. Le goût d'archiver pour soi, pour ses héritiers et pour la postérité ne s'est manifesté que peu à peu, de façon très inégale selon les milieux sociaux. Certaines communautés ont très tôt manifesté le souci de sauver les contrats privés de la destruction et de l'oubli alors que d'autres ne s'en souciaient nullement. Il y fallait parfois le poids de l'autorité. Vers l'an 1200, la Commune de Pise obligea les notaires à classer et à conserver les minutes de leurs actes. Ces contrats, disaient les magistrats municipaux, sont les miroirs de notre société et gardent trace de notre vie ; il n'est pas convenable de laisser les épouses des notaires ou de leurs commis en couvrir leurs pots de confitures. Mais d'autres cités ne s'en préoccupèrent que plus tard, laissèrent chacun faire à sa guise. Aux destructions volontaires, particulièrement sévères lors des conflits armés et des révolutions, sont venus s'ajouter les mauvais hasards et les mauvais soins, les bâtiments mal adaptés et mal entretenus pendant de longues années. En fait d'archives, nous disposons de ce que les incendies, les souris, les fuites d'eau et les moisissures nous ont laissé. D'où, évidemment, de graves distorsions, richesse ici, pauvreté ou même absence ailleurs. Les plus anciens actes notariés venus jusqu'à nous datent des années mille pour la ville de Gênes, des XIIe et XIIIe siècles pour d'autres villes d'Italie du Nord et du Centre, seulement des années 1300 à Marseille et à Barcelone. Les tout premiers registres des tabellions de Paris et d'Orléans sont du XVe siècle.

Ces disparités pèsent très lourd mais on n'en tient pas suffisamment compte. L'abondance ou, à l'inverse, l'absence de documents font trop facilement illusion et l'on oublie le contexte social du temps et les aléas de la conservation pour en tirer de trop hâtives conclusions. Plus d'un cliché, plus d'une interprétation erronée, reçue ensuite comme une vérité, sont nés du manque d'attention portée aux circonstances ou aux hasards. Dépendants et victimes comme toujours de nos sources, nous ne datons l'apparition d'un trait de société, d'une pratique ou d'une technique particulière, que du moment où nous pouvons les saisir par nos textes, sans seulement considérer que ces textes ne sont que des débris, un pâle reflet souvent de tout ce qui a été rédigé à l'époque. Dans les premiers temps, les historiens ont très vite, avant même d'attendre ce que pouvaient apporter d'autres recherches, fait croire que ce qu'ils ne trouvaient pas dans les documents mis à jour n'existait pas. Repris par les auteurs de manuels, cela devint évidence affirmée à l'unisson. On a, depuis, beaucoup travaillé et mis à bas un bon nombre de ces schémas simplistes mais, aujourd'hui encore, les magazines non spécialisés, pour grand public, ne disent pas autre chose.

Nos livres d'enseignement et les ouvrages de synthèse sur la société du Moyen Âge parlent couramment des "moines défricheurs", ce qui laisse entendre que les essarts forestiers et l'assèchement des marais furent surtout, sinon exclusivement, de leur fait. C'est, bien sûr, une erreur : tout simplement, ces communautés religieuses tenaient mieux leurs registres, notamment leurs censiers, et les ont mieux gardés à l'abri des convulsions sociales, sources d'énormes destructions ailleurs. Rappeler sans cesse les travaux, certes admirables, de ces moines, pionniers exemplaires souvent, est ne pas accorder suffisamment d'importance aux entreprises de défrichements engagées et dirigées par les princes et les seigneurs laïcs dont les archives, moins bien tenues, ne nous sont parvenues qu'en nombre restreint. C'est aussi méconnaître une multitude de simples paysans, propriétaires des terres ou tenanciers, qui ont étendu leurs champs, abattu arbres et taillis, asséché des sols humides sans en laisser de traces écrites. Leurs gains sur la forêt et sur les friches se faisaient souvent de façon quasi clandestine par accaparements et usurpations, grignotages de parcelles prises sur des bois seigneuriaux laissés à l'abandon ou mal gardés. De plus, ces roturiers, n'ayant à attendre ni redevances ni loyers, ne tenaient pas d'inventaires très stricts de leurs revenus. De toutes façons, leurs cahiers comptables perdaient vite de leur intérêt et sont presque tous disparus.

Pour les mêmes raisons, l'histoire, enseignée des petites classes à l'université, n'a longtemps envisagé la société rurale de l'"ancien régime" que sous la forme de relations, d'affrontements plutôt, entre seigneurs et paysans, autrement dit capital et travail, exploiteurs et exploités. Nos manuels et ce qu'en retiennent le commun des journaux ou les émissions audiovisuelles à prétention culturelle laissent volontiers entendre que les terres appartenaient toutes aux seigneurs. Les chercheurs d'aujourd'hui redressent la barre et, suivant l'exemple donné par Robert Boutruche il y a plus d'un demi siècle[9], font découvrir et mettent l'accent sur l'importance, voire l'omniprésence de l'alleu, propriété paysanne libre de toute sujétion économique. Opposer seigneurs et paysans conduit, de plus, à refuser d'étudier la belle vigueur des communautés paysannes capables de prendre leur destin en main et même d'imposer les droits de ban de la même façon que le "seigneur"[10]. C'est enfin, par habitude et paresse ou par volonté délibérée de gauchir le propos, feindre d'ignorer que, dès les années 1300, les bourgeois des villes avaient acquis un nombre considérable de terres, de seigneuries et de droits féodaux[11].

Dans un tout autre domaine, l'absence de documents spécifiques a longtemps fait penser que l'artiste était demeuré anonyme jusqu'aux XIVe ou XVe siècles, traité comme un acteur mineur. Ni les grands du moment ni le peuple ne lui auraient prêté attention. Nous savons maintenant qu'il n'en était rien et que, dès les années 1000 et 1100 pour le moins, les sculpteurs prenaient soin de signer leurs œuvres (Gislebertus au tympan de Saint-Lazare à Autun, Brurius à Saint-Gilles-du-Gard, Bernard Gilduin sur la table d'autel consacrée par Urbain II en 1096 à Saint-Sernin de Toulouse)[12]. Pour les orfèvres, ce devait être pratique courante.

---

[9] *Une société provinciale en lutte contre le régime féodal : l'alleu en Bordelais et en Bazadais du XIe au XVIIIe siècle,* 1947.

[10] G. SIVÉRY, *Structures agraires et vie rurale dans le Hainaut à la fin du Moyen Âge,* 1980.

[11] M.-Th. LORCIN, *Les campagnes de la région lyonnaise aux XIVe et XVe siècles,* 1974.

[12] Fr. ROBIN, « La rencontre du prince et de l'artiste : mise au point et état des connaissances », *Atti delle Settimane di Studi,* Prato, avril-mai 2001, éd. 2002, pp.593-602.

Les commanditaires, évêques et abbés, reconnaissaient les mérites des artistes et le faisaient savoir. À la cathédrale de Modène, une pierre placée à hauteur de l'archivolte du portail principal, rappelle les dates de la fondation de l'édifice (mai 1099) et rend grâce au talent du sculpteur Wiligelmo[13]. Une autre, à l'abside centrale et à l'extérieur, rappelle, plus d'un siècle plus tard, la cérémonie de la consécration et chante les mérites du maître architecte Lanfranco[14].

L'art d'accommoder les restes

Abondance ou lacunes, ce n'est, en fait, qu'un seul aspect du problème que nous posent les hasards de la conservation. Aucune documentation ne ressemble à une autre. À l'intérieur d'un royaume ou d'une province, tout peut changer.

Nous avons écrit nombre d'ouvrages très documentés sur le "marchand italien" au Moyen Âge et l'on pourrait penser que ces études furent menées comme en parallèle, exploitant des textes de mêmes natures selon des méthodes exactement semblables, celles de l'historien "économiste". Il n'en est rien et c'est tout le contraire. Cet historien économiste n'est, en l'occurrence, que vue de l'esprit et chacun, selon ce qu'il trouve, adopte ou imagine des approches et des démarches, des mises en œuvres mêmes qui ne se ressemblent en rien. Qui s'intéresse à l'homme d'affaires trouve à Prato, petite cité de Toscane, le fonds de Marco Datini, marchand sans doute non négligeable mais loin, en son temps (dans les années 1360-1390), de rivaliser avec les grandes compagnies de Florence. Ce sont pourtant plusieurs dizaines de livres de comptes et des milliers de lettres envoyées par les gérants ou les commis établis en cinq ou six villes d'Italie et d'Espagne[15]. Même richesse dans les fonds de plusieurs négociants de Pise où, sem-

---

[13] « ora, per opera della tua scultura è chiaro, o Wiligelmo ; di quanto onore tu sia degno fra gi scultori ».

[14] « il sapiente e dotto Lanfranco celebre per suo ingegno e il primo architetto e sovrintentende di quest'opera » ; la pierre fut sculptée et mise en place entre 1208 et 1235. Cf. A. CAMPANA, *Lanfranco e Wiligelmo. Il duomo di Modena*, 1984.

[15] F. MELIS, *Storia della Ragioneria*, Bologne, 1950. – *Aspetti della vita economica medievale* (Studi nell'Archivio Datini di Prato; 1), Sienne, 1962.

ble-t-il, la moisson est telle que l'on n'a pas encore ni tout publié ni tout étudié. Mais à Florence ce ne sont que des rudiments, des fragments de registres épars, des petites liasses de lettres égarées, retrouvées par hasard et rassemblées tant bien que mal. Autre grande métropole de l'époque, Gênes n'a conservé, pour les XIIe-XVe siècles, que deux ou trois livres de comptes d'artisans ou de petits négociants très ordinaires. On ne dispose d'aucune correspondance régulière, que des débris sans suite. De ces trois siècles d'intense trafic maritime dans une cité qui lançait ses navires sur toutes les mers et pouvait, la même saison, recevoir à la fois les grains chargés dans les ports de la mer Noire et ceux des plaines d'Allemagne et de Pologne pris à Bruges, ne nous sont parvenus que quatre ou cinq registres de douane, pas davantage. On se contente du fonds notarial quasi inépuisable. Mais une telle richesse, propre à décourager les meilleures volontés, ne se maîtrise pas aisément et impose forcément des choix : tout engranger pour classer et ordonner ensuite ou d'abord trier pour tenter de construire une documentation cohérente qui permettrait d'analyser pratiques et trafics à partir d'un fatras d'informations de toutes sortes, éparses, discontinues.

Pour étudier les activités marchandes et financières de ces nations d'Italie qui semblent pourtant si proches les unes des autres, l'historien exerce effectivement des métiers différents. Dans un cas, il travaille comme s'il était l'héritier direct d'une compagnie de commerce et de banque : tout lui est donné, classé, tout de suite accessible. Tout au contraire, contraint de dépouiller (le mot n'est pas très élégant mais convient bien) des actes notariés ou des fragments d'écritures sans suite, il se trouve au plus commun de la vie sociale, observateur non d'une administration d'État ou d'une entreprise mais des pratiques quotidiennes d'une déconcertante et infinie variété. L'œuvre achevée n'est pas vraiment de même nature et l'on peut mesurer que les mots d'"histoire économique" ne sont en fait, comme tant d'autres, que facilités de langage.

L'avenir ? fin de l'Histoire, faute de documents, par défaut et abandon ?

L'Histoire analyse et confronte toutes sortes de documents. Est-elle appelée à disparaître ou à prendre d'autres formes, très différentes ? Déjà, certains textes, non du tout négligeables, se font de plus en plus rares et d'autres deviennent tellement opaques qu'ils en deviennent incompréhensibles pour la plupart des contemporains eux-mêmes. Qu'en sera-t-il pour ceux qui, dans cinquante ou cent ans, tenteront d'en saisir le sens ?

Pour l'historien des sociétés, la découverte d'une correspondance véritablement privée, domestique, celle des hommes d'affaires ou de simples particuliers, fut toujours une bonne fortune. Les lettres entre parents et amis, celles entre les différents acteurs d'une même entreprise et, dans une certaine mesure aussi, celles des chefs de services administratifs à leurs agents et aux simples citoyens, apportaient un très grand nombre de renseignements, infiniment variés et souvent sincères, que l'on ne pouvait trouver ailleurs. Que saurions-nous de l'organisation des trafics de la Hanse germanique ou de la *Grande Compagnie* de Souabe sans les centaines de lettres expédiées des lointains comptoirs vers Lübeck, Hambourg ou Ravensburg[16] ? Depuis quelques années, la publication des lettres des soldats de 1914-1918, écrites et envoyées des tranchées, a considérablement enrichi et renouvelé l'histoire de la guerre et fait revivre un monde dont on ne parlait que très vite, de façon vraiment trop lapidaire. Et de même en bien d'autres domaines, pour toutes sortes de sujets dès que l'on veut enquêter sur les aspects les plus concrets, plus intimes même, de la vie sociale.

Ces lettres sont, depuis déjà plus d'un demi siècle, de moins en moins nombreuses. L'habitude d'écrire pour informer les siens, parler de soi, dire ses projets, ses succès ou ses inquiétudes se perd peu à peu et, finalement, s'oublie, pratique désuète, d'un âge révolu. Nous téléphonons ou recourons à l'informatique et, pour l'historien de demain, ne laissons évidemment aucune trace.

[16] Ph. DOLLINGER, *La Hanse (XIIe-XVIIe siècles)*, Paris, 1970. – A. SCHULTE, *Geschichte der grossen Ravensburger Handelsgesellschaft (1380-1530)*, 3 vol., Stuttgart-Berlin, 1923.

Pourrait-il retrouver, on ne voit pas bien comment, les *courriels* ou les messages des minuscules écrans des *mobiles* qu'il devrait se contenter, comparé à ce que nous avons jusqu'ici connu, de pauvres moissons, reflets d'individus pressés de faire vite et qui, par ces petites phrases d'un style tout impersonnel, souvent quasi télégraphique, semblent sans âme ni cœur, en tout cas, ménagés de leur peine. Qui va appréhender l'homme ou la femme à lire des *textos* ?

Les historiens pourront, pour d'autres aspects de la société, notamment pour l'étude des institutions, des mœurs politiques et des pratiques judiciaires, se consoler avec l'énorme marée déferlante des circulaires, lois ou décrets, et mises en garde de nos administrations qui, adeptes d'un acharnement textuel effarant, ne cessent de largement diffuser intentions et directives. Qu'en feront-ils ? Il leur faudra de longs temps pour rejeter l'inutile, le redondant, et tenter de résoudre les énigmes. Seront-ils, sans une véritable préparation adéquate, de taille à comprendre une langue à dessein obscure, inventée à hue et à dia, chargée à tous moments et jusqu'au ridicule de formules inédites, inventées sur le coup pour seulement faire différent et compliqué ? Comment pourront-ils décrypter un langage que les destinataires d'aujourd'hui mêmes reçoivent très mal et, lassés de s'interroger sur ce que l'on a voulu écrire, se satisfont du flou ?

Les extravagants et les cuistres

Parler pour ne rien dire est un art qui, de plus en plus, marque un certain type de relations publiques. On ne saurait s'en étonner et les lecteurs du futur s'en accommoderont peut-être. Mais se forger, hors contrôle d'aucune sorte, de nouveaux mots et user d'un style tellement déstructuré que seul l'auteur peut donner l'illusion de suivre une pensée, en est un autre qui tourne à la manie et porte au ridicule. On y excelle pourtant en tous milieux. Le nouveau langage, fait d'inventions pseudo-dialectiques saugrenues, d'impropriétés savantes et, surtout, de formules emmêlées en écheveaux jusqu'à l'échevelé, envahit peu à peu tous les corps de profession. Tout particulièrement l'enseignement où certains pédagogues experts qui n'ont jamais enseigné ou se sont empressés de quitter le métier et qui, de toutes façons, n'ont aucune envie de tenter à nouveau l'aventure, se bâtissent une notoriété en donnant des conseils à ceux qui sont sur le tas. C'est leur fonds de commerce ; ils sont payés pour cela, n'ont pas à supporter les réactions d'un public qui serait soumis à leurs expériences burlesques, et s'accrochent au rocher en rivalisant d'ardeur et de provocations[17].

Le premier soin de ces nouveaux théoriciens du langage est de ne pas parler comme tout le monde ; ce qui, semble-t-il, ne demande ni beaucoup d'efforts ni d'aptitudes particulières. Il leur suffit de compliquer à l'extrême, jusqu'à l'incontrôlable. Aucun chef de bureau, aujourd'hui, n'aurait idée d'exiger de ses collaborateurs des rapports clairs, concis, immédiatement entendus. Ce sont discours truffés de néologismes, de mots pris les uns pour les autres, d'adjectifs devenus verbes et conjugués à tous les temps. Débroussailler l'enchaînement des phrases ou parties de phrases est une sorte de jeu, résultat non garanti. Pour l'écrit, le lecteur n'a pas à réagir, sinon en tournant la page ou en usant d'une vaste corbeille, osier ou informatique. Pour l'oral c'est écoute pénible et sans profit ; on se résigne à ne rien saisir et, comme généralement les sous-titres manquent, on en reste là. On a vu ou entendu, à la télévision ou à la radio, tel animateur d'un débat ou d'un entretien, soucieux soudain du confort intellectuel de son audience et peut-être inquiet, prier l'un des intervenants de bien vouloir traduire : « si vous parliez français, l'on vous comprendrait mieux ! »

On a oublié le temps où la classe se mettait en rangs devant un maître d'école et cela fait bien un demi siècle que l'instituteur qui l'a remplacé est devenu un “professeur des écoles”. Les balayeurs et les hommes ou les femmes qui font le ménage à la fermeture des bureaux sont des “techniciens de surfaces”. On déchiffre et, tant bien que mal, l'on saisit le sens. Ces mots inventés et imposés à l'usage témoignent d'une grande attention à ne déplaire à personne, à ne pas insister sur les infirmités et sur les malheurs, sur telle condition précaire ou jugée trop modeste.

---

17 G. MOREL et D. TUAL-LOIZEAU, *Petit vocabulaire de la déroute scolaire*. – J. CLÉMENT, « Du texte à l'hypertexte ; vers une épistémologie de la discursivité hypertextuelle », *Hypertextes et hypermédias*, 1995.

Ainsi pour les "non voyants" ou les "malentendants" ou encore les "personnes à mobilité réduite". Tout cela part certainement de bons sentiments et demeure, malgré tout, parfaitement appréhensible.

Pour étudier la marche des affaires, notamment celle des grandes entreprises, nationales ou multinationales, ce sera l'apprentissage forcé de toutes manières de sabir. L'Occident, et cela va jusqu'au Japon, s'anglicise, plutôt mal que bien. Nos décideurs en France et ailleurs, affectent de délaisser leur langue naturelle, trop commune, trop ordinaire, et utilisent, lors des réunions et pour la rédaction des procès-verbaux ou des directives, un anglais qu'ils maîtrisent très mal ou pas du tout. Les historiens découvriront, quelque peu ahuris pour sûr, une langue alourdie de formules fabriquées et de mots employés à contresens. Déjà, nombre d'hommes et de femmes aux commandes sont, au sortir des conseils, incapables de résumer en mots accessibles à tout un chacun ce qui s'y est dit.

De tous temps, les langues anciennes abâtardies ou transformées et enrichies par l'usage quotidien, par le peuple d'en bas et par les hommes de métier, ont posé de vrais problèmes aux chercheurs. Un seul gros dictionnaire suffit pour le latin classique mais le *Du Cange*, dictionnaire du latin dit "médiéval" qui date de 1678 et n'a pas été refait depuis, compte six ou sept gros volumes. Les lexiques ou dictionnaires du français médiéval, certes méritoires et très utiles pour l'essentiel, sont loin d'offrir toutes les réponses à qui veut lire et comprendre certains parlers particuliers. Chacun doit résoudre ses énigmes. Combien faudra-t-il de volumes pour donner un sens, même très approximatif, à ce qui s'écrit aujourd'hui, aux mots forgés de toutes pièces sans avoir reçu la caution d'un usage populaire, aux emprunts fantaisistes mal contrôlés, aux abréviations de toutes sortes ?

Les exercices des cuistres vont bien au-delà de ces fantaisies. Qui lit de l'extérieur, sans prendre part au jeu ni se sentir d'humeur à lancer des défis de faire mieux, songe à une course au ridicule. L'historien du futur se posera certainement des questions. Aujourd'hui, déjà, plusieurs auteurs, instituteurs et professeurs sur le terrain, nous ont livré, aussi ahuris qu'indignés, de savoureux corpus de ces âneries prétentieuses. Quelques-unes ne tirent pas vraiment à conséquences et, les premiers ébahissements passés, se remarquent à peine dans un fatras linguistique de plus en plus touffu, exubérant. On s'habitue à tout. Mais d'autres sottes fantaisies qui, elles, ne tiennent pas vraiment la vedette bien longtemps, se rencontrent tout de même en quantité d'écrits, ouvrages ou feuilles à l'adresse d'initiés ou de simples curieux. Les historiens de l'enseignement verront que les élèves étaient des « apprenants », parties d'un « tissu scolaire » où l'on s'efforce de promouvoir une « évaluation formative ». Ils vont aussi découvrir qu'à l'Université les « primo entrants » étaient tout bonnement des étudiants de première année. Ceux qui s'intéresseront au sport rencontreront bien sûr les « référentiels bondissants », c'est-à-dire les ballons, que l'on a d'abord appelés des « référentiels exocentrés ». Ils se demanderont ce que voulaient dire les spécialistes d'aujourd'hui lorsqu'ils prétendaient que tel jeu d'équipe est l'« aboutissement d'un processus mental » et que certains gestes, ballon en mains, entrent dans la « catégorie des téléocinèses »[18]. Pour l'histoire de l'enseignement et des sciences de l'éducation, qui pourra décrypter les directives lancées aujourd'hui par les experts de nos ministères ? Débusquer un sens à des instructions qui, après avoir précisé que « l'objectif est d'analyser l'énoncé ancré dans la situation d'énonciation et l'énoncé coupé de la situation d'énonciation », recommandent de tenir compte « de la présence de déictiques » et, pour mieux faire de « s'appuyer sur les didascalies d'énonciation » ?[19]

Les historiens des entreprises financières, de la bourse et des services publics, telle la SNCF (qui, dans cinquante ans, sera toujours debout, monopole absolu), se demanderont ce que devait être pour nous ce "temps réel" si souvent revendiqué en quantité d'écrits. L'absence de temps irréel ou fictif, ou subjectif pourra déjà les surprendre. Certains penseront peut-être que les hommes, dans cet espace littoral atlantique qu'ils appelaient l'hexagone, avaient inventé et pratiqué un moyen de maîtriser le cours des heures, ou qu'ils le ressentaient et le comptaient de différentes

[18] Site de reno.leroy@wanadoo.fr qui cite un article de J. MARSENACH et de R. MERAND, paru dans *Le Monde de l'Éducation*, octobre 2000.

[19] Cf. article « Trop d'énoncés abscons à l'école », *Le Figaro*, le 18 novembre 2005.

façons. Ils devaient donc préciser de quel genre de temps ils parlaient. Nul doute que ces historiens ne réunissent en un grand débat plusieurs spécialistes de l'histoire des sciences dont, bien sûr, quelques experts en sciences occultes, des psychologues, de grands marabouts de l'Afrique et des derviches d'Anatolie.

Ces mots sortis d'un cénacle de pédagogues et d'experts de la communication soucieux de se faire remarquer font rire. Ce sont des amusements que personne ne retient et que l'on oublie vite. Si découverts par hasard ou par inadvertance bien plus tard, ce ne seront qu'objets de curiosité.

Langage codé, langage truqué

Tout à l'inverse, ceux forgés à dessein pour induire en erreur ou cacher une réalité, demeurent et se retrouvent longtemps après en quantité d'écrits. Jusqu'à ces derniers temps, ces supercheries de langage étaient le fait d'historiens qui, des siècles après l'événement, appliquaient aux institutions ou aux qualités sociales des mots que les hommes de l'époque, pas même les chroniqueurs ou les hommes de pouvoir, n'avaient jamais prononcés. Mots choisis pour tromper, chargés d'une couleur ou d'un sens particuliers. Aujourd'hui ce sont les contemporains eux-mêmes qui en usent. Ils font fureur et l'on peut dire que c'est là, avec ce que l'on appelle l'effet d'annonce, une des démarches essentielles du jeu politique, ressort de l'entreprise de formatage des citoyens.

Lancer le mot que l'on veut imposer à ceux mêmes qui ne sont pas dupes de la tricherie n'est pas très difficile. Il suffit de parler au bon moment ou, plus simplement, de convaincre quelques benêts utiles de la radio ou de la télévision. Par contagion et par mimétisme, tout s'accepte et se répand. Rectifier est toujours trop tard. Lutter contre est perdu d'avance. C'est ainsi que de bons auteurs et des journalistes qui, jour après jour, ne cessent de dénoncer les mots, les phrases et les modes de pensée prescrits d'en haut, sont tombés dans le piège lorsqu'ils parlent de "correct". C'est un anglicisme et cela aurait suffi à le rejeter. Mais c'est surtout utiliser le *correct* anglo-saxon à contresens. Ce n'est certainement pas le fait d'un hasard, d'une négligence ou de l'ignorance, mais une imposture programmée. Les experts de la communication qui ont décidé du choix ne pouvaient ignorer que le mot prêterait à confusion : pour qui connaît sa langue, en France, ceux qui se disent corrects et agissent comme tels méritent, bien sûr, éloges et approbations. Dans quelques décennies, l'historien comprendra mal pourquoi, aujourd'hui, des hommes et des femmes de qualité, affirmant en tous domaines une certaine rigueur, sans cesse opposés aux vilaines manières du pouvoir, pouvaient se présenter en adversaires du correct. Il fallait dire "conforme" ou "pensée unique", mais on s'est bien gardé de le faire.

Un gouvernement avisé ne dit pas le mot vrai et celui qui voudrait, bien plus tard, faire l'histoire de nos sociétés à la seule lecture de nos journaux, n'aura pas la tâche facile. Il lira "violences" et ne pensera pas aux attaques criminelles, aux viols et aux assassinats ; de même pour "dérive" lorsqu'il s'agit de l'incendie volontaire d'un autobus. Il verra les coupables qualifiés de "jeunes" et, comme les historiens qui, pour le Moyen Âge, prenaient le mot "enfants" en son sens actuel, ils croiront, non à de solides gaillards riches d'un bon entraînement à la guerre urbaine, mais à de tout jeunes gens à peine sortis de l'enfance. D'autres, plus attentifs sans doute, apprendront qu'en novembre de l'an 2005, tout le pays de France s'est ému des "incidents" qui, pendant plus de deux semaines ont troublé la vie de nombreux quartiers. Qui pensera alors que ces "incidents" pouvaient être des écoles et une trentaine d'autobus incendiés, plusieurs milliers de voitures brûlées et, entre autres, un policier gravement blessé à la tête par une boule de pétanque lancée d'une fenêtre ? Tout porte à penser que plus ces incidents vont se multiplier, plus le discours politique devra se montrer imaginatif quant au choix des mots, et plus en faire l'histoire quelques décennies plus tard deviendra difficile. On peut utiliser des textes où le parler est vicié, truqué par ceux mêmes qui, sur le moment, doivent rendre compte des événements.

Comment déjouer ces pièges ? S'ils prennent les mots à la lettre, ces historiens, dans cinquante ans d'ici, ne manqueront pas de condamner nos lois et nos juges, pensant que les "sans papiers" étaient, non des clandestins entrés illégalement, en somme des hors-la-loi, mais de braves gens qui avaient perdu leurs cartes d'identité ou les avaient oubliées chez eux. Les hommes de gouvernement et les journalistes après eux parlent de zones difficiles ou sensibles ou de cités “défavorisées” ; certains vont jusqu'au “non droit”, pas plus. Personne aujourd'hui ne s'y trompe, et sait qu'il s'agit tout ordinairement de villes et de quartiers tenus en main par des rebelles qui, eux, font régner et durement respecter un droit, le leur. Mais qui, longtemps après, pourra rétablir un semblant d'analyse de ces sociétés parallèles ?

Les sigles, parler communautaire

Dans nos villes, le piéton et l'automobiliste ne peuvent déjà plus se reconnaître à tous moments et tracer leur chemin s'ils ne s'initient par avance aux mystères des sigles. En fait, c'est, la plupart du temps, une tâche au-dessus de leurs forces ou de leurs compétences. Ils n'y parviennent pas et comprennent vite que toutes ces indications ne sont pas à leur intention. Quelques pancartes parfaitement lisibles indiquent la mairie, la “salle polyvalente” ou la “maison des associations” mais d'autres, bien plus nombreuses, fichées à tous les carrefours, laissent perplexe. Ces lettres majuscules, alignées trois ou quatre ensemble, jusqu'à six ou sept parfois, pour former ces mots bizarres et biscornus envahissent toute forme de communication, écrite ou orale. On les retrouve partout. Les usagers et les agents au cœur de la chose ne savent plus parler autrement et finissent tout naturellement par oublier la signification des ces belles initiales qui sont leur univers.

Cette manie ne date certes pas d'hier mais ne remonte pourtant pas à la nuit des temps, pas même à l'époque où s'affirmaient, en Occident, des États centralisés et une administration de plus en plus complexe. Ni nos rois ni nos quatre premières républiques ne semblent avoir institué ce parler sibyllin qui oblige le sujet non initié à s'interroger sans cesse sur ce qu'il lit et risque de poser encore plus de problèmes à l'historien dans un avenir même relativement proche. Il semble bien que l'usage des sigles nous soit venu d'ailleurs, d'un autre monde, là où un État totalitaire s'appliquait à tout détruire du passé et à déshumaniser les rapports sociaux. La Russie des tsars est devenue l'URSS, exemple alors unique d'un pays réduit à une entité politique, désignée par une combinaison de lettres qui n'évoque ni le passé, ni la région. Ce fut le pays du KGB et du NKVD. Ces étranges assemblages nous étaient, dans les années 1930, encore pratiquement inconnus. Nous nous contentions de quelques rares abréviations et n'avons affublé d'un sigle triomphant que la SNCF, compagnie à monopole directement inspirée du pays des soviets. Bons disciples, nous avons, dès les années d'après-guerre, suivi et peut-être même surpassé nos maîtres. On en est à inventer chaque semaine, pour chaque nouvelle institution, pour toute organisation administrative et même pour de très nombreuses entreprises privées qui préfèrent se passer d'une "marque" pour suivre la mode, des mots affreusement raccourcis faits de lettres assemblées par des mains un peu folles, la plupart évidemment réservés aux initiés. Qui, en politique comme dans le monde des affaires, veut donner une image en forme d'arme de frappe s'invente d'autres lettres capitales ou donne aux anciennes un autre sens. En 2005, l'UMP, qui jusqu'alors se définissait, de façon plutôt étonnante dans une démocratie pure et dure, comme l'« Union pour une Majorité Présidentielle », affichait une intention tout autre, à l'opposé même de la première, et ce fut l'« Union pour un Mouvement Populaire », toujours UMP. Certains, pourtant, disent ne pas s'y reconnaître vraiment. Faire simple ne simplifie pas toujours.

L'usage des grandes initiales pour désigner les personnalités de quelque renom dans le monde des affaires ou de la politique demeure, pour l'heure, relativement discret. On y voit le signe d'une certaine notoriété et peut-être même d'une consécration. Mais cette mode donnera bientôt quelques tracas aux historiens qui, désemparés à la lecture de certains articles sur le papier jauni de nos journaux, chercheront en vain qui mettre derrière ces curieux idéogrammes pour illettrés, incapables de dire quelles lettres sont pour le prénom *(first name)* et pour le nom de famille. Dans quelque temps, si l'on en vient à affubler chaque personnalité livrée au public de ces badges bizarres en trois ou quatre lettres, il sera aussi très difficile, sinon impossible, de distinguer les femmes des hommes, rien ne l'indiquant.

Mettre en chantier et mener à terme un dictionnaire des abréviations qui naissent chaque jour est naturellement hors de question. Ce serait une tâche inhumaine pour un résultat très incertain, forcément incomplet et surtout obsolète, complètement dépassé en peu de temps. Les grandes et les moins grandes entreprises soignent leurs images et pensent assurer un nouvel élan à leurs actions publicitaires en changeant de sigle à divers moments, lors des fusions et des alliances, à l'occasion d'une simple réorganisation du capital. De même et surtout pour nos innombrables organes administratifs qui, sur ce terrain, rivalisent d'invention jusqu'au burlesque : faute de totem ou de logo, tout nouveau bureau ou service particulier nouvellement créé, encore en mal de se définir et de s'attribuer la moindre fonction, s'affirme et s'efforce de ne pas trop se faire oublier en s'inventant de nouveaux sigles. Pour le simple plaisir d'utiliser d'autres lettres et, aussi, pour ne pas encombrer davantage les C, on voit de moins en moins sortir du néant d'autres Commissions et d'autres Comités ("de réflexion" ou de "pilotage") ; ils cèdent la place à des institutions dont l'apparition, que l'on voudrait très remarquée mais qui ne soulève aucune sorte d'attention, s'affiche par des vocables en I pour « Institut », en H pour « Haute autorité » ou en M pour « Mission ». Ces nouveaux monstres linguistiques ne sont pas plus souvent traduits que les tout premiers et l'on a peine à vraiment imaginer la circonspection puis l'hébétude du décrypteur de demain qui, bien plus tard, tombera sur HALDE (= Haute autorité de lutte contre la discrimination et pour l'égalité), sur l'IRFA (= Institut régional de formation pour l'adulte) et sur MIVILUDES (= Mission interministérielle de Vigilance et de Lutte contre les dérives sectaires). C'est indéchiffrable.

La bibliographie des ouvrages et articles de fond sur les universités du Moyen Âge, en France et à l'étranger, tient trois volumes entiers[20]. Nombre d'auteurs ont, sans rencontrer de gros obstacles, étudié l'université de Paris dès ses origines. Ils ont, à très peu près, défini le cursus des études, les façons d'enseigner, les grades et la nature des examens. La vie des étudiants, regroupés en "nations" nous est connue grâce à plusieurs travaux, tant à

---

[20] H. RASHDALL, *The Universities of Europe in the Middle Ages,* 3 vol., 1987. – S. GUENÉE et G. MANFRIN, *Bibliographie de l'Histoire des Universités françaises des origines à la Révolution.* 1978. – S. D'IRSAY, *Histoire des Universités françaises*, T. I, *Moyen Âge et Renaissance*, 1933.

Paris qu'en d'autres villes en France et à l'étranger[21]. Trois gros ouvrages consacrés aux Universités de médecine et de pharmacie ainsi qu'à l'enseignement de la chirurgie de Montpellier, sont parus en 1975-1978. Les recherches se poursuivent[22].

Ce temps est derrière nous. La mode imposée, non par l'usage mais par les responsables de la communication, veut que l'on ne désigne pas les choses par un mot tout simple, appréhensible par tout un chacun. Rien ne paraît certain et le chercheur le mieux intentionné risque de se perdre. En cette année 2005 personne ne peut, ni en France et ni certainement en plusieurs pays voisins, dire ce que sont nos universités, leurs structures internes, l'organisation des études et les exercices de fin d'année ou de fin de semestre que nous ne voulons plus appeler "examens" mais simplement "contrôles" sans en définir, de près ou de loin, ni la nature ni l'intérêt. Professeurs et étudiants courbent le dos chaque printemps, soucieux de ce qui peut les attendre à la fin de l'été pour, finalement, ne pas bien saisir le pourquoi des choses et naviguer à vue tout au long des deux semestres. Le public, journalistes compris, ignore tout des rouages d'une machine qui défie les diagnostics. Dans seulement un demi siècle, comprendre et en faire connaître le fonctionnement sera proprement impossible. Les cursus, les enseignements, les degrés et les diplômes changent de nom avec les réformes et ces noms, inventés de toutes pièces, sans rapport toujours apparent avec les contenus, souvent d'allure barbare et incongrue, ne sont pas lisibles pour ceux placés tout au cœur de l'action ni même, semble-t-il, pour ceux qui, de bon ou

---

[21] P. KIBRE, *The Nations in the Medieval Universities*, Cambridge Mass., 1948. – Ch. OMONT, « Le "Livre" ou "Cartulaire" de la Nation de France à l'Université de Paris », *Mémoires de la Société Historique de Paris et de l'Île-de-France*, 1914, pp.1-130. – M. TOULOUSE, *La nation anglaise-allemande de l'Université de Paris des origines à la fin du XVe siècle*, 1939. – G.C. BOYCE, *The English-German Nation in the University of Paris during the Middle Ages*, Bruges, 1927. – L. RIGAUD, « La nation germanique à Orléans », *Revue d'Histoire de l'Église de France*, 1941.

[22] Ch. VULLIEZ, *Des écoles de l'orléanais à l'Université d'Orléans (X^e - début du XIVe siècle)*, thèse d'État, 1994. – J. VERGER, *Les Universités du midi de la France à la fin du Moyen Âge (début du XIVe siècle - milieu du XVe siècle)*, thèse d'État, 1995.

de mauvais gré, les ont mis en place. On les confond et, de toutes façons, on les oublie vite. En fait, ils ne figurent plus dans les textes que sous la forme de ces sigles imposés par l'administration, aussitôt entrés dans l'usage. Mots désarticulés, faits de capitales accolées, mots aujourd'hui imprononçables, demain privés de sens.

Pendant des générations, on ne parlait que de Certificats de Licence. Ces temps sont loin derrière nous : étudiants et professeurs ont, en une dizaine d'années, connu le DEUG, le DEA et le DES, les UV. On en est maintenant aux ECUE(s) dont personne ne se donne la peine de rappeler la signification[23] et aux *Masters* (M1, M2). On ne sait plus, entre étudiants, professeurs et agents de l'administration, ni parler ni même écrire autrement. Si les universités ont encore un nom intelligible, parfois plus ou moins symbolique, rappelant tel ou tel "grand homme" du passé, seuls les initiés sont supposés distinguer les unes des autres les équipes de recherches qui depuis une vingtaine d'années, se multiplient un peu partout. En réalité, ils ne se donnent pas ce mal et se contentent de répéter les sigles, tous obscurs pour le commun des mortels. L'*Annuaire des Historiens médiévistes de l'Enseignement Supérieur*, version 2004, indique, pour chaque enseignant chercheur, son "équipe de rattachement". On en dénombre plusieurs dizaines, sans être plus avancé, sans avoir la moindre idée du domaine concerné puisque, se conformant à l'usage devenu commun, cet annuaire ne donne aucune traduction. Et vous allez du CRHISM au CERSATES, puis au FRAMESPA, à TELEMME et à la LAMOP. On cherche en vain le CHRISPAAN et le CHRISHMA. Qui en tire profit, aujourd'hui même ?

L'historien de l'avenir, attelé à démêler les structures, bureaux, comités ou commissions qui président à la gestion et, surtout, aux réformes de notre enseignement supérieur, devra se perdre en d'invraisemblables méandres avant d'en identifier quelques-unes et, si le courage lui tient encore au corps, en définir l'intérêt et tenter de se faire une idée de la façon dont elles se supportent ou se contrarient les unes les autres. S'en tenir aux mots très ordinaires de ministère, de bureaux et de services serait très loin du

[23] Ce serait : Éléments constitutifs d'une Unité d'évaluation.

compte, simplification abusive sans signification. Les vrais chercheurs de demain, ceux que rien ne pourra effrayer, iront autopsier, pour le moins, cinq conseils ou comités. Du CTPM (= Comité technique paritaire ministériel), ils passeront au HCEE (= Haut conseil de l'évaluation de l'école), puis au CSE (= Conseil supérieur de l'Éducation), puis au CNESER (= Conseil national de l'enseignement supérieur et de la recherche) pour, en fin d'une course plutôt harassante, arriver au CTPU (= Comité technique paritaire universitaire).

S'il se met en tête d'étudier l'organisation du travail dans chaque institution, il lui faudra aussi beaucoup de détermination et de patience pour conduire jusqu'à terme sa marche hésitante au long des couloirs, de service en service, au risque de buter sur d'étranges compressions graphiques. Il s'en sortira encore avec la RSH tombée dans le parler ordinaire pour désigner l'ensemble du personnel (= Ressources Humaines) mais commencera à s'alarmer avec la DEVE (= Direction des études et de la vie étudiante), le CRIT (= Centre des ressources informatiques et télématiques) ou la DLM (= Direction de la logistique mobilière) pour finir, égaré, au moment de maîtriser le METICE (= Multimedia, enseignements, technologies[24] de l'information et de la communication) ou le SCUIO (= Service commun universitaire d'information et d'orientation) ou le SCAC (= Service commun d'action culturelle). Parvenu jusque-là, il trouvera enfin, dans tel ou tel établissement mieux au fait des modes du moment et des "impacts" publicitaires, une DIVIC et pourra chercher longtemps avant de faire apparaître une « Direction de la Vie institutionnelle et de la Communication ». Le plus dur certainement sera fait mais il lui manquera tout de même d'imaginer ce que, en 2005, pouvait signifier une "vie institutionnelle".

Tous ces sigles sont des rébus. Comme pour les mots croisés, nous comptons le nombre de lettres, nous cherchons ce que chacune peut bien vouloir dire, nous arrivons par entrevoir le pourquoi du choix et, finalement, nous ne sommes sûrs de rien car leur élaboration n'a jamais respecté des règles bien définies.

---

[24] Et non pas "techniques" ; on n'échappe pas au jargon !

C'était selon la mode, au moins mal pour ne pas trop s'écarter du sens.

On avait SNCF et l'on a continué sur cette lancée, en assemblant dans l'ordre convenable trois ou quatre lettres : ENA, CNRS, PNB, PSA. Cela ne posait pas trop de difficultés car ces assemblages n'étaient pas vraiment des mots et l'on pouvait sans mal épeler chaque lettre, l'une après l'autre, chacune ayant un sens précis, directement repérable. Nul besoin de traducteurs. Cela n'a duré qu'un temps, celui des prémices, des premiers essais. Nous en sommes maintenant, pour plus de précision et pour éviter des confusions, à cinq, six, sept lettres ou davantage. Il fut admis que dicter ces sigles en prononçant une à une les lettres, l'une après l'autre, ne plairait pas. Cela ferait vraiment trop abstrait ; le public, les clients, les assujettis ne pourraient les retenir et les avertis eux-mêmes finiraient par se décourager. Aussi s'est-on efforcé de composer un vrai mot, plus ou moins lisible, barbare peut-être, incongru à coup sûr mais que chacun pourrait prononcer d'un seul élan de voix et garder en mémoire. Avec six lettres, cela tourne au casse-tête et au tour de force intellectuel. Seuls des champions du scrabble ou du Jeu des chiffres et des lettres y parviendraient sans peine. On ne les a pas mis à la peine et seuls les organismes d'État, à budget quasi illimité, ont fait appel aux sociétés d'experts qui vendent très cher leurs services. Pour les autres, tout s'est fait entre soi, dans les comités, les conseils et les commissions ad hoc, au prix de longues discussions et d'un nombre impressionnant de feuilles de papier jetées à la corbeille. Il fallait réussir et l'on usa de toutes sortes d'accommodements. Prendre toutes les lettres du nom de l'entreprise ou de l'institution, dans l'ordre, les unes après les autres, donnait généralement des sigles formés en majeure partie de consonnes, proprement imprononçables. La solution fut de supprimer une ou deux de ces consonnes, initiales de mots pourtant importants. On a même, très souvent, ajouté des voyelles, deuxièmes lettres d'un mot. Une tendance, qui se dessine déjà et ne manquera pas de s'affirmer, veut privilégier avant tout la qualité phonétique et l'euphonie, quitte à s'écarter du sens initial. Pour faire plus attrayant, on en arrive alors à créer quantité de vocables, ensembles de lettres d'assez belle allure mais sans sens aucun pour les non initiés. Depuis déjà une dizaine d'années, le personnel enseignant des universités compte, outre les maîtres de conférences (MC) et les professeurs (PR), des professeurs agrégés, recrutés sur dossier. Ces professeurs agrégés sont des PRAG. Deux lettres sont de trop mais on ne pouvait s'en tenir à un PA disgracieux. Le mal averti d'aujourd'hui ne comprend pas et, dans quelque temps, les historiens chercheront en vain ce que peuvent dire le R et le G. Vont-ils, après ce P, professeur, hésiter, pour le R, entre "retraité", "raisonnable" et "rémunéré" ? Les étudiants de thèse, engagés pendant un an ou deux dans une université pour poursuivre leurs recherches, sont, depuis quelque temps et pour le moment encore, des Attachés d'études et de recherches = ATER. Le T est de trop ; est-ce pour "transitoire" ou pour "terrifiant" ?

L'Université subit de plein fouet, plus que d'autres, le flux et le reflux des réformes mais la subtile folie du parler obscur et des langages chiffrés pour initiés a tout gagné. On a créé de toutes pièces un nouveau langage qui, au contraire des parlers populaires, de l'argot par exemple, ne reflète et ne suggère rien et demeure lettres mortes sans éveiller quoi que ce soit. Seuls ceux qui y sont plongés jour après jour et ne peuvent plus s'exprimer autrement le connaissent. Personne d'autre ne saurait le pratiquer sans dommage. C'est donc un idiome véritablement communautaire qui vient s'ajouter à ceux de caractère ethnique ou religieux ou social. Mais, à la différence des autres, ce parler, très différent selon le service ou le métier, n'est accessible qu'à un nombre restreint d'individus, membres de communautés qui ne communiquent qu'entre eux.

L'historien des institutions, des mœurs politiques et des pratiques judiciaires aura bien du mal à comprendre ce qu'il pourra lire. À l'instar des tessons de vases brisés des temps lointains ou des terrils des mines naguère ou encore des décharges municipales d'aujourd'hui, les sigles obsolètes s'accumulent en de lourdes stratifications de scories. Les chercheurs vont se heurter à des rébus et, faute du moindre répertoire, buter sur ces étonnants assemblages de lettres sans y rien comprendre. Fin de l'Histoire ou nouvelles méthodes d'approche ?

II

L'HISTOIRE SCIENCE HUMAINE ?

Dans les toutes dernières années soixante, les Facultés des Lettres sont devenues « des Sciences Humaines ». Effet d'annonce sans effet, tout proche du ridicule ? Recherche d'une nouvelle étiquette pour ceux qui, humiliés de ne pas paraître assez "scientifiques", espéraient, pour leurs "laboratoires", leurs "ateliers" et leurs "séminaires" davantage de crédits ? Ou bien encore caprice d'un ministre qui n'avait pas encore attaché son nom à une réforme ?

Ceux qui enseignaient l'Histoire et poursuivaient leurs recherches comme ils l'avaient toujours fait, étaient d'avis contraire. Mais les historiens de base comptaient pour rien et l'affaire fut vite entendue : ces Sciences humaines rejoindraient les Sciences exactes et l'Histoire ferait tout naturellement partie du lot. C'était, à bien voir la chose, le triomphe de quelques groupes de pression suffisamment en cour pour imposer leur terrorisme intellectuel. Plusieurs grands maîtres de la Sorbonne et de la sixième section des Hautes Études menaient la course.

Cependant, il paraît pour le moins curieux qu'au moment même où elle s'affirmait ainsi « Science humaine », l'Histoire ait marqué un tel mépris pour l'homme lui-même, pour ses réserves d'énergies, ses efforts et ses talents ; surtout pour ses extraordinaires facultés d'adaptation.

L'homme soumis

Le déterminisme géographique

Abstraire une communauté humaine de son environnement géographique est bien évidemment hors de propos. Cependant, insister outre mesure sur l'importance du milieu naturel et affirmer que celui-ci a, tout au long des siècles, imposé certains styles de vie et de société est, là, s'écarter de ce que devrait être une science réellement "humaine". L'Histoire prend alors l'homme et les sociétés humaines pour objet mais ne leur accorde qu'un intérêt mesuré. C'est une sorte de paradoxe et l'on pourrait penser à une mode, à un engouement irraisonné. Est-ce une "exception française" ?

Bien évidemment, les historiens des premiers temps, Guizot et Augustin Thierry par exemple, ne parlaient ni des régimes pluviométriques ni de la nature des sols. Ce choix, décisif semble-t-il, fut sans doute, dans les dernières décennies du XIXe siècle, le fruit d'un scientisme en vogue au moment où l'École républicaine de Jules Ferry perfectionnait ses méthodes et ses programmes. Titulaire de la chaire de géographie à la Sorbonne en 1898, Paul Vidal de La Blache présentait, en 1903, en large introduction à l'*Histoire de France* de Lavisse, un *Tableau de la géographie de la France*. Trois ans plus tard, dans une communication à l'Académie des Sciences morales et politiques, il affirmait que l'étude des activités humaines devait être liée de près à celle du milieu physique. Depuis lors, nos programmes d'enseignement et nos manuels de tous les niveaux, du primaire au secondaire, ont toujours lié l'histoire à la géographie sans jamais susciter ni protestation ni réticence, pas même quelques réflexions. Aujourd'hui encore, au collège et au lycée, le même professeur enseigne généralement l'histoire et la géographie. Ce n'est que depuis peu de temps que, dans certaines universités, les étudiants peuvent obtenir une licence d'histoire sans suivre des cours de géographie et réciproquement. Cependant ceux, très nombreux, qui préparent les concours de recrutement de professeurs du secondaire ne peuvent y échapper. L'Agrégation d'Histoire comporte obligatoirement une épreuve de Géographie[25] et le CAPES est commun à l'Histoire et à la Géographie.

Reconstituer le paysage et l'environnement à l'époque que l'on veut étudier, en s'appliquant à ne pas trop tenir compte de ce qu'il est aujourd'hui, va dans le sens d'une bonne recherche historique et peut aider à mieux analyser les activités et les structures d'une société. Mais ce n'est pas une tâche facile et bien peu nombreux sont ceux qui s'y sont risqués. Les textes sont trop rares et peu explicites.

On ne peut en tout état de cause, inverser la démarche et, dès le départ, fausser l'analyse. Le travail de l'historien n'est pas de montrer à quel point les conditions naturelles, tels la situation topographique, les sols et le climat, ont déterminé les styles de vie, mais d'étudier quand et comment les hommes se sont adaptés au milieu et ont triomphé des obstacles. Pourtant, de nombreuses thèses d'Histoire économique et sociale, soutenues il n'y a pas si longtemps, comptent un ou deux forts chapitres sur le relief et même sur les qualités des sols et le régime des pluies. Ce sont des travaux presque toujours inutiles où l'historien, qui n'y est pas vraiment préparé, s'engage de mauvais gré, mal à l'aise, à pas comptés pour, en définitive, ne résumer tant bien que mal que ce que les spécialistes ont écrit avant lui. Ce sont de véritables pensums et l'on reste confondu à l'idée de tant d'énergie et d'heures perdues. Cette manie d'un autre temps vaut au jeune chercheur, mal à l'aise bien sûr, de durs moments d'inquiétude. Il s'y résigne et finit par rédiger tant bien que mal ses dix ou vingt pages, croquis et bibliographie à l'appui, le tout parfaitement superflu, mais ne peut s'interdire de penser qu'il aurait pu consacrer tout ce temps à poursuivre plus avant ses recherches et à mûrir ses réflexions.

Le déterminisme géographique ne reste pas de pure forme. Il s'impose en tyran, pèse lourd sur le choix des sujets de recherche et, pour conforter des hypothèses affirmées dès le départ, dicte des conclusions souvent erronées. Pour quelques auteurs, ceux d'ouvrages un peu rapides notamment, ce sont habitudes bien

---

[25] Et, de même, l'Agrégation de géographie comporte une épreuve d'histoire.

ancrées, sortes d'automatismes. Ils écrivent toujours que Paris et d'autres grandes cités doivent leur fortune à un site privilégié, tout particulièrement à un "carrefour de routes" et, ce faisant, font profession d'ignorer le rôle décisif du pouvoir politique et la volonté de concentrer une bonne part des activités économiques en un lieu choisi à dessein. Il paraît pourtant évident que, dans la plupart des cas, les routes furent construites et les carrefours aménagés selon un tracé décidé par le gouvernement installé dans une ville déjà choisie pour capitale depuis un certain temps. Dès lors, cette cité, centre du gouvernement, se trouva tout naturellement au "carrefour" d'un réseau de communications que les hommes de pouvoir ont pris soin de ménager ou de construire de toutes pièces. Ils auraient aussi bien réussi en d'autres endroits.

En 1922, Lucien Febvre, qui se réclamait pourtant de Vidal de La Blache, avait, dans *La terre et l'évolution humaine,* montré le ridicule de nombre d'analyses et de conclusions tenues alors pour très ordinaires. À ceux qui écrivaient et enseignaient encore que les Anglais devaient leur expansion maritime et marchande au fait qu'ils vivaient dans une île, il faisait remarquer que leurs marins et leurs négociants avaient attendu les années 1400 pour s'en apercevoir et se lancer dans de lointaines aventures. Ne fallait-il pas, plutôt, s'intéresser à l'émergence de nouvelles volontés politiques ou à l'évolution des structures sociales ?

Négliger le politique et le social, en un mot l'humain, conduit, comme toujours lorsque la réponse est connue et quasi imposée d'avance, à orienter l'enquête dans une seule direction et à s'interdire d'entreprendre de vraies recherches en d'autres domaines, recherches qui, elles, apporteraient d'autres réponses ou, pour le moins, d'autres éléments d'explication. Les historiens des sociétés et de l'urbanisme nous ont volontiers laissé entendre que certaines formes d'habitat, notamment les maisons dressées en hauteur en telle et telle cité du monde méditerranéen, s'expliquaient par le relief accidenté et par le manque de place. Cela s'écrit et se dit encore alors que chacun peut, à consulter n'importe quel plan ou croquis de l'époque, constater que ces mêmes cités comportaient, à l'intérieur des murs, de nombreux jardins, vergers, clos de vigne, bosquets et terrains vagues laissés à l'abandon. Mais on ne cherchait pas plus avant et l'on ignorait volontairement l'importance des préoccupations politiques et, plus encore, des solidarités qui incitaient les habitants à se regrouper et à construire de préférence des maisons à plusieurs étages afin de rassembler plusieurs familles ensemble, là même où le terrain ne manquait pas. On ne peut décrire ni surtout analyser le paysage urbain et les formes d'habitat sans s'intéresser, d'abord, aux rapports humains, aux dimensions et à la cohésion de la famille ou du clan, au soin pris à se défendre, à protéger une identité collective vivement ressentie et à s'isoler des voisins, souvent ennemis, par des espaces non construits.

L'homme ne subit pas toujours, bien au contraire. Ce que le déterminisme poussé trop loin prétend enseigner va à l'encontre de l'idée même d'entreprendre une recherche, en imposant des hypothèses qui, certes, peuvent satisfaire la logique et les esprits "scientifiques", mais ne sont, effectivement, que des hypothèses édictées dans l'absolu sans la moindre ébauche d'examen. Souvent, les textes disent autre chose.

La géographie vue sous l'angle politique (est-ce la "géopolitique" ?) voudrait qu'un État se calque sur le cadre naturel et se tienne enfermé dans un espace bien défini, protégé par des limites parfaitement tracées, de préférence des frontières naturelles. C'est projeter nos façons d'aujourd'hui de concevoir l'État sur un passé plus ou moins lointain : démarche hasardeuse, pour ne pas dire contraire à celle qu'exige la recherche historique. Ce fut pourtant admis et personne ne songeait à mettre en doute une vérité qui semblait si évidente ni même à amorcer la moindre enquête. Aussi est-ce encore un domaine de recherche quasi inexploré. On voit tout de même, à lire quelques études précises, que, pendant longtemps, en Occident, dans des États où un gouvernement centralisé imposait sa loi et mandait partout ses agents, la notion de frontière était mal perçue, souvent floue, remise en question à tous moments. Les entités administratives se présentaient, certes, regroupées autour d'un centre urbain, résidence du bailli ou du sénéchal mais celui-ci ne cessait d'empiéter sur les possessions des princes voisins, des évêques ou des abbés. Démêler l'enchevêtrement des juridictions, des droits de propriété et des droits de ban pour établir un semblant de carte paraît impossible. Il faut aller jusqu'au petit point, user de cinq ou de six couleurs différentes, avouer l'incertitude et ménager des zones d'ombre. Rares sont ceux qui s'y sont attelés. Pour le moment, nous n'avons encore que deux ou trois cartes de ce type. C'est dommage car elles éclairent d'un jour nouveau l'idée que nous nous sommes faite trop vite des sociétés politiques et de leur conception du pouvoir. Exemple, un de plus, de la façon dont ces *a priori* commandés par le déterminisme géographique peuvent interdire d'entreprendre une recherche pourtant intéressante, voire essentielle.

Les auteurs de cour, au temps de François Ier, ont beaucoup écrit pour tenter de justifier l'alliance du roi avec les Ottomans. Ils invoquaient, entre autres arguments, la nécessité de rompre l'encerclement du royaume de France par les États de Charles Quint. Cet "encerclement", repris par les jacobins républicains qui, eux, montaient en ligne et tiraient de bon cœur dès qu'il s'agissait de combattre tout ce qui portait un parfum de religion, connut d'étonnantes fortunes. Tous les manuels d'enseignement ont montré et montrent encore la France encerclée, donc assaillie de toutes parts. On en parle sans même s'interroger. C'est une sottise mais une sottise soutenue en tous lieux. Nos journaux, quelques revues spécialisées, peu nombreuses, mises à part, répètent les mêmes clichés, approuvés par les ténors de la géopolitique qui, sur ce point, ne semblent pas avoir beaucoup travaillé. Rien n'y fait. De bons historiens ont pourtant présenté quelques réflexions de simple bon sens, à savoir que le monarque maître absolu d'un État formé d'un seul bloc et bien tenu en main, les communications assurées du nord au sud et de l'ouest à l'est, sans le moindre obstacle, avait toute chance de tenir ferme face à un adversaire qui devait sans cesse courir de l'une à l'autre de ses possessions[26]. Charles Quint fut effectivement contraint de demander passage au roi de France pour se rendre en Flandre.

Que le philosophe, le politologue et le géopolitologue aient endossé l'erreur et tenu à faire sans cesse état de cet encerclement est déjà surprenant. De la part de l'historien, c'est le signe d'une disposition vraiment étrange, qui le conduit à se forger une opinion et à prétendre la faire partager sans tenir compte des faits. François Ier encerclé ? À aucun moment Charles Quint n'a envahi

---

[26] M. GEORIS, *Charles Quint, un César catholique*, 1999. – P. CHAUNU et M. ESCAMILLA, *Charles Quint*, 2000.

ni même menacé d'envahir ses États alors que, lui, conquérant du Milanais, a, de plus, envoyé une armée de douze mille fantassins et trente canons puis une troupe de Gascons et de lansquenets allemands jusqu'au cœur de la Castille pour soutenir les révoltés en guerre contre l'empereur. Un peu plus tard, l'un des chefs de ces rebelles fut ambassadeur du roi de France, chargé de mission pour débaucher les nobles de Bohême et de Transylvanie et préparer ainsi l'invasion de la Hongrie par les Turcs[27]. François Ier avait même écrit aux "Maures d'Afrique". L'encerclement n'était qu'un argument de basse propagande. De nombreux auteurs, historiens entre autres, le soutiennent toujours, convaincus que seul compte l'examen de la carte.

Le mythe du progrès, la gloire des inventeurs

Les historiens de l'économie et de la société ont volontiers consacré d'importants travaux à l'évolution ou au progrès des techniques, tout particulièrement à ce qu'il est convenu d'appeler les grandes découvertes de la science ou, plus simplement, les "inventions". Ils les situent du mieux possible dans le temps et s'appliquent à identifier leurs auteurs. Les nations se disputaient ces héros, bienfaiteurs de l'humanité. Il était un temps où l'on devait, au service d'un orgueil national exacerbé, dire qui avait, le tout premier, inventé la roue et la brouette, le papier, la boussole, la poudre à canon. C'était affaire d'État.

Tous les auteurs ne se prêtaient pas à ces jeux puérils mais tous, ou peu s'en fallait, s'accordaient pour dire que les progrès techniques avaient, à eux seuls, provoqué d'importants bouleversements dans nombre d'activités humaines.

– Le collier d'attelage

Sur ce registre, l'engouement déraisonné ne date pas d'hier. En 1924, Lefevre des Noëttes affirmait, dans un traité intitulé *La force motrice animale à travers les âges,* que la disparition de l'esclavage antique fut rendue possible et provoquée par l'invention d'un nouveau type de collier d'attelage pour les bêtes de trait. Ce-

[27] V.L. BOURRILLY, « Les diplomates de François Ier : Antonio Rincon et la politique orientale de François Ier », *Revue historique*, 1913.

la fit sensation et nombre d'auteurs, spécialistes de l'histoire des techniques et de l'économie firent leur la démonstration de l'auteur qui affirmait que, jusqu'à une période à vrai dire assez mal déterminée, sans doute vers les années 900 ou 1000, les hommes ne connaissaient qu'une seule façon d'atteler leurs chevaux ou leurs bœufs, à savoir par un collier placé haut sur le cou. Sous l'effort, ces bêtes risquaient de s'étouffer. Aussi ne pouvait-on les atteler qu'à des charrois relativement légers (très exactement un maximum de 492 kg pour un attelage de deux chevaux !). On les utilisait surtout comme bêtes de somme et les gros travaux étaient tous effectués par des hommes, esclaves pour la plupart, soumis à de misérables conditions. Le nouveau collier, dit “d'épaule” ou “de gorge” ou encore “bricole”, placé plus bas, fit porter l'effort sur les épaules et ne gênait plus la bête qui, attelée à de gros charrois ou aux outils agraires, travaillait mieux et plus longtemps que l'homme. L'esclavage devenait inutile.

C'était nous faire admettre que, pendant des siècles, des milliers d'agriculteurs et de charretiers n'avaient pu demander à leurs chevaux et à leurs bœufs que des services limités, sans qu'un seul ait jamais eu l'idée de déplacer tant soit peu ces colliers. Ils sont demeurés dans cette sorte d'hébétude figée. Malheureusement le nom du génial inventeur demeure inconnu ! Le culte de l'invention salvatrice faisait si bien l'unanimité que personne ne s'est permis, à la sortie du livre ni plus tard, de dire le grotesque de la chose, si manifeste pourtant. De nos jours, les manuels, les ouvrages de vulgarisation, les bonnes encyclopédies et certains magazines parlent encore de ce collier d'attelage révolutionnaire. L'important, pour nous aujourd'hui, n'est pas de dénoncer le ridicule de ces écrits qui se répètent les uns les autres mais plutôt de déplorer, chez certains historiens, le refus de chercher d'autres explications que l'invention technique et donc le refus de penser aux hommes eux-mêmes. C'était laisser entendre que ceux-ci ne comptaient pas. Incapables d'infléchir le cours de leur vie par leur propre réflexion ou par un quelconque élan de volonté, ils devaient tous les “progrès” vers un genre de vie meilleur, plus heureux et plus fécond, aux savants découvreurs.

– Les grandes découvertes maritimes

Ceux qui ne lisent pas les mises au point des jeunes chercheurs et ne font que reprendre ce qui court dans les plus ordinaires des publications depuis déjà des générations, écrivent volontiers que le mérite des Grandes découvertes ne revient pas aux marins eux-mêmes. À les lire, ce n'étaient que de simples artisans, plus ou moins chanceux, qui ont bénéficié de considérables progrès techniques. En 1992, la célébration du cinquième centenaire de 1492 n'est certes pas passée inaperçue mais ce ne fut pas pour tresser des couronnes à Christophe Colomb. On s'est surtout intéressé aux conséquences, prétendues néfastes, de la découverte pour le Nouveau Monde, aux Indiens que l'on s'est appliqué à montrer soumis, esclaves, dépossédés de leurs terres et de leurs richesses, victimes de terribles épidémies. Certains moralistes ont parlé tout bonnement de génocide. Quant à l'exploit de l'amiral et de ses compagnons, pas un mot.

Quel exploit ? On fit remarquer que Colomb n'était pas le premier à mettre pied outre océan. Les Vikings l'avaient précédé de plusieurs siècles et l'on savait bien, mais sans pouvoir citer le moindre texte, que d'autres marins, égarés, poussés par les vents, étaient allés buter sur ces terres lointaines et en étaient revenus. Pour sûr, le Génois avait obtenu, sans doute par quelque mauvais procédé, une carte dressée par l'un de ces capitaines inconnus, aventuriers malgré eux. Il n'avait plus qu'à suivre leur route.

Et, dans la mesure où l'on s'intéressait tout de même à lui, c'était pour en faire une manière de savant, mathématicien, en somme déjà un technicien expert. On le voyait exposant son projet à des hommes du Moyen Âge qui, englués dans leurs certitudes, ne pouvaient concevoir d'atteindre le Grand Est en mettant les voiles vers l'ouest. Les images de cet homme moderne plaidant sa cause, à Lisbonne, devant les cartographes allemands et juifs, tous ignares, puis, à Salamanque, devant les hommes du roi, plus stupides encore puisque tous universitaires, sont toujours dans nos manuels alors que le moindre souci de vérité ferait dire que, depuis Ptolémée, personne, hors les auteurs de fariboles, ne se représentait la terre plate comme une galette. Ces mêmes manuels, comme les articles de magazines vite faits, oublient de rappeler que les fameux calculs de Colomb étaient archi faux, poudre aux yeux ou effarante ignorance, ou encore talent particulier à truquer et manier les chiffres. Lisbonne et Salamanque avaient eu raison de renvoyer ce visionnaire qui, pour les séduire, évaluait le parcours maritime, entre le Portugal et le Japon, à quelque 750 lieues, soit environ 4 440 km, alors que la distance réelle était quatre fois plus (19.600 km).

* *Boussole et astrolabe*

Quelle importance puisque l'on se persuadait et l'on voulait faire croire que ces semaines de navigation hasardeuse n'avaient, au lendemain d'inventions techniques vraiment décisives, rien d'exceptionnel ? Pour tracer son chemin et faire le point, il disposait de la boussole et de divers instruments tous appris des Arabes. Et, pour naviguer en tous temps et par tous les vents, la caravelle, le gouvernail d'étambot et les voiles latines. Sans la boussole et les caravelles, nulle découverte : ces certitudes, fausses de bout en bout, ne sont que rarement mises en doute, profondément ancrées dans l'opinion commune et dans le parler ordinaire.

Erreur d'appréciation, indigence de la recherche : on oubliait que nombre de nouveautés, et d'"inventions" que nous considérons comme essentielles, voire "révolutionnaires", ne furent pas adoptées d'emblée par les usagers qui, méfiants peut-être, circonspects en tout cas, n'abandonnaient pas volontiers des façons de faire pratiquées depuis si longtemps. Il est rare que, dans les corps de métiers, les nouveautés soient accueillies par des cris d'enthousiasme et une adhésion sans partage. De longues, de très longues années s'écoulent presque toujours entre l'apparition d'une technique, ses premiers essais incertains, balbutiants, et son application sur une vaste échelle.

Il est admis que, grâce à la boussole, Christophe Colomb pouvait tenir à peu près correctement un cap. Mais cette boussole n'apportait rien de nouveau ni de particulier. Elle était connue en Occident depuis le XIIIe siècle, et ceux qui disaient que cet instrument fut à l'origine des grandes découvertes auraient pu se demander pourquoi les marins avaient attendu plus de deux cents ans avant de se lancer à la découverte des îles et des terres d'outre océan. La décision fut prise et le projet a mûri pour répondre à des attentes, des élans, des curiosités. Entreprise provoquée par les hommes qui n'avaient, en leur temps et seulement alors, nul besoin d'une quelconque invention technique pour se décider.

Quant à faire le point en mer et savoir sur quel parallèle et quel méridien il se trouvait, Colomb en fut bien incapable, à beaucoup près. Lorsqu'il s'y risqua, ce fut pour tomber dans d'étranges erreurs. Pour les latitudes : le 2 novembre 1492, au large de l'île de Cuba, il se situe au 42° nord alors qu'il n'est qu'au 20ᵉ degré, à plus de deux mille kilomètres. Il renouvelle son erreur, dans les mêmes proportions, quelques jours plus tard, en décembre. Pour les longitudes, ce fut pire : le 14 septembre 1494, il se croit au 91ᵉ degré ouest mais n'est qu'au 68ᵉ. Erreur plus manifeste encore le mois suivant lorsqu'il place la côte de la Jamaïque au 115ᵉ degré au lieu du 77ᵉ (erreur de près de trois mille kilomètres !).

La simple lecture des textes, infiniment nombreux, montre que, tout au long des XVIᵉ et XVIIᵉ siècles, les pilotes espagnols de la carrière des Indes occidentales ne se fiaient nullement aux instruments mais seulement à leur expérience, à ce qu'ils avaient appris à l'école puis à bord des bâtiments, seconds d'un maître durant des années. À même époque, les Anglais, Hollandais et Français lancés sur la route des Indes orientales où ils n'avaient encore que peu de repères et nulle expérience ou presque, se perdaient souvent en mer ou abordaient loin de ce qu'ils avaient pensé. Les Hollandais empruntèrent d'abord la longue route ouverte par les Portugais : au cap de Bonne Espérance, ils remontaient vers le nord la côte d'Afrique jusqu'à la hauteur de Madagascar puis se laissaient, en saison, porter par la mousson vers l'Inde et la côte de Malabar. En 1610, l'un de leurs capitaines, Henrik Brouwer, découvrit une autre route : du Cap, il cingla vers le sud jusqu'aux environs du 40ᵉ parallèle où de forts vents d'ouest le menèrent vite et loin vers l'est ; il fut assez heureux pour estimer juste le moment de reprendre plein nord et atteignit l'île de Java sans encombre. Il évitait ainsi les parages gardés par les Portugais, et avait épargné plus de trois mille kilomètres à son bâtiment et à ses hommes. La Compagnie Hollandaise donna ordre à ses capitaines de suivre cette nouvelle route. Mais, faute de pouvoir situer de façon tant soit peu exacte leur longitude, malgré tant d'instruments pris à bord, un bon nombre se sont perdus corps et biens ou se sont trouvés déroutés très loin. S'ils viraient trop tôt au nord, ils allaient sur la côte de Sumatra où des vents violents les portaient à l'ouest, tournant le dos à leur destination. Trop tard, trompés par la force du vent, leur course hasardeuse les amenait sur les côtes d'Australie où les malchanceux brisaient leurs bâtiments en pleine nuit[28].

Les récits de voyage[29], tout au long des années 1600, rapportent nombre d'aventures, de vrais sinistres mêmes, fruits d'appréciations hasardeuses, aggravées encore par l'usage de cartes trop souvent erronées[30]. En 1656, le *Grand Armand*, navire français en route pour Fort Dauphin, « a été deux mois et demi en mer sans savoir où il était et, en cette traverse, il est mort la moitié de ses gens de misère, de faim, de pauvreté et de la maladie du scorbut ». Trente ans plus tard, en 1686, les pilotes de la *Dauphine* « ont été fort étonnés de voir terre ce matin : ils croyaient avoir dépassé l'île des Cocos de plus de vingt-cinq lieues mais nous faisions sud-ouest avec confiance et allions donner à pleines voiles sur l'île »[31]. Ces témoignages donnent bonne mesure du peu de confiance que les navigateurs, deux cents ans encore après la découverte de l'Amérique et un demi millénaire après la boussole, pouvaient porter à leurs instruments. Le pilote vaut par lui-même, par son savoir-faire, et par la chance qui le sert ou peut l'abattre. Christophe Colomb disait lui-même que « pour ces voyages lointains, on fait appel à des hommes dont l'expérience est reconnue et qui ont fréquenté tant de fois ces parages qu'ils savent tous les signes de la route et les mauvais temps qu'ils peuvent rencontrer selon la saison. Ils sont comme des guides pour les voyages à terre ».

---

[28] M. DASH, *L'archipel des hérétiques*, 2005.

[29] D. VAN DER CRUYSSE, *Le noble désir de courir le monde*, Paris, 2002.

[30] « et comme toutes les cartes sont fausses et qu'il y a souvent des erreurs de cent lieues, nous irons le jour à toutes voiles, et la nuit doucement, la sonde à la main ». F.T. de CHOISY, *Journal du Voyage du Siam*, Paris, 1995, année 1685, p.112.

[31] E. de FLACOURT, *Histoire de la grande isle Madagascar*, Paris, 1995, pp. 418 et 311.

* *Caravelles et voiles latines*

Il est généralement admis, du moins à en croire là encore nos manuels, que les capitaines d'Henri le Navigateur lancés à la découverte des côtes de l'Afrique occidentale, puis Colomb et les autres explorateurs après lui, n'ont armé et conduit que des caravelles. Sans ces bâtiments, sans leurs voilures multiples et, plus spécialement, leurs voiles "latines", les nouveaux mondes seraient demeurés inconnus. Malheureusement, nul ne connaît les inventeurs de ces navires que l'on imagine très différents et de ces voiles que personne, auparavant, n'aurait eu l'idée d'utiliser. Mais la légende de la caravelle et de la voile latine, qui séduit toujours, et se retrouve sans nuances dans les livres de bonne vulgarisation, en tout cas dans tous les journaux et magazines, va à l'encontre de ce que l'historien des trafics maritimes, avant, pendant et après les Découvertes, sait parfaitement depuis déjà un bon demi siècle.

La caravelle, navire miracle ? Personne n'a jamais pu dire ce qu'elle était. Ne nous reste aucun inventaire, aucune image, aucun contrat de construction. Les maquettes exposées lors des célébrations ne se ressemblent pas. D'autre part, les caravelles n'ont, en aucune façon, "révolutionné" les pratiques ordinaires de la navigation au long cours. Dès les années 1300, les armateurs des nations maritimes d'Italie lançaient, dans l'Atlantique, des navires de gros tonnages, d'allure tout à fait ordinaire pour leur époque et qui, semble-t-il, ne bénéficiaient d'aucune voilure particulière pour des parcours en pleine mer, sans escale de Cadix en Angleterre ou en Flandre. Les énormes vaisseaux de la Hanse, les *coques*, partaient d'Hambourg, de Lübeck ou de Rostock et allaient, d'une traite, chercher le sel à Brouage et à Setubal, au Portugal. Ces mêmes bâtiments, d'un usage si commun à Gênes que les marins et les notaires les nommaient tout simplement des *navi*, partis de Southampton, atteignaient Chio ou Constantinople en un seul voyage de trois ou quatre mois. Lourds et peu maniables, ils bravaient les mauvais temps et les vents violents de l'hiver, loin au large, et portaient des cargaisons de plusieurs centaines de tonnes. Usaient-ils, pour remonter le vent, de voiles latines ? Nul ne le dit et cela semble sans importance.

L'un des trois navires de Colomb lors de son premier voyage, la *Santa Maria*, n'était certes pas une caravelle mais une nef d'assez fort tonnage et de quarante hommes d'équipage. Cette nef a suivi la route, comme les autres. Quelques mois après le retour de Colomb, les Espagnols ont armé trois flottes : deux d'entre elles comptaient surtout des navires que les textes désignent effectivement sous le nom de caravelles ; mais, pour la troisième, qui devait porter les premiers colons avec leurs bêtes, leurs outils et leurs semences, l'on avait construit et armé de gros bâtiments très différents, beaucoup plus lourds et, certainement, de maniement bien plus difficile. Ceux-là sont arrivés sans incidents notoires, là où on les attendait.

En réalité, la caravelle ne présentait, en fait de navigation et plus particulièrement pour aller contre le vent, aucune sorte d'avantage. On l'a choisie parce que, de faible tonnage, elle coûtait moins cher, demandait peu d'hommes d'équipage et pouvait croiser très près des côtes, voire remonter le cours des fleuves. Ces petits navires de faible tirant d'eau, faits pour explorer sans crainte des hauts-fonds et découvrir de nouveaux passages, ne valaient, pour conduire leur route en pleine mer, pas mieux que d'autres. Peut-être même les trouvait-on plus vulnérables, plus exposés aux fortunes du mauvais temps.

Qui ne se contente pas de redire ce qui s'écrit un peu partout mais prend la peine d'étudier les récits des voyages, voit bien que les voiles latines ne permettaient pas de remonter le vent. Au printemps de 1503, Colomb se trouve sur la côte sud de Cuba et doit, de toute urgence, rejoindre l'île Hispañola. C'est une course très courte, déjà inscrite dans ses livres et dans la mémoire de ses pilotes. Mais les vents contraires contrarient sa route et lui rendent la tâche impossible. Il renonce et, malgré la perte de temps, doit se résigner au long détour par la Jamaïque. Mais, là aussi, par deux fois, il échoue, s'épuise en de vaines manœuvres et, à chaque fois, rebrousse chemin. Il n'y réussit qu'à la troisième tentative, après plus d'un mois d'efforts inutiles. Aussi lorsqu'il rédige, quelques semaines plus tard, une relation de ce quatrième voyage où il a failli périr avec tous ses hommes, prend-il le soin de rappeler combien les marins, les plus audacieux mêmes, sont toujours soumis aux lois et caprices du temps : « Les navires des Indes ne sauraient aller autrement qu'avec le vent en poupe. Les vents font qu'aucun navire ne voudrait aller contre le vent debout, car, en une seule journée, il perdrait tout ce qu'il pourrait gagner en une semaine ; et même avec des caravelles et même avec des voiles latines, à la façon des Portugais. C'est pour cette raison qu'ils n'osent naviguer que par un vent du sud-ouest et, parfois, ils doivent rester au port six ou huit mois pour l'attendre. Cela n'a rien d'étonnant puisque la même chose se produit en Espagne ». Six ou huit mois !

Le Génois savait ce dont il parlait et l'on peut croire qu'il ne cherchait nullement à décourager les rois d'Espagne de lancer d'autres flottes vers le Nouveau Monde. Pendant plus de trois siècles, peut-être même jusqu'à la navigation à vapeur, on en est resté au même point. Les marins demeuraient soumis aux vents, incapables d'aller contre, contraints d'attendre, de longs moments, des conditions enfin favorables pour sortir du port.

Pourtant, nos manuels et quantité d'articles, ici et là, en toutes sortes de publications largement offertes au public, continuent à dire la prétendue excellence des caravelles et des voiles latines. Quel auteur, soucieux de plaire en restant dans le ton, se risquerait à écrire que la boussole, les voilures, les sextants, quadrants, astrolabes et autres beaux instruments, empruntés aux Arabes et aux Chinois n'ont, en fait, rien, ou très peu, changé aux pratiques de la navigation ? Les romanciers, eux, n'accordent pas tant d'importance aux théories ; ils connaissent leur métier et, toujours proches des récits des hommes de mer, ont pris bonne note des dures réalités et des contraintes de la navigation à voiles tout au long des temps.

En 1980, George Walter, auteur de plusieurs romans d'aventure et de fiction, nullement spécialisé jusqu'alors dans l'évocation des grandes entreprises maritimes, publiait une biographie agréablement romancée de John Smith, fondateur de Jamestown en Virginie, au printemps 1606, explorateur de toute la région, premier cartographe de la nouvelle colonie. Le 19 décembre 1606, Smith levait à nouveau l'ancre de Londres, au commandement de trois petits navires et de nouveaux colons. « Au bout de deux semaines d'une course louvoyante, ils ne se trouvaient encore qu'à soixante-quinze milles de Londres, ayant tout juste doublé Douvres et le pas de Calais. Cloués par brumes et vents contraires, les trois bâtiments de la flottille de Virginie durent jeter l'ancre sur la côte du Kent. Pour que tournât le vent d'ouest qui interdisait le chenal, il fallut attendre le jour de l'an 1607 puis tout le mois de janvier. Les voyageurs du Nouveau Monde, transis et ballottés dans l'odeur de bière surie et la promiscuité de leurs trois nefs exiguës, nargués par des villageois tranquilles dont les lits ne bougeaient pas, présentaient, sans être partis, le tableau désolant des rescapés d'un naufrage ». Dix ans plus tard, le 15 mars 1617, Smith s'apprêtait à quitter Plymouth et à faire voile, à nouveau, vers la Virginie. Mais, cette fois, l'équipage et les quinze colons refusèrent de s'embarquer : les vents d'ouest s'opposaient au départ et, de l'avis des vieux marins, ils risquaient de se maintenir pendant une bonne semaine. Au bout de trois semaines, ces vents ne tournaient toujours pas : « Il y avait vingt-deux jours que l'amiral était seul à bord et, de sa cabine ouverte, il découvrit un groupe de curieux sur la jetée ».[32]

Depuis quelques années, une édition de poche publie en France, un par un, plusieurs volumes contant les aventures du capitaine Jack Aubrey, héros des campagnes navales des Anglais contre les Français au temps de Napoléon[33]. L'auteur, Patrick O'Brian, met en scène, en plus d'un moment, ses héros bloqués dans les ports d'Angleterre par des vents contraires qui leur interdisent de sortir de la Manche.

On peut, bien sûr, chercher à comprendre pourquoi le lecteur d'aujourd'hui trouve une reconstitution du passé plus proche de la réalité chez les auteurs de romans que chez les historiens et les auteurs de livres pour l'enseignement.

Il reste que le fait d'avoir voulu, à tout prix, avant même la moindre recherche, expliquer les Grandes Découvertes par ces "innovations techniques" (qui n'en étaient certainement pas !) conduit à négliger l'aspect humain et donne une idée complètement fausse des circonstances et des mentalités de l'époque. On voulait nous faire admettre que, pendant des générations, les hommes qui, certes, mouraient sans doute d'envie d'aller découvrir des mondes nouveaux, au-delà des terres déjà explorées, y ont, faute de moyens "techniques", renoncé tout ce temps. Vue simpliste, ridicule et évidemment fausse. On y a cru pourtant. Ce

---

[32] G. WALTER, *Captain Smith*, Paris, 1980, pp. 207 et 424.

[33] Premier ouvrage, *Maître à bord*, paru en 1969 mais qui ne connut un grand succès qu'en 1992, aux États-Unis.

qui fit que l'étude des véritables causes, humaines, économiques peut-être, intellectuelles et spirituelles surtout, de l'élan de découverte, ne semblait présenter aucune sorte d'intérêt et ne fut pas suffisamment approfondie et, pour certains, pas même envisagée.

– *Les voûtes d'ogives*

L'art d'abord appelé "ogival" est devenu art "gothique". Quelques spécialistes plus clairvoyants, moins soumis aux habitudes dictées mis à part, le mot s'est, depuis lors, imposé sans partage. Dès qu'il s'agit de définir des caractères et de tenter une définition de cet art gothique, nous revenons à l'ogive et à l'arc brisé en insistant, non pas tellement sur le dessin des ouvertures des fenêtres mais sur les voûtes dites "sur croisée d'ogives". Cette "croisée", ensemble de nervures de bonnes pierres mises en place avant le remplissage, accentue, certes, le poids des voûtes mais aurait aussi, dit-on d'un commun accord, l'avantage de supporter l'essentiel de ce poids en canalisant les poussées sur les piliers, aux quatre coins de la travée. Ce qui permettrait d'ouvrir de larges fenêtres dans les intervalles et, surtout, de dresser des vaisseaux bien plus élevés qu'au temps de l'art roman.

L'art gothique serait né d'une réflexion, d'un calcul même des maîtres architectes. Cette thèse, qui fait dépendre l'allure générale de l'édifice et l'esthétique nouvelle d'une technique particulière, exposée du temps de Viollet-le-Duc[34], fut défendue par tous les grands maîtres, Robert de Lasteyrie, Camille Enlart, Marcel Aubert[35] mais combattue, en 1935, par Paul Abraham qui, ingénieur de formation, affirmait que la voûte sur croisée d'ogives n'était pas vraiment plus efficace, quant à la répartition des poussées, que la simple voûte d'arêtes, connue depuis longtemps et dressée sur quantité de monuments dès l'époque "romane"[36]. Pour lui, cette croisée n'était rien d'autre qu'un élément de décor car « ce

---

[34] *Dictionnaire raisonné de l'architecture française du XIe au XVIe siècle,* 3 vol., 1854-1868.

[35] R. de LASTEYRIE, *L'architecture gothique*, 1894, *L'architecture religieuse en France à l'époque gothique*, 1927. – C. ENLART, *Manuel d'archéologie française,* 1902-1916. – M. AUBERT, *L'architecture française à l'époque gothique*, 1943.

[36] *Viollet-le-Duc et le rationalisme médiéval,* 1925.

ne sont pas les techniques qui conditionnent l'art mais bien l'art qui s'asservit les techniques ».

Chacun des arguments mis en avant peut être discuté et controversé. C'est ainsi que l'emploi d'arcs-boutants de plus en plus imposants montre bien que les maîtres maçons cherchaient à consolider des vaisseaux trop fragiles mais c'est aussi la preuve que les croisées n'y suffisaient pas et qu'il fallait user de nouveaux supports pour renforcer des voûtes mal assurées.

À l'appui de la théorie communément admise, l'on peut penser que la voûte sur croisée d'ogives fut conçue puis adoptée, dans de nombreux édifices, par le seul souci de faire plus solide et d'élargir les fenêtres ; en un second temps, les maîtres du chantier ou les commanditaires en auraient fait un support pour de nouveaux ornements, telles des clefs de voûtes de plus en plus ouvragées. Il est, par ailleurs, vraisemblable que dresser d'abord des nervures en pierres dures permettait d'aller bien plus vite et à moindre coût pour le remplissage.

Mais on peut, à l'inverse, penser que les croisées n'ont été, à l'origine, que des éléments décoratifs pour donner plus de relief aux arêtes, déjà en place en de nombreux édifices depuis des décennies. Cela permettait simplement de souligner un rythme architectural et de faire porter à cette croisée des clefs de voûte de belle allure. Et il n'est pas interdit ni extravagant d'imaginer que c'est seulement plus tard, sans doute au XIXe siècle, que les historiens en quête d'une autre interprétation, cédant aux modes du temps qui privilégiaient la technique, auraient échafaudé cette théorie des croisées, éléments essentiels de l'art gothique. Un de leurs principaux arguments étant que seule cette croisée autorisait l'architecte à construire des voûtes plus hautes et à ouvrir de grandes fenêtres inondant l'église de lumière.

En tout état de cause, l'important aujourd'hui n'est pas de prendre parti et de trancher du tout au tout mais de constater que, depuis des générations, l'enseignement, l'écriture, la recherche même ont systématiquement privilégié l'explication par les techniques, négligeant le souci esthétique. Il s'agit pourtant d'œuvres d'art et l'on aurait pu tenir compte, pour les maîtres d'œuvre d'alors, de l'intérêt qu'ils auraient porté à la recherche ornementale, préoccupation qui se traduit, de façon manifeste, par la mise en place, dès les tout premiers monuments, de croisées travaillées pour leur donner du relief (par l'emploi des tores et des listels) et, plus tard, chargées de liernes et de tiercerons purement décoratifs. Si bien que la croisée de plus en plus complexe, surchargée jusqu'à l'extravagance, finit par peser davantage que la voûte qu'elle devait supporter.

Faut-il rappeler, avec Pierre du Colombier dans son ouvrage pionnier sur les chantiers des cathédrales[37], que les responsables de ces travaux, les maîtres maçons, n'étaient pas des "architectes" au sens d'aujourd'hui et encore moins des géomètres capables de calculer ou même d'évaluer les poids et les poussées, mais des hommes de terrain et de métier qui travaillaient de façon toute empirique et pouvaient courir à l'échec[38].

– *La perspective redécouverte ?*

Il n'y a pas si longtemps, nombre d'historiens refusaient encore de considérer l'art « du Moyen Âge » comme le reflet d'une spiritualité. Ils prêtaient surtout attention à l'exécution, à la forme et certains, tout ordinairement, en soulignaient les imperfections, allant jusqu'à parler de "maladresses". Ceux-là ne manquaient jamais de faire remarquer que les artistes de ce temps s'éloignaient délibérément des canons antiques, incapables d'imiter les Grecs et les Romains, incapables notamment de représenter le corps humain de façon correcte, ignorants de même les règles élémentaires de la composition et de la perspective. En conséquence de quoi, le souci majeur des spécialistes fut pendant un bon temps, de rechercher, d'identifier et de dater les peintres de la Renaissance italienne qui, les premiers, avaient su maîtriser la représentation de plans éloignés les uns des autres pour traduire l'impression de profondeur. De savantes études traitaient de l'invention et de la diffusion de ces techniques, de la façon dont les premiers balbutiements furent peu à peu acceptés[39]. Cette obsession du progrès technique inspirait aussi nos manuels et quantité de bonnes publications pour tous publics. On en ar-

---

[37] *Les chantiers des cathédrales*, 1953.

[38] L'effondrement du chœur de Beauvais en donne la preuve.

[39] L. BRION-GUERRY, *Jean Pèlerin Viator, sa place dans l'Histoire de la perspective*, 1962.

rivait même à faire entendre, comme pour le collier d'attelage ou les voiles latines, que pendant près d'un millénaire, de la Rome antique à la Florence des Médicis, les artistes s'étaient contentés d'à-peu-près, de perspectives malhabiles jusqu'aux moments où, par on ne sait quel miracle ou quelle inspiration "humaniste", quelques hommes de génie avaient ouvert la voie, modestement, sans doute peu assurés d'eux-mêmes, quelque peu effrayés de leur audace. On citait des noms et l'on opposait les "modernes" aux anciens. C'était le temps, dans les années 1950, où l'on devait, à Florence, courir oltr'Arno pour, au *Carmine*, contempler, sur l'une des scènes peintes par Masaccio en 1427 dans la chapelle Brancacci, le premier exemple d'une bonne maîtrise des volumes. Vous pouviez ensuite passer très vite et ne rien voir d'autre dans les scènes de la vie de saint Pierre, du choix des thèmes, des attitudes et des expressions, des décors, des costumes et des couleurs. Seule comptait l'émergence d'une technique.

En réalité, la notoriété de Masaccio, comme celle d'autres peintres de la même époque, doit beaucoup aux rencontres et aux complicités d'école. Il s'est trouvé que Brunelleschi et Alberti, premiers auteurs qui s'appliquèrent à étudier les mécanismes de la vision chez l'homme et les manières ou artifices pour rendre les profondeurs de champ et les perspectives sur la toile, illustraient leurs propos par les œuvres de Masaccio, artiste qu'ils voyaient travailler et connaissaient bien[40]. Ils prirent plaisir à dire l'originalité de cet ami et complice et, beaucoup plus tard, au siècle dernier, les critiques d'art et les pédagogues ont découvert les textes de ces bons auteurs du Quattrocento et, sans hésiter, les ont démarqués pour ériger l'une des scènes de l'église du *Carmine* en premier exemple d'une technique révolutionnaire, attendue depuis longtemps. Ces mêmes critiques puis, après eux, nombre d'historiens de l'art, n'ont pas même songé à noter que les artistes du temps de Masaccio n'ont pas crié au génie et n'ont adopté ce qui nous est, aujourd'hui, présenté comme une grande découverte et le fruit de longues recherches, que peu à peu, modérément, n'en voyant pas toujours l'intérêt. Si leur sujet s'y prêtait

[40] J. MESNIL, *Masaccio et les débuts de la Renaissance*, La Haye, 1927. – P. FRANCASTEL, *Peinture et société*, Lyon, 1951.

davantage, ils ignoraient volontiers ces nouvelles règles pour choisir d'autres façons de composer. Représenter la réalité à tout prix n'était pas la principale préoccupation de tous. Jean Fouquet qui séjourna en Italie vers 1450, admiratif sans doute et supposé élève appliqué de ceux que nous appelons les nouveaux peintres, a bien connu et étudié leurs façons de représenter l'espace en profondeur, et l'on pourrait penser qu'il ne rêvait que de s'y conformer. Il s'en affranchit pourtant. Peu après son retour, dans la *Pentecôte* des *Heures d'Étienne Chevalier*, il use non d'un seul "point de fuite" (ou "point d'intersection") mais de deux : « système à deux foyers qui a l'avantage d'assurer une plus grande souplesse à l'ensemble ». Dans d'autres scènes, dont notamment la très célèbre *Charité de Saint Martin*, il néglige totalement cette technique des maîtres italiens et, pour offrir un angle de vue bien plus large tout en plaçant le spectateur au centre du cortège, utilise une composition en arrondi, sans ligne d'horizon ni point de fuite[41].

On mesure là, comme en tant d'autres domaines, jusqu'où peut aller et comment peut se maintenir le divorce entre ce qu'apporte la recherche et les fantaisies livrées à l'enseignement et au public.

L'Histoire quantitative, tyrannie et ridicules

Il y a de cela une trentaine d'années, il était toujours de bon ton de ne prêter attention qu'aux lois de l'économie, production, coût, offre et demande, et aux rapports de force entre capital et travail. Tout devait s'expliquer par la conjoncture, les récoltes frumentaires, les rapports prix-salaires, la recherche des profits.

Ce matérialisme historique a dicté sa loi à des générations entières de chercheurs, et occupé un grand nombre d'auteurs qui n'allaient pas aux sources mais se contentaient d'émettre des hypothèses pour, ensuite, s'efforcer de les justifier au prix même d'effarantes acrobaties. L'un des ténors de l'époque, administrant ses leçons aux apprentis historiens, n'hésitait pas à affirmer que « si l'on ne sait pas ce que l'on cherche, l'on ne sait pas ce que

---

[41] *« Les Heures d'Étienne Chevalier » de Jean Fouquet*, préf. Ch. Sterling, introd. Ch. Schaeffer, Paris, 1971.

l'on trouve ». Méthode tout à l'encontre de la démarche historique.

Classes et ordres, une société découpée en tranches

Les seules références admises étaient celles du marxisme. Elles s'imposaient comme des évidences. Aussi loin que l'on remontât dans le passé, l'Occident n'avait jamais connu que la lutte des classes, l'opposition entre exploiteurs et exploités. Certes, identifier partout et à tous moments des "classes" bien définies ne fut pas toujours aisé. Il y fallait beaucoup d'application et beaucoup d'audace pour imposer des schémas, simplifier ou regrouper, bousculer les réalités, laisser de côté ce qui pouvait contredire et, surtout, se garder d'y aller voir d'un peu près. En un mot, tout inventer. Ceux qui se faisaient mieux connaître, en inventaient à tout propos, pour tout et pour rien, poussaient le ridicule jusqu'au burlesque. Le volume de Jacques Le Goff, *Civilisation de l'Occident médiéval*, dans la célèbre et, par ailleurs remarquable, collection Arthaud, s'illustrait, entre autres curiosités, par une Table des matières qui, pour le chapitre « Société chrétienne (Xe-XIIIe siècle) », alignait, après « La lutte des classes en milieu rural » et « La lutte des classes : société urbaine et société féodale », d'autres titres bien plus surprenants : « La femme dans la lutte des classes » ou « Rivalités à l'intérieur des classes » ou encore « L'Église et la royauté dans la lutte des classes »[42].

Tous les historiens n'adhéraient certainement pas à un marxisme dur et pur mais tous insistaient sur la primauté de l'économie. Ils ne cessaient, dans nombre d'articles, de manifestes et de professions de foi acerbes, bien peu délicats dans le propos, de condamner et de tourner en dérision ce qu'ils appelaient l'"événementiel" et le "provisoire". Ils se moquaient tout autant de l'Histoire "des grands hommes" que de celle des idées et des courants de pensée. Sous leur férule, dans plusieurs de nos universités et de nos instituts, dans un tel climat d'arrogance et d'intolérance, les recherches se sont limitées à quelques domaines privilégiés, négligeant tout le reste.

---

[42] Rééd. de poche, Flammarion, 1997.

Pendant près d'un siècle, jusqu'aux travaux d'historiens assez indépendants pour suivre leurs propres penchants, l'Histoire s'est maintenue dans une sorte de carcan, ignorant de propos délibéré l'extraordinaire variété des conditions sociales qu'une étude affranchie des préceptes idéologiques aurait permis de découvrir. La société n'était présentée, et ne devait se concevoir, qu'en structures horizontales rassemblant des individus de statuts et de niveaux sociaux comparables, tous solidaires dans la défense de leurs intérêts et dans la lutte pour améliorer leur sort, échapper à la misère et à l'oppression : seigneurs et paysans, patrons et travailleurs, privilégiés et misérables. À chaque strate sociale, à chaque classe, l'on donnait un nom. Mais, comme il semblait impossible de subdiviser ou de nuancer à l'infini, chacune recouvrait, en fait, des situations très différentes.

Cette désastreuse simplification, contredite par les recherches tant soit peu libres, présentait certes de grands avantages : un schéma tout prêt, des conclusions que personne ne se risquait à contester, peu d'efforts et peu de temps. Ce fut la source de toutes sortes d'erreurs, recopiées de livre en livre, de thèse en thèse même. Comme, par exemple, de faire des grands "marchands" italiens des XIIe-XVIIe siècles des sortes de bourgeois. Comme aussi de ne jamais envisager l'existence, dès le Moyen Âge, d'une aristocratie paysanne de roturiers enrichis par les offices et les prêts d'argent, accaparant les terres et les seigneuries. De ce fait, les hiérarchies sociales, à l'intérieur du monde paysan, n'ont été l'objet d'enquêtes que très tard. Elles demeurent toujours ignorées du grand public.

Dans ces mêmes années, tout historien, soucieux de se faire admettre et de se concilier les maîtres, se référait, par force, aux instructions venues d'en haut et de loin. On ne pouvait, en France, interpréter les révoltes paysannes qu'en s'alignant sur les marxistes, tout particulièrement sur le pape Porchnev[43], mentor d'une école soviétique, qui n'y voyait que des sortes de "jacqueries" de paysans misérables dressés contre leurs seigneurs. Il a fallu les thèses des disciples de Roland Mounier, notamment celles de

[43] B. PORCHNEV, *Les soulèvements populaires en France au XVIIe siècle*, 1972.

René Pillorget sur la Provence et d'Yves Bercé sur le Périgord[44], pour que l'on admette que c'étaient là révoltes de paysans qui ne supportaient pas les abus de la fiscalité royale, bien plus sévère que celle, naguère, des seigneurs et des nobles.

Pourtant, l'idée d'une société plus ou moins organisée en strates ou catégories ou corps sociaux s'imposait toujours avec autant de force et l'on ne pouvait se faire violence au point d'en envisager d'autres. Ceux qui avaient, de façon si heureuse, réfuté les classes, ne voyaient d'autres structures, d'autres solidarités, que les "ordres", appelés aussi "états", généralement au nombre de trois, pas davantage : noblesse, clergé et tiers état. On ne niait certes pas de fortes inégalités de conditions et de fortunes à l'intérieur de chaque état, mais on n'évoquait pas volontiers et l'on n'étudiait pas souvent les passages entre ces états ; on semblait ignorer les bonheurs et l'ascension sociale des uns, la déchéance des autres. D'autre part, cette division en ordres figés et comme sclérosés, sans doute réelle dans le royaume de France à partir du XVIe siècle, fut appliquée de la même façon aux siècles précédents. Il a fallu attendre que l'on prenne conscience, dans le cercle relativement restreint des spécialistes et d'un public soucieux de s'informer du nouveau, du fait que, jusqu'au XVIe siècle, c'est-à-dire durant tout le Moyen Âge, les "nobles" ne formaient ni une classe ni même un ordre. Ils se reconnaissaient entre eux selon des critères quasi indéfinissables et, par une sorte d'accord tacite, sans nul besoin d'un acte juridique, admettaient de nouveaux venus qui, par leur style de vie, leur fortune, leurs alliances matrimoniales et de bons voisinages, semblaient dignes de les rejoindre. Pendant des siècles, le mot noble fut employé non comme un nom mais comme un adjectif ordinaire, le plus souvent, associé à "puissant" ou à "illustre".

L'application, et même l'acharnement, à découper les sociétés du passé en tranches horizontales, la plupart de pure invention, pour les opposer les unes aux autres, fit que l'on a volontairement ignoré les solidarités verticales, les seules pourtant que le cher-

---

[44] R. PILLORGET, *Les mouvements insurrectionnels de Provence entre 1596 et 1715*, 1975. – Y.-M. BERCÉ, *Croquants et nu-pieds ; les soulèvements paysans en France du XVIe au XIXe siècle*, 1991.

cheur rencontre dans les textes. Les maîtres de l'histoire encombrée du marxisme, leurs disciples et leurs continuateurs, ne pouvaient imaginer que des hommes et des femmes de conditions, de métiers et de fortunes différents aient pu se rencontrer, voisiner, se rassembler et s'unir. Là encore, nombre de domaines de recherche furent non pas vraiment interdits (il n'en était nul besoin tant l'unisson s'imposait) mais laissés, tout naturellement, en friche puisque dénués d'intérêt. On ne pouvait trouver un seul ouvrage écrit pour un public de non initiés qui, présentant la société urbaine de l'Ancien Régime, aurait seulement fait une discrète allusion à l'importance, en Italie et en Espagne notamment, et même dans l'empire germanique et dans certaines régions de France, des clans familiaux regroupant des personnes de toutes sortes, des riches patriciens aux humbles artisans, parfois même jusqu'aux esclaves affranchis. Personne ne se serait aventuré à parler des *consorterie* de Toscane, des *alberghi* de Gênes qui, tels les Spinola, pouvaient compter jusqu'à trois cents mâles, ou encore des *Geschlecht* d'Allemagne. L'histoire de la ville s'en est trouvée faussée, présentée de façon simpliste et caricaturale, réduite au schéma conforme et parfaitement insipide : riches marchands et compagnons à la peine. On a, du coup, négligé ou minimisé les guerres civiles entre partis, qui ne prenaient pas l'allure de révoltes dressant les pauvres contre les riches mais se résumaient en de sanglants affrontements, d'une violence inouïe, entre des partis et des factions que les chroniqueurs appelaient parfois les *stirpe* (= races), sous la bannière de grands seigneurs, chefs de clans. Aujourd'hui, certains ne savent toujours pas se défaire des slogans et, contre toute vraisemblance, évoquent ou analysent même des émeutes "populaires" telle, si célèbre, celle des *Ciompi* à Florence, l'an 1378, et les présentent, sans vraiment entrer plus avant dans l'exposé, comme le sursaut des petits compagnons contre les puissants alors que plusieurs Médicis étaient à leur tête et que rien n'aurait pu se faire sans eux.

L'urbanisme fut aussi mal compris puisque la lutte des classes faisait tout naturellement penser à une cité sévèrement cloisonnée : quartiers de riches, de moins riches, de pauvres et de misérables. On en vient maintenant, tenant compte enfin d'un grand nombre de travaux, à dire que la plupart des solidarités sociales étaient des blocs d'immeubles serrés autour de l'église *gentilice,* rassemblant en un étroit voisinage, parfois en un seul palais, d'un étage à l'autre, des hommes et des familles de divers degrés dans l'échelle des fortunes et des notoriétés. Patrons et protégés : cela nous choque mais était pourtant ordinaire.

Les communautés rurales se sont maintenues, nombreuses et solidaires, très longtemps, abolies seulement en 1789. Ces *cottes, fraternités, personneries* pouvaient, sous l'autorité d'un couple de "maîtres", compter plusieurs dizaines de familles ou de garçons et de filles célibataires occupant de grands bâtiments communs et des dépendances, exploitant ensemble des terres inaliénables qui ne pouvaient faire l'objet d'aucun partage[45]. De ces communautés, interdites par les révolutionnaires, au nom du respect des droits de l'individu, puis peu à peu disparues, ne nous restent que d'innombrables toponymes en plusieurs de nos régions, notamment dans le Poitou et en Savoie, qui, sous la forme de « chez les... » ou « village de... » témoignent encore d'un mode de vie et d'une société aujourd'hui oubliés. Aussi n'en faisait-on pas mention ni dans les manuels ni dans les livres d'histoire rurale. L'Histoire faisait ses choix, contraires au sens commun et, en l'occurrence, ne se préoccupait pas vraiment de ce que les documents, nombreux pourtant, pouvaient apprendre.

La conjoncture : magie et sottise des courbes

Professeur au Collège de France, François Simiand publiait, en 1912, *La méthode positive en science économique* et, une vingtaine d'années plus tard, deux autres ouvrages tout aussi pesants, indigestes, abscons en plus d'un chapitre, où il démontrait notamment, d'innombrables tableaux, courbes et graphiques à l'appui[46], que les origines de la Révolution française de 1789 étaient à rechercher dans les crises frumentaires et la hausse du prix des céréales. La Révolution serait née de cette misère, du mé-

[45] H. DUSSOURD, *Au même feu et au même pot, étude sur les communautés familiales agricoles du centre de la France,* 1978. – Cf. aussi le film inspiré des travaux de l'auteur, film intitulé *Les paysans d'autrefois,* 2004.

[46] *Les fluctuations économiques à longue période et la crise mondiale* puis *Le salaire, l'évolution sociale et la monnaie,* l'un et l'autre parus en 1932.

contentement des petites gens et du soulèvement spontané des masses laborieuses, déjà honteusement exploitées, dès lors mal nourries, poussées au désespoir.

L'analyse ne se recommandait pas ouvertement marxiste et il n'était nullement question de la lutte des classes mais elle s'inspirait tout de même, sans aucune nuance, certitudes inébranlables assénées de façon insupportable, d'un grossier matérialisme historique. La thèse adverse, soutenue par Daniel Mornet dans *Les origines intellectuelles de la Révolution française,* un livre lisible de bout en bout celui-ci, s'appuyait sur de solides analyses des courants de pensée et présentait des arguments autres que des kyrielles de chiffres jetés en pagaille. Ce que Chateaubriand, observateur vigilant et d'une rare perspicacité, avait affirmé d'instinct, à savoir que « les patriciens avaient commencé la révolution et [que] les plébéiens la terminèrent », Mornet le vérifiait au terme d'une longue et solide enquête, modèle du genre : les nobles libéraux et leurs égéries, dames des salons, les nobles, les évêques et les abbés de cour avaient orchestré les contestations et crié pour la réforme. Paru en 1967, le livre avait plu. Quelques années plus tard, ridiculisé, rejeté pour crime de lèse science exacte, il fut oublié, victime d'une dictature imposée par des revues et des manuels qui ne faisaient que se répéter les uns les autres au risque, comme toujours en pareil cas, d'en faire vraiment trop, de systématiser davantage et d'égrener toutes sortes de plaisanteries mal venues. Le procès clos, personne ne s'avisait d'y aller voir d'un peu près.

Les enragés se rangeaient derrière le grand maître Ernest Labrousse, auteur d'une thèse sur *La crise de l'économie française à la fin de l'Ancien Régime et au début de la Révolution*, soutenue en 1943. D'abord connu pour être en quelque sorte le traducteur de Simiand, appliqué à tenter, tâche impossible, de mettre au clair les conclusions du maître, il devint le pape de l'histoire statistique, grand inquisiteur vraiment, professeur d'Histoire économique et contemporaine à la Sorbonne[47].

---

[47] E. LABROUSSE a publié, avant ses cours polycopiés, *Le prix du froment en France au temps de la monnaie stable, 1726-1913*, Paris, 1970.

Les étudiants d'aujourd'hui auraient certainement quelque peine à imaginer ce qu'étaient les théories du professeur Labrousse, exposées à longueur de ses cours et diffusées, chaque semestre ou trimestre, par des polycopiés à gros tirages. À première vue, cela pourrait se résumer ainsi : l'évolution de l'activité économique, des genres et des niveaux de vie, les conflits sociaux et politiques, tout dépendait de la "Conjoncture". Laquelle conjoncture était, bien sûr, inéluctable, hors d'atteinte. L'homme n'y pouvait rien, pas même l'infléchir. Et qui, à la suite du maître, tenant ferme pour ne pas s'égarer dans ses calculs parfois logarithmiques, le suivait dans ses démonstrations et l'élaboration de ses courbes, production et prix, voyait que la conjoncture évoluait toujours de façon parfaitement régulière, marquée par des hauts (prospérité) et des bas (dépression). Ces phases, qualifiées sans sourire A et B, alternant de merveilleuse façon, selon un rythme irréprochable, bien défini, de dix ou quinze années.

On ne pouvait s'en tenir là et l'on rêvait de perfectionner, d'affiner les périodes, d'accabler davantage les auditoires. Ernest Labrousse le fit : chaque phase A et B n'était évidemment pas d'une seule pièce mais connaissait des sortes de ralentissements ou de sursauts, eux aussi réguliers, que les experts ès sciences économiques pouvaient prévoir. Il suffisait de peaufiner, de dessiner de petites courbes dans les plus grandes... et de torturer les chiffres, pour donner à cet échafaudage branlant un semblant de vraisemblance. Nous étions priés de nous conformer, d'acheter régulièrement les Polycopiés et de faire mine de comprendre, du moins d'approuver. Personne n'osait crier à l'imposture, pourtant flagrante. Pas même nos aînés, les historiens absolument sidérés, soumis à une si forte terreur, si bien orchestrée. À la moindre contestation, le mage le prenait de haut, entouré d'une pléiade de disciples, hommes de main qui, lors des Congrès internationaux, tournaient en dérision, goujats malpropres, ceux qui, pourtant estimés par de solides travaux, osaient aller contre et démontrer que rien de cet extravagant édifice ne tenait la route.

Dresser des courbes des variations des prix devint et demeura longtemps une véritable manie. Quelques-uns ne s'en sont pas encore affranchis et en font le seul but de leurs recherches. Plus souvent, l'historien, vraiment convaincu ou non, se croit obligé d'y céder et sacrifie quelques chapitres, ici et là, charge son discours de considérations statistiques et, en tout cas, propose quelques tableaux et autant de courbes, comme égarés dans un texte qui n'y colle pas toujours. Certains se contentent de fort peu et l'on voit de savants ouvrages, remarquables en bien des points, illustrés par une ou plusieurs courbes visiblement fabriquées à grande peine, sans y croire vraiment, les chiffres lancés comme par hasard, pas plus de deux ou trois pour chaque décennie. Ce qui est sacrifier à bon compte à la mode mais ne présente aucune sorte d'intérêt. D'autres en alignent beaucoup plus mais n'en vérifient pas toujours l'intérêt ou l'exactitude.

Pour définir les hauts et les bas de la conjoncture, la règle était ordinairement de ne s'intéresser qu'aux prix d'un produit de grande nécessité, consommé en tous temps et, pense-t-on (mais c'est à tort !) parfaitement identifiable et toujours égal à lui-même. Comparer les prix de produits même légèrement différents n'aurait aucun sens. Il ne viendrait pas à l'idée de dresser tableaux et courbes des prix du vin, de qualités et de provenances trop diverses, ni de la viande, ni des textiles. On devait aussi écarter ce qui suit la mode et les variations, imprévisibles, du goût. Les bons auteurs ont donc exclu le pain qui pouvait être de plus ou moins bonne qualité, du pain de froment au pain noir, et, croyant bien faire et ne prendre aucun risque, s'en sont tenus aux grains et aux blés.

Mais ils couraient droit à l'erreur et les courbes établies sur ces données, courbes qui encombrent encore de nombreuses pages des manuels ou même de quelques ouvrages savants, ne veulent, à la lettre, rien dire. Dans le passé et dans nombre de pays, les mots "grains" et "blés" désignaient des céréales diverses ou des mélanges de plusieurs céréales. S'assurer que tous les prix recueillis ici et là, en telles et telles circonstances, s'appliquaient aux mêmes grains comme, par exemple, à du froment, n'est pas aisé. Et quand bien même : tenir pour acquis que le bon froment était, quelle qu'en soit la provenance, considéré de même qualité, apprécié d'égale façon et payé le même prix, est faire bien peu de cas des pratiques du marché. Comme pour le vin, comme pour la laine et le coton, les épices orientales ou le miel en Occident, en fait comme pour tous les produits de consommation courante, les meuniers, boulangers et consommateurs savaient parfaitement distinguer les crus de blé les uns des autres. Les comptes d'un riche négociant catalan, Johan de Torralba, l'an 1445, donnent, pour les blés de Sardaigne, un prix de huit à neuf sous la mesure de Barcelone ; ceux de Sicile, de Naples et de la Maremme toscane valent de onze à douze sous ; le "blé de France" est à treize sous, et même quinze sous pour une qualité particulière, très appréciée, la "torsella" française, produit du Languedoc méditerranéen[48].

Rassembler, comme c'est souvent le cas, dans le même tableau ou pour la même courbe, des prix de blés de provenances non déterminées conduit à constater, d'une année à l'autre, d'étonnantes variations qui n'ont rien à voir avec la réalité. Il faudrait aussi tenir compte, ce que l'on ne fait pas toujours, des conditions d'approvisionnement, plus particulièrement des modes de transports. Les mauvaises récoltes ne sévissent pas partout la même année et les disettes qui font brusquement monter les prix dans une région, ne sont pas ressenties par les consommateurs qui peuvent se fournir ailleurs. Dans une ville portuaire, capable de faire venir, par mer et donc sans grands frais, des grains achetés en différents lieux, parfois très éloignés mais choisis à dessein, là où la moisson est bonne, la variation des prix peut demeurer faible. Tout au contraire, les cités de l'intérieur doivent, lorsqu'une disette frappe les campagnes avoisinantes, faire venir les blés de bien plus loin, soit par voie fluviale, soit plus souvent par charrois. Dans l'un et l'autre cas, les transports, bien plus chers que ceux par mer, grèvent les prix de façon considérable, ce que la courbe traduit par des hausses brutales. Pour les mêmes années, les deux courbes, celle de la ville de mer et celle de la cité dépendante des routes terrestres, reflètent, sans nul doute, la réalité vécue par les populations mais, très différentes l'une de l'autre, ne peuvent absolument pas refléter l'évolution d'une conjoncture générale.

De plus, l'historien économiste qui ne fait que rassembler des chiffres bruts, ne porte généralement pas assez attention aux effets des spéculations des marchands qui engrangeaient des blés et ne les livraient qu'aux moments où ils venaient à manquer et se

---

[48] Cl. CARRÈRE, *Barcelone, centre économique à l'époque des difficultés : 1380-1462*, Paris, 1967, p.377.

vendaient de plus en plus cher. À l'inverse, les princes et les communes, soucieux de combattre les disettes et de prévenir les colères du peuple, effectuaient des achats de grains pour leur compte et les distribuaient à des prix plus proches de la norme.

De telle sorte qu'il faut bien avouer que les courbes de prix qui prétendent illustrer et préciser des variations pour tout un royaume, et parfois même pour tout l'Occident, ne sont que fruits d'exercices imparfaits, souvent gratuits, et ne peuvent faire illusion. De nombreux travaux de ce genre, livrés trop bruts, sans analyse des sources et du contexte social, production et demande, sans même de suffisants commentaires des résultats, donnent à penser que l'histoire dite quantitative manque souvent de rigueur.

L'économique à tout prix, l'école des "Annales"

Tout allait dans le même sens. Ce fut, pendant plus d'un demi-siècle le contrôle, la sclérose plutôt, de la recherche historique au nom d'une mode imposée par une *École* constamment citée comme seule référence, en fait un groupe d'historiens, de sociologues, et, de plus en plus nombreux, d'anthropologues et d'ethnologues, auteurs le plus souvent non pas d'ouvrages mais d'essais, de projets et de questionnaires publiés dans la revue des *Annales.* Cette revue qui, pour bien marquer ses choix, prit pour sous-titre *Économie, Sociétés, Civilisations,* était, à l'époque, lue autant pour ses comptes-rendus critiques (très critiques !) que pour ses articles, donnant toujours le ton, distribuant éloges et éreintements sans appel ni nuances. Les rédacteurs ne toléraient pas la contradiction. Ils voulaient tout régler et, comme la jeune et pimpante Armande des *Femmes savantes,* prétendaient faire la loi :

> Nous serons, par nos lois, les juges des ouvrages ;
> Par nos lois, prose et vers, tout nous sera soumis ;
> Nul n'aura de l'esprit, hors nous et nos amis ;
> Nous chercherons partout à trouver à redire,
> Et ne verrons que nous qui sache bien écrire.

Ils se savaient intouchables, soutenus par de remarquables caisses de résonance, et, contre les récalcitrants, contre même ceux qui faisaient profession de liberté d'esprit et de ne rien affirmer avant d'avoir engagé leurs recherches, le verdict tombait : « cette Histoire n'est pas la nôtre ».

Dans l'orbite des *Annales* même, les grands maîtres, Marc Bloch, Lucien Febvre ou Fernand Braudel, auteurs de bons ouvrages de synthèse, ne prenaient pas vraiment parti. Mais le gros des troupes suivait volontiers et personne n'osait faire remarquer que le seul fait de parler et de se recommander d'une "école", d'accepter les préceptes définis par un groupe de gourous était s'interdire une véritable recherche. Le commun des disciples et des militants ne portait intérêt qu'à l'économie, à la conjoncture et, à la rigueur, au social, le tout mis en fiches et en courbes. Ils répudiaient violemment l'Histoire d'autrefois que, par moquerie, ils nommaient "événementielle", histoire des conflits politiques et des guerres, histoire encore des "Grands hommes", bonne pour un public naïf. Décrire, analyser ne pouvait mener à rien. Tout se devait mettre et se dire en chiffres.

C'était affaire d'experts, de vrais initiés. L'historien ordinaire, seulement capable de lire et de comprendre des textes, n'aurait jamais rêvé se lancer dans l'aventure. Il y fallait de la méthode et pas n'importe laquelle. Durant de longues années, d'un numéro à l'autre de la Revue, ces experts, pionniers, initiateurs et grands prêtres de la science historique et statistique, se sont empoignés pour imposer les leurs ou, tout simplement, leurs façons de calculer et d'établir courbes et pourcentages. Savoir comment travailler les chiffres bruts, établir les "moyennes" et lesquelles, comment définir des "tendances", porter les données sur les courbes, user ou non des logarithmes, pondérer ou ne pas pondérer. Querelles, attaques et réponses à n'en plus finir qui laissaient le lecteur plus qu'abasourdi et font penser au Trissotin de Molière ou au professeur du *Gustalin* de Marcel Aymé.

On ne parlait que de marchands et de marchandises. Tout était affaires de trafics, de lutte pour les marchés et de conquêtes de nouveaux circuits. Nous avons si bien pris l'habitude qu'aujourd'hui encore il est difficile d'aller contre et que nous continuons à user des mêmes formules, des clichés tout ordinaires, tous erronés. La richesse des villes d'Italie au Moyen Âge et l'étonnante floraison des lettres et des arts dans les temps de la "Renaissance" ne pouvaient être que le fait du grand commerce, plus particulièrement du commerce avec l'Orient. Personne, alors, n'osait faire remarquer que ces "marchands", ces "hommes d'affaires" étaient en fait de grands seigneurs, des nobles dirions-nous, maîtres de fiefs, de châteaux et de clientèles de vassaux ou de protégés dans les campagnes, loin aux alentours. Et que leurs premières fortunes puis leur renommée sont nées, non des trafics marchands et des transactions sur les quais ou à l'ombre des halles, des caravansérails ou des fondouks, mais bien de la guerre aux Sarrasins lors de la reconquête chrétienne contre l'Islam en Méditerranée. C'était pourtant ce que disaient tous les textes : dans les premiers temps, ces hommes, puissants, respectés, ne devaient rien ou presque rien au commerce et tout au butin.

Les négociants de France n'avaient pas connu de destins aussi brillants. Seul Jacques Cœur fut capable d'amasser d'étonnantes et scandaleuses fortunes. On en fit tout bonnement un "marchand". Les auteurs de nos manuels d'école ou de collège le disent effectivement "grand marchand", montrent l'image de son magnifique palais de Bourges, demeure insolente que les grands du monde venaient admirer et envier, et ne trouvent pour légende que : "maison d'un marchand". Ce qui devait laisser rêveurs ceux qui en auraient cherché d'aussi imposantes ailleurs, en d'autres cités du royaume de France. À un tout autre niveau, l'ouvrage de Michel Mollat, professeur d'Histoire économique à la Sorbonne, porte en titre *Jacques Cœur et l'esprit d'entreprise au XVe siècle* (Paris, 1988).

Marchand ? Esprit d'entreprise ? Maître des affaires, de la banque et du commerce d'Orient ? Sûrement pas. Cet homme, doué d'un sens politique aigu et d'une rare obstination à se placer sur le devant de la scène, était un commis de l'État, argentier du roi[49], maître des monnaies, receveur des taxes sur le sel, commissaire aux États du Languedoc et, surtout, administrateur de diverses entreprises royales, mines du Lyonnais et "galées de France". Mais ces fameuses galées, au demeurant quatre modestes bâtiments quasi ridicules face aux flottes de Venise ou de Gênes, na-

[49] Ce qui n'est pas du tout, comme on peut le lire ici ou là dans nos livres et nos manuels, sous la plume même de bons auteurs, ministre des finances mais simple fournisseur de la maison royale et, accessoirement, de la cour.

vires achetés d'occasion, appartenaient toutes quatre au roi. Les capitaines n'étaient pas des armateurs ou des marins du Languedoc mais des commis des entrepôts royaux de Tours ou de Bourges. Ces gens-là n'avaient certainement exercé jusqu'alors aucune sorte de commandement, c'étaient des gestionnaires.

De Jacques Cœur ne nous reste pratiquement aucune sorte d'écriture, ni comptabilité ni correspondance. Nous ne savons pas comment il administrait ses diverses entreprises et ne le connaissons que par deux sortes de documents, tous deux émanant des officiers de la justice royale. Ce sont, d'une part, les procès-verbaux des dépositions des témoins venus dénoncer ses malversations et, d'autre part, le *Journal* du procureur Jean Dauvet qui, pendant quatre années, du 8 juin 1453 au 5 juillet 1457, mena une enquête ardue, interminable, conduite, sans jamais désemparer, au prix de longues errances à travers tout le royaume et en Provence, pour tenter de faire le point sur les affaires du commis tombé en disgrâce[50]. Tout ceci, toujours au nom du roi puisque le but de l'opération était, pour le principal, de faire l'exact inventaire des biens qui devaient revenir à la couronne royale.

On trouvait et l'on trouve encore, invariablement, les affaires, l'argent et la course au profit à l'origine de toutes sortes d'interprétations erronées. De nombreux auteurs, maîtres d'œuvre de manuels et de livres largement diffusés, ont, pendant longtemps, repris à leur compte les analyses et les conclusions d'une école d'historiens économistes et sociologues qui nous présentaient les croisades comme, essentiellement, des entreprises suscitées et conduites par des conquérants préoccupés de gagner terres et profits. Les grands seigneurs et les nobles voulaient, écrivait-on, régner sur de vastes principautés en Orient ; les petites gens, paysans tenanciers misérables, manquaient de terres et les marchands, les "hommes d'affaires" italiens, cherchaient à s'imposer sur de nouveaux marchés. Personne, ou presque, ne rappelait que les "barons" de la première croisade, Godefroy de Bouillon, Raymond de Saint-Gilles et plusieurs autres, étaient largement

[50] *Les affaires de Jacques Cœur. Le Journal de Jean Dauvet. Procès-verbaux de sequestres et d'adjudications.* A. YVON-BRIAND, Y. LANHERS, C. MARINESCU sous la direction de M. MOLLAT, 2 vol., Paris, 1952-1953.

pourvus de riches domaines et qu'ils laissaient derrière eux des États parfaitement tenus pour courir une aventure hasardeuse et ruineuse. Assurément, ils y ont beaucoup perdu. On ne disait pas non plus que, dans ces années 1090-1100, les grands travaux de défrichement des forêts et d'assèchement des marais venaient juste de commencer en Occident. Les toutes premières bastides voyaient le jour. Beaucoup restait à faire et l'espace vital ne manquait pas. Par ailleurs, les marchands d'Italie, de Catalogne et de Provence étaient déjà solidement implantés dans les grands marchés d'Orient, à Alexandrie d'Égypte et, plus encore, à Constantinople où l'empereur de Byzance leur avait cédé d'importantes concessions territoriales. Que pouvait compter pour eux Jérusalem, simple bourgade sans belle industrie ni grand trafic, à l'écart des grandes routes caravanières ? Ils n'en avaient cure et, s'ils sont partis, ont armé des navires et rassemblé des guerriers, non des marchands, ce fut pour aller combattre et prier. La soif du gain et les impératifs économiques aux origines des expéditions de reconquête en Orient ne sont plus, depuis déjà quelque temps, aussi souvent délibérément évoqués dans les cercles universitaires[51]. Plutôt que d'écrire encore sous la férule des maîtres, rudes partisans de l'économique en toutes saisons et horizons, on lit et on travaille les sources. Pourtant, hors de ces cercles, nombre d'auteurs, particulièrement ceux en charge d'informer et d'intéresser de larges publics, ne se résignent pas à abandonner les images toutes forgées et se refusent à montrer que les premières croisades, nées d'un fort élan spirituel, rassemblaient des foules de petites gens qui ne pensaient qu'au pèlerinage.

Dans l'*Encyclopedia Universalis,* qui se veut pourtant bien informée des derniers états de la recherche, nous avons pu lire, sous la plume d'un auteur de grande renommée, considéré comme l'un des plus appréciés des historiens "médiévistes", que les causes profondes de la Guerre de Cent Ans étaient à rechercher dans la "féodalité en mutation". À savoir les crises économiques et sociales du XIVᵉ siècle qui auraient gravement affecté la richesse, le train et le style de vie des seigneurs et des nobles. Ceux-ci, plus ou

[51] *Autour de la première croisade,* actes [de colloque] réunis par Michel BALARD, Publications de la Sorbonne, 1996.

moins ruinés, en tout cas affaiblis par le développement d'une économie monétaire qu'ils n'étaient pas capables de maîtriser (autre cliché, sans preuve à l'appui), n'auraient, pendant deux ou trois générations, fait que pousser aux combats pour s'enrichir des pillages et des rançons, pour s'imposer davantage auprès du roi et mettre un frein à l'évolution d'une société qui leur était si contraire[52].

Comme pour les croisades, tout ici est faux. Qui va aux textes plutôt que d'énoncer des hypothèses dans l'abstrait pour se conformer aux schémas dictés par une idéologie complètement obsolète, voit aussitôt que les appels, les "semonces", du roi Philippe VI, en 1336, aux seigneurs soumis au service d'ost pour faire la guerre aux Anglais, n'ont soulevé que peu d'échos et se sont même heurtés à de nombreux refus ou dérobades. Les "nobles guerriers" ne répondaient pas, arrivaient trop tard, mal armés, suivis d'un trop petit contingent de vassaux et de sergents d'armes. Certains furent arrêtés par les sergents du roi, jugés, condamnés et exécutés[53]. En fait, les nobles, vassaux du roi, se sont trouvés, du fait de la guerre, quelques décennies plus tard, ruinés et déchus. Tel Gilles de Rais.

En toutes sortes de domaines et pour différentes périodes du passé, l'Histoire a, pendant des générations, aux temps du marxisme et de l'École des Annales, refusé d'étudier et d'analyser toute forme d'élan spirituel. Aux origines des grandes découvertes du XVe siècle, l'on ne voulait voir que la quête des épices et de l'or, que la course aux richesses. Les organisateurs responsables, du côté français, du Colloque d'Histoire maritime de Lisbonne, en 1962, m'avaient chargé de préparer et de présenter une communication sur « Le rôle des grands capitaux internationaux dans

---

[52] *Encyclopedia Universalis,* 1984, t.8, p.1150, article *Guerre de Cent Ans* de J. LE GOFF.

[53] Abondante bibliographie sur le sujet : P.C. TIMBAL, *La guerre de Cent Ans vue à travers les registres du Parlement (1337-1369),* Paris, 1961, pp. 14-19. – M. JUSSELIN, « Comment la France se préparait à la Guerre de Cent Ans », *Bibliothèque de l'École des Chartes,* 1912. – R. CAZELLES, *La société politique et la crise de la royauté sous Philippe VI de Valois, Paris, 1958. – « Lettres closes, lettres "de par le Roy" de Philippe VI »,* Annuaire-Bulletin de la Société d'Histoire de France, 1958.

les découvertes maritimes ». Un tel choix était bien dans l'esprit du temps et correspondait à ce que l'on souhaitait enseigner en Sorbonne. Personne n'y trouvait à redire. Tout jeune chercheur, embarrassé d'un tel honneur, je n'avais aucune idée préconçue et me suis attelé à chercher qui étaient ces hommes d'argent et à évaluer le poids de leurs interventions. Je n'ai rien trouvé, absolument rien[54]. Pour le premier voyage de Colomb, aucun texte ne permet de chiffrer la dépense mais il paraît évident que ses trois vaisseaux, de bien faibles tonnages, que les équipages, pour une bonne part réquisitionnés sur ordre du roi, que le chargement d'un modeste bric-à-brac, petits bibelots, miroirs et quincaillerie, ne devaient pas coûter cher. Et de même pour, par la suite, toutes les entreprises de découverte : les comptes pour l'armement, les équipages et les vivres des cinq petites coques de noix de Magellan, montrent des investissements faibles, des sommes dérisoires face à celles rassemblées à l'époque pour un seul des gros navires marchands.

Les longues recherches d'argent, les quêtes, suppliques et marchandages, le sacrifice de la reine Isabelle vendant ses bijoux pour financer l'entreprise, tout cela n'est que légendes forgées de toutes pièces on ne sait trop quand et par qui, entretenues ensuite par des générations d'écrivains qui ne pouvaient penser qu'argent et dépenses somptuaires. Ce fut, tout à l'inverse, affaire de peu. Les discussions avec les agents royaux ne portaient pas sur le financement mais sur le statut des terres à découvrir. Colomb voulait en être le gouverneur pour s'en assurer l'administration et, surtout, contrôler et taxer tous les trafics à venir. C'était ce que les rois du Portugal et d'Espagne avaient, naguère, accordé aux chevaliers découvreurs des Açores et aux Normands puis aux Castillans conquérants des îles Canaries. Mais, en 1492, les rois catholiques affirmaient une autre forme de pouvoir et n'entendaient pas le partager. L'expédition ne dépendait nullement d'un apport de capitaux mais, seulement, d'un accord politique. Les rois, Ferdinand et Isabelle, ont longtemps refusé pour, finalement, accepter sous quelques réserves, pour se reprendre plus tard.

---

[54] J. HEERS, « Le rôle... » dans *Actes du cinquième colloque international d'Histoire maritime,* éd. Paris, 1968.

Au nom du tout économique, nos maîtres ont ainsi orienté et même sclérosé les recherches en ignorant tout le reste : la lutte pour le pouvoir et, d'une façon plus générale, tout ce qui tenait à la politique, qu'il était de bon ton de toujours laisser de côté : l'esprit de curiosité, la soif de connaître les hommes et le monde, la recherche d'autres plantes médicinales (ce qui était, alors, loin d'être négligeable) et, surtout, l'esprit missionnaire qui, de l'évangélisation des Slaves et des Germains jusqu'aux expéditions de Plan Carpin, de Guillaume de Rubrouk et d'Oderic de Pordenove en Chine, n'avait jamais faibli. À Gênes, à Lisbonne et à La Rabida, Christophe Colomb a passé sa vie à l'ombre des couvents. Nous ne savons rien de ses comptes mais à peu près tout de ses lectures. Sa bibliothèque ne comptait pas de manuels de marchands mais on y trouvait la Bible, l'*Historia Rerum* du pape Pie II Piccolomini et l'*Imago Mundi* de Pierre d'Ailly, évêque de Cambrai. Il se trouvait dans la foule des pénitents lors de la procession d'Actions de grâces au lendemain de la reconquête de Grenade et, dans son *Journal*, il note, fier et heureux de la rencontre des dates, qu'il a ouvert de nouvelles terres à la Chrétienté en 1492, l'année même où les rois catholiques reprenaient le dernier royaume musulman d'Espagne et ordonnaient l'expulsion des Juifs de leur royaume. Peut-on oublier qu'il écrivit un *Livre des Prophéties* où il montre, par toutes sortes d'emprunts et de commentaires, qu'il connaissait bien les Pères de l'Église et les docteurs franciscains et dominicains. Ce livre, qu'il n'a pu achever et dont la rédaction fut alors confiée à Gaspar Gorricio, chartreux du couvent Las Cuevas de Séville, s'ouvre par une préface où il ne craint pas d'affirmer : « J'ai trouvé le Seigneur très disposé envers mon projet et c'est de lui que je tiens cet esprit d'intelligence pour l'accomplir ». La prophétie, dictée par le Livre d'Isaïe qu'il cite longuement, dit que « la Terre Sainte sera bientôt délivrée par un homme venu d'Espagne » et, effectivement, Colomb a, en plus d'un moment, affirmé que l'or qu'il pourrait découvrir serait pour aider à sauver Jérusalem des mains des impies.

On passe aussi trop souvent sur le fait que l'Église accordait aux équipages d'Henri le Navigateur, de Christophe Colomb et des autres capitaines, à ces marins qui, tous, se plaçaient sous le signe de la Croix et communiaient avant de partir, les mêmes soutiens, bienfaits et réconforts que, deux ou trois cents ans plus tôt, à ceux qui partaient délivrer la Terre Sainte et le Saint Sépulcre. La première expédition de Colomb fut, par lui-même, placée sous la protection de la Vierge de Guadalupe. Ce qui prend figure de symbole si l'on sait que, dans les mois qui précédèrent mai 1492 et leur entrée dans Grenade, Isabelle et Ferdinand ont séjourné plus de dix jours de suite dans le couvent de Guadalupe en Estrémadure et, sur leur route, visité treize autres monastères hiéronymites.

Il semble bien que l'on ait aussi mal interprété ou, du moins, analysé de manière incomplète et donc tout à fait partisane, les expéditions maritimes des Portugais au-delà du Cap de Bonne-Espérance, dans l'Océan Indien. On ne parle généralement que de "la route des Indes", de Calicut, de Cochin et du trafic des épices, seul but, croit-on, d'une entreprise menée avec une rare persévérance. Ce n'est pas inexact mais très insuffisant : les Portugais ont porté bien plus d'attention, ont consacré beaucoup plus de moyens militaires et d'énergie à l'océan Indien, à la mer Rouge et au golfe Persique qu'aux marchés de la côte de Malabar. Ils se sont âprement battus pour chasser les Musulmans de leurs comptoirs de la côte orientale d'Afrique et, loin de là, ont pris Ormuz de force.

Le 12 février 1541, une petite troupe de quatre cents hommes sous le commandement de Christophe de Gama, quatrième fils de Vasco, découvreur de cette route des Indes, débarquait à Massaouah, port africain de la mer Rouge, et réussissait à gagner les hauts plateaux abyssins où les Éthiopiens et leur négus tentaient de résister aux envahisseurs turcs venus d'Aden. Deux ans plus tard, ces Portugais, aventurés si loin de leur pays, emportaient le principal camp musulman à Daradjé et, l'an 1458, les Turcs étaient chassés de tout le royaume d'Éthiopie. C'était l'heureux aboutissement d'un plan de guerre préparé depuis longtemps par plusieurs échanges d'ambassadeurs avec le "Prêtre Jean" d'Éthiopie. De 1487 à 1490, Pedro de Cavilha avait, mandé par le roi du Portugal, exploré par routes de terre les ressources et les forces de l'ennemi ; du Caire, il avait atteint Souakim, passé la mer Rouge, puis était allé à Aden, à La Mecque, à Médine et à Ormuz. Les campagnes de Vasco de Gama et des autres amiraux portugais s'inscrivaient dans ce même dessein. Quelques années avant que les Espagnols de don Juan d'Autriche et la Sainte Ligue (les Français absents) ne sauvent l'Occident de l'invasion ottomane par la victoire de Lépante, en 1571, les Portugais avaient, sur d'autres horizons bien plus lointains, sauvé de la conquête musulmane le royaume chrétien du Prêtre Jean. La course aux épices n'était certainement pas le seul, ni même le principal but de leurs efforts.

Les crises imaginaires, scénario catastrophe ; la peste et la misère

Après Simiand et Labrousse, leurs magistrales et toutes boiteuses démonstrations sur les origines de la Révolution française, leurs disciples et élèves des *Annales* ont pris le relais pour analyser les hauts et les bas de la conjoncture. En fait, ils parlaient surtout des crises et en voyaient un peu partout, tout au long des siècles. Celle de la fin du Moyen Âge fut, par leurs soins, accommodée à tous potages. On ne parlait que de dépopulation, de décadence ou d'essoufflement. Que n'a-t-on écrit sur cette crise, simple échafaudage intellectuel pourtant ? Quelques universités, parmi les plus modernes, y ont consacré tout un Colloque. Ce fut le fil conducteur du principal rapport et d'importantes communications aux Congrès Internationaux d'Histoire à Rome en 1950 et à Stockholm cinq ans plus tard. Vous ne pouviez rien écrire sur cette période sans emboîter le pas ou, mieux, renchérir, en tout cas découvrir une petite crise, toute inédite, bien à vous.

On a beaucoup étudié les famines et les terribles épidémies du XIVe siècle, mais ce fut, souvent, pour mal les interpréter, pour leur donner un caractère exceptionnel qu'elles n'avaient vraiment pas ou pour généraliser à l'extrême. Il ne fait pas de doute que de mauvaises récoltes ont provoqué, notamment en Flandre et dans le Brabant, de dures famines dans l'hiver 1315-1316. Cependant, il n'est pas du tout certain, tout porte même à croire le contraire, que les historiens aient accordé autant d'attention aux malheurs et aux difficultés frumentaires lors des siècles précédents. Faute d'avoir cherché plus avant, l'on peut penser que des périodes "hors crise", des temps même de grande prospérité, aient aussi connu, en telle ou telle région, de graves disettes, tout aussi effroyables. Autrement dit, ces désastres du début du XIVe siècle sont-ils vraiment significatifs d'un temps de crise ?

La Grande Peste, dite aussi la Peste noire, amenée du fond de l'Asie par des marins italiens au retour des comptoirs de Crimée au printemps ou dans l'été de 1348, fut sans doute l'une des plus grandes catastrophes démographiques de notre Histoire. Peu d'événements ont suscité autant de recherches et de publications. Faute de s'inscrire en dissidence, chacun devait présenter une étude sur sa région, sur sa ville, sur les hasards et les étapes de la contamination, sur les différentes formes et l'évolution de cette terrible maladie et sur les conséquences démographiques. Plusieurs auteurs, audacieux ceux-ci, ont tenté de chiffrer les pertes humaines et, se lançant dans une aventure dont ils ne mesuraient certainement pas les aléas, n'ont pas craint d'affirmer que l'Occident avait, du fait de ce fléau si brutal, si cruel, perdu un quart ou un tiers de sa population. Évaluations approximatives, plus qu'hasardeuses généralement. Mais nous avons tous suivi, emportés du même élan, et tous les auteurs des manuels d'enseignement ont repris ces chiffres.

De sérieuses études, pourtant, donnent à examiner de plus près et à nuancer. La peste n'a pas frappé partout aussi fort. De vastes territoires furent même complètement épargnés. D'autre part, il est clair que les pertes humaines furent, du fait de certains modes de vie qui intensifiaient les contacts et facilitaient la contagion, beaucoup plus lourdes dans les sociétés urbaines que dans les campagnes. L'historien y trouvait une documentation bien plus riche, plus accessible en tout cas, et ces villes furent plus souvent étudiées que le monde rural d'alentour. Cependant, les mortalités les plus élevées ont été relevées dans les abbayes et les monastères, communautés plus denses encore où la peste pouvait vite atteindre tous les présents, sociétés qui, par ailleurs, offraient à l'enquête davantage de dénombrements démographiques, textes plus précis et mieux conservés qu'ailleurs. On a trop aisément généralisé et appliqué les chiffres élaborés, parfois tant bien que mal, pour les cités et les couvents, à l'ensemble de la population et à tout l'Occident.

Nous savons aussi, depuis la publication de plusieurs travaux bien documentés, que les pertes les plus graves ne furent pas partout provoquées par la grande épidémie de 1348-1349 mais par ce que l'on convient d'appeler des "retours de peste" qui, à des années d'intervalle, dix ou quinze ans parfois, frappaient des populations qui, déjà affaiblies par la ou les premières épidémies, n'offraient plus de résistances physiologiques aussi fortes. Or ces retours, très variables, inégaux d'un pays à l'autre, sont beaucoup plus difficiles à étudier et ne l'ont été que dans quelques cas, peu nombreux. De même pour les reprises démographiques qui, de plus près ou de plus loin ici et là, ont suivi ces catastrophes et n'ont, bien évidemment, pas connu partout la même ampleur. Incertitudes, généralisations...

En tout état de cause, certains auteurs, plus avisés que nous tous, n'ont pas manqué de faire remarquer que l'on voit mal comment la Grande Peste et même ses retours auraient pu être un facteur de crise en provoquant misère et effondrement des richesses. Ceux que le mal avait épargnés, meurtris, pleurant leurs parents disparus, ne se sont pas trouvés affaiblis, réduits à rien. Tout au contraire : l'épidémie n'a pas dévasté les terres et les biens immeubles à la manière d'une guerre ou d'une émeute. Les survivants se sont partagé les héritages, et certains se sont trouvés plus à l'aise.

Pourtant l'image de la crise, ou de plusieurs crises à quelques années près, l'a longtemps emporté dans tous les ouvrages d'histoire dite économique. On en donnait différents indices : crise économique, crise des rapports sociaux, de la spiritualité et de la sensibilité, désarroi ou morosité sensibles dans les œuvres littéraires et artistiques. Ce fut écrit et enseigné d'un consensus général, les quelques divergences ne portant que sur la date et l'importance de la "reprise", vers la fin du XVe siècle. Cette reprise, tout aussi imaginaire que la crise elle-même, annonçant bien sûr la Renaissance qui n'allait pas tarder.

On a autant écrit, ou peu s'en fallait, sur les villages désertés, les *lost villages*, les *Wüstungen* que sur la peste. Chacun finissait par dénicher dans son coin un autre village abandonné. À nouveau, colloques, recueils d'articles, ouvrages collectifs, puis évaluations chiffrées[55]. Pourtant l'on a, quelque temps plus tard,

---

[55] Travaux statistiques, en particuliers des économistes allemands : W. ABEL, *Die Wüstungen des ausgehenden Mittelalter*, Stuttgart, 1955 : en 1419,

approfondi et nuancé, redressé même du tout au tout ces conclusions pessimistes : le dépeuplement d'un village ou d'un domaine n'impliquait pas forcément la mise en friches des champs de leurs terroirs mais fut plutôt provoqué par le rassemblement des populations dans de plus fortes agglomérations ; ceci pour différentes raisons : besoin et recherche de sécurité, structures sociales renforcées, pratiques agraires différentes pour de meilleurs rendements. Le développement de la grande transhumance dans les pays ibériques et, à l'inverse, le mouvement dit des "enclosures" en Angleterre ont provoqué un bon nombre de désertions : conflits entre agriculteurs et éleveurs, graves affrontements sociaux mais non reflets d'une crise économique générale.

Le livre de Johan Huizinga, professeur d'Histoire à Groningen, *Le Déclin du Moyen Âge*, paru en 1919, a profondément marqué l'enseignement universitaire et la recherche en Occident. Toute une génération d'historiens et d'économistes, d'historiens de l'art, des idées et du christianisme ont, à son exemple, imposé pour les décennies de la fin du Moyen Âge, des images de misère physique et intellectuelle, d'angoisse et de peurs, de mysticisme exacerbé, d'obsession de la mort. À même époque, Émile Mâle insistait sur l'apparition et le développement à cette époque d'une iconographie chrétienne en totale rupture avec celle des siècles précédents[56]. Comme toujours, les disciples ont surenchéri, en sont venus à parler de décadence et ont délibérément opposé la civilisation occidentale du temps de saint Louis, reflet de plénitude, sérénité et équilibre, à celle des XIVe et XVe siècles, temps de décadence. C'est ce que laissa aussi entendre Régine Pernoud qui s'est appliquée à réhabiliter le Moyen Âge et à en montrer toutes les richesses mais tenait à préciser que ce Moyen Âge radieux finissait avec saint Louis.

6.000 des 32.000 domaines (Hüfen) de l'Ordre Teutonique n'avaient plus de paysans. Par ailleurs, le nombre des Wüstungen aurait atteint 20 % des villages dans le Wurtemberg et 44 % dans la Hesse. Nous n'avons pas (est-ce regrettable ?) de chiffres aussi précis pour la France.

[56] E. MÂLE, *L'art religieux de la fin du Moyen Âge*, 3e éd. Paris, 1925. – Fr. CALI, *L'ordre flamboyant et son temps*, Paris, 1967.

L'art dit "flamboyant" fut étiqueté décadent et l'on apprit à tout dénigrer : les gâbles ajourés qui mangeaient les roses des façades, les fenêtres coiffées de flammes, les clochetons et les pinacles, les arcs-boutants à trois étages. Signes de décadence aussi la disparition des belles pièces sculptées aux portails et, à l'intérieur des édifices, la multiplication des liernes, des tiercerons et des clés de voûtes chargées des lourdes stalactites aux ornements incongrus jusqu'à les rapprocher du sol. On opposait cette exubérance que l'on voulait trouver outrancière, signe disait-on de déséquilibre, de déviance, d'une foi incohérente et d'un intellect peu sûr de soi, à la noblesse et dignité des architectures "gothiques", temples de lumière en leurs robes blanches (on ne savait rien encore ou l'on ne voulait rien dire des bariolages et des bigarrures de couleurs appliqués aux statues et aux bas-reliefs des façades). Nous étions, en France notamment, d'irréductibles amoureux de la simplicité et ne pouvions supporter ni le flamboyant ni le baroque, celui-ci chargé, de plus, d'autres péchés.

Tout portait pierre, admirablement, aux démonstrations. Mais cette Crise n'était, comme tant d'autres certitudes, que vue de l'esprit, imposée par des maîtres qui avaient longuement étudié les malheurs de leur pays martyrisé par d'interminables conflits armés et qui, selon un penchant largement partagé, au nom du culte de la conjoncture, ont appliqué ces tableaux de misère à tout l'Occident.

C'était se mettre d'opaques œillères. Tous les États n'avaient pas, à l'époque, subi l'occupation étrangère et n'avaient pas, comme le royaume de France, supporté le poids des défaites, des pillages et des rançons, lors de cette Guerre que nous disons "de Cent ans" et des guerres civiles (Armagnacs contre Bourguignons) peut-être encore plus dévastatrices. La plupart des historiens anglais affirment que la Grande Peste de 1348 n'a provoqué qu'un ralentissement passager de la croissance démographique dans leur pays ; certains vont même jusqu'à dire qu'il n'y eut aucune sorte d'interruption ; ils donnent quantité d'exemples de nouveaux défrichements des bois, d'assèchements des marais et, par ailleurs, montrent que l'économie se transformait de manière sensible par la mise en place puis le développement d'activités artisanales jusque-là inexistantes[57]. Ces années fastes ont vu l'extraordinaire expansion du commerce et de l'industrie au temps des *staplers* de Calais et de Londres, des grandes foires aux laines dans le Yorkshire et en Écosse, des *merchants adventurers* de Bristol engagés dans de lointains trafics, jusqu'en Méditerranée orientale. Comme, à même époque, les villes de la Hanse et d'Allemagne du Sud (Augsbourg, Nuremberg, Ravensburg...), les cités marchandes d'Angleterre "regorgeaient d'or".

Par ailleurs, Yves Renouard avait, dès les années 1940, fait remarquer que l'on pouvait difficilement parler d'effondrement démographique, d'absence d'enthousiasme, d'esprit d'entreprise et de manque de foi en l'avenir, en un mot de Crise et de dépression, alors que les marins, puis les gens du peuple, les nobles et les hommes d'Église de plusieurs grandes nations, tels le Portugal, l'Espagne, l'Italie, allaient conquérir et peupler de vastes territoires outre-Atlantique. Lisbonne et Séville, elles aussi, regorgeaient d'or. En France même, les pays de l'Ouest, ruinés par la guerre et les pillages, se sont lancés dans l'aventure : Jean de Béthencourt, normand du Pays de Caux, et Gadifer de La Salle, seigneur poitevin, ont découvert les îles Canaries en 1402 et fondé, deux ans plus tard, une première colonie dans l'île de Palma.

Le fait d'insister, outre mesure, sur les crises en tel ou tel moment du passé ne serait-il pas commandé, pour s'aligner sur les schémas conformes à la mode du moment et à une certaine idéologie, par le désir d'exalter une reprise, un "démarrage" ou décollage de l'économie dans les années qui suivent ? Ainsi, bien sûr, pour la fin du Moyen Âge, période de crise, de décadence et de dépression avant l'éclat de la Renaissance.

Le triomphe du matérialisme, imposant une sorte de dictature intellectuelle, de terrorisme même en certains temps, conduit ses gourous et ses adeptes trop engagés à se couvrir de ridicule. Mais, plus grave pour l'Histoire, pour les directions de recherches et pour les analyses de l'événement, cette intransigeance porte en soi le refus de considérer d'autres facteurs que ceux de croissance et

[57] W.G. HOSKINS, *The Making of English Landscape*, Londres, 1955. – A.R. BRIDBURY, *Economic growth : England in the Later Middle Ages*, Londres, 1962, 2e éd. 1975.

de conjoncture. On aurait certainement mieux délimité et défini, mieux compris les origines et les divers aspects, des prétendues crises de la fin du Moyen Âge si, se privant de ces *a priori*, l'on s'était aussi intéressé à la politique et à la société.

La leçon fut donnée de façon magistrale par l'historien Raymond De Roover qui, en 1970, écrivait que « les économistes ont malheureusement trop tendance à vouloir restreindre le domaine de l'histoire économique aux seuls problèmes de croissance, en se basant sur des statistiques ou des modèles qui ne sont, au fond, que des abstractions hypothétiques... » et que « l'historien de la vie sociale et économique doit rester seul juge des méthodes qu'il convient d'employer et qui varient avec la nature du sujet et la pénétration de son propre esprit »[58]. Ne pourrait-on aller un peu plus loin en souhaitant que les historiens qui se disent "économistes" deviennent historiens, tout simplement ?

La case aux folles : les statistiques en délire

– Compter n'importe quoi, n'importe comment

Un beau jour, on ne trouva plus trace de cette conjoncture obsédante, pas même en de très savants discours. Sans doute était-on, par excès de zèle, allé trop loin. Mais les excentricités n'étant plus que souvenirs, l'essentiel demeura et le culte d'une "histoire quantitative" s'est imposé de plus en plus, renforcée encore, mieux habillée d'autres jargons, rendue plus aisée par l'usage de l'informatique, par les mises en mémoire, les banques de données et, plus ordinairement, par les calculs rapides. Dans le même temps, s'affirmait aussi la mode des pourcentages, maladie de ces dernières années. Les sondeurs donnent chaque jour les intentions de vote et l'image de l'opinion, non par une fourchette d'allure raisonnable mais à un pour cent près ; les "prévisionnistes" (sic), experts toujours démentis par les faits, disent le déficit de l'État ou la croissance à une petite décimale près (2,3 puis 2,1 et 1,9 !). Comment pourrait-on imaginer que l'historien, subjugué comme tout un chacun, ne suive pas le mouvement ? Com-

[58] R. DE ROOVER, « Le marché monétaire au Moyen Âge et au début des temps modernes », *Revue Historique*, 1970.

ment pourrait-il résister et passer pour le Nimbus archaïque lorsque son journal lui apprend que la délinquance a baissé de 3,38 %, chiffre du Ministère contesté par un enquêteur qui se dit mieux informé et va jusqu'à 3,63 % ou réduit à 3,12 % ? Que le procureur de la République à Toulouse affirme que la catastrophe du 21 septembre 2001 est due à un malheureux accident, certitude à 99 % ? Que la Constitution européenne fut, en 2004, ratifiée par les vingt-cinq États, à la suite d'un merveilleux accord qui porta la majorité requise lors des votes de 65 à 69 % ? Que le 14 avril 2005, la radio annonce au matin : « Mauvaise nouvelle pour Tony Blair ! », et de préciser le plus sérieusement du monde que le chômage était monté de 2,6 % à 2,7 %. Ces ridicules, semble-t-il, ne frappent personne et chacun s'empresse de faire mieux.

L'Histoire s'est placée dans cette course aux absurdités. Vous êtes "quantitatif" ou vous ne l'êtes pas. Aucun chercheur, jusque dans les années 1980-1990, n'aurait couru le risque de s'y refuser puisque c'était à peu de frais. Il suffisait d'une demi douzaine de tableaux et d'autant de courbes dont personne n'avait pris la peine de vérifier ni l'exactitude ni surtout la pertinence pour faire bonne figure. Les thèses d'histoire économique et sociale (on ne présentait guère que celles-là) devaient peu ou prou s'affirmer ou, du moins, s'étiqueter, quantitatives et prendre, en un nombre suffisant de pages, l'allure austère des alignements de chiffres. Que ce soit pour la révolution industrielle du XIXe siècle, pour les marchands du Moyen Âge ou pour les sociétés de la Grèce archaïque, nulle étude sans courbes des prix, les unes bien assises, dressées sans faille, les autres vraiment toutes bancales, trébuchantes, poudre aux yeux sans plus. Quelques auteurs y ont consacré le plus gros de leurs recherches et donné à un public averti des ouvrages où ne figuraient que prix et salaires, volumes des transactions, évolutions des monnaies, courbes et tableaux de tous genres, quelques-uns de lecture pas forcément aisée. Ce sont des publications de chiffres, non des livres d'histoire. D'autres, moins engagés, moins soumis à la mode, ont pourtant alourdi leurs textes, au demeurant de bonne qualité et riches d'enseignements, par quelques graphiques présentés tout bruts, sans vraiment les commenter et en tirer leçon. « Prenez tout ceci et appliquez-vous à les interpréter vous-même ! ». Il en fallait, les voilà !

Certaines universités ont parfaitement senti d'où soufflait le vent et, faute de mieux, se sont fait une réputation, nationale ou internationale, pour l'excellence, réelle ou supposée, de leurs travaux d'Histoire quantitative. Il fut, pendant un long temps, difficile d'ignorer ce que les disciples et les amis appelaient, pétris d'admiration, l'« École de Berkeley ». On admirait les travaux qui l'avaient rendue célèbre lorsque ses "chercheurs" mandés sur place (c'est, du moins, ce qu'ils prétendaient) pouvaient livrer d'étonnants pourcentages et affirmer que, tous bons comptes faits, les Espagnols de la première colonisation avaient fait disparaître presque tous les Indiens.

L'engouement pour la statistique et l'évaluation chiffrée au centième près atteignait et atteint encore parfois de curieux sommets. Pierre Chaunu, brillant analyste du fait spirituel ou culturel, a d'abord consacré de longues années à la préparation d'un thèse monumentale sur le trafic atlantique de Séville aux lendemains de la découverte des terres d'outre-Atlantique. L'ouvrage, publié en 1955, compte huit volumes consacrés exclusivement à l'Introduction méthodologique, aux tableaux et courbes[59]. Nous lui devons, depuis, un bon nombre d'études de grande finesse, toutes marquées de cette sympathie pour les sociétés du passé. Pourtant, ce même auteur n'a jamais cessé de croire aux évaluations chiffrées. En 1975, dans *Le Temps des Réformes : la crise de la chrétienté,* il citait, sans les mettre en doute, les conclusions d'un expert statisticien qui évaluait, pour l'Occident et en l'an mille, la proportion des "lisants écrivants" (autrement dit ceux qui pouvaient lire et écrire) à 0,5 ou 1 % de la population ; laquelle proportion serait, selon les mêmes calculs et élaborations certainement ardues et hardies, montée à 2 ou 3 % au début du XVIe siècle. Quelques années plus tard, un autre historien qui, jusque-là, ne s'était pas rangé au rang ou à la suite des grands ténors de la statistique, écrivait pourtant qu'il pouvait estimer les "lisants écrivants", dans la région parisienne et en 1450-

[59] H. et P. CHAUNU, *Séville et l'Atlantique,* I. *Introduction méthodologique, 1504-1650.* 11 volumes en 8 tomes. Paris, SEVPEN, 1955.

1500, à plus ou moins dix pour cent de la population[60]. Il ne semble pas que l'on ait, ici ou là, relevé le ridicule de ces chiffres, fruits, à l'évidence, de grands efforts d'imagination et d'une suite d'estimations, calculs et rectifications tous arbitraires. Ni, non plus, que l'on ait relevé l'incongruité d'affirmations du genre : « les humanistes étaient trois cents dans toute l'Europe » alors que personne ne s'entend encore sur une définition claire de l'humanisme[61].

Proclamée grande spécialiste de l'histoire de l'Afrique et très appliquée à chiffrer les responsabilités des uns et des autres dans le dépeuplement humain du continent noir, Madame Coquery-Vidrovitch donnait, pour évaluer chacune des traites négrières, des pourcentages aux virgules près, et même, record absolu certainement, à 0,01 % près : 49,91 % pour la traite atlantique des Européens, 31,74 % pour les Musulmans par les caravanes à travers le Sahara, 18,36 % pour la traite orientale vers les pays de l'Islam[62]. Légère erreur : cela fait, au total, 0,01 % de trop. Malgré tout, bel exploit mathématique si l'on songe qu'il fallait, pour les Musulmans, évaluer un trafic qui n'a, sauf rares exceptions et seulement au XIXe siècle, laissé aucune sorte de documents chiffrés, ni comptabilité de marchands, ni registres d'impôts ! En fait, il s'agissait tout simplement de montrer que les traites musulmanes, saharienne et orientale confondues, n'avaient pas, en plus de mille années, arraché davantage d'esclaves à l'Afrique que les Chrétiens en quelque deux cents ans. L'auteur se couvrait ainsi de ridicule par son soin du détail et sa fascination pour les pourcentages poussés jusqu'à l'absurde mais, sur le plan des idées et des conclusions (de la propagande plutôt dirions-nous), ne prenait aucun risque. C'était apporter une autre pierre à une histoire de l'esclavage imposée en France par une sorte de terrorisme intellectuel et, malgré l'invraisemblance des chiffres, généralement

---

[60] Ph. CONTAMINE, « Livre et société en France à la fin du Moyen Âge » in F. AVRIL et N. REYNAUD, *Les manuscrits à peinture en France, 1440-1520*, Paris, 1993, p.9.

[61] P. CHAUNU, lors d'une émission radio, dans l'hiver 2004-2005.

[62] COQUERY-VIDROVITCH, contribution dans *De la traite à l'esclavage du Ve au XVIIIe siècle*, éd. S. DAGET, Nantes, 1985.

admise jusqu'à la publication de véritables enquêtes historiques, celles de Bernard Lugan en tout premier[63].

Le poids des modes et le désir de faire savant et de satisfaire la curiosité insatiable des lecteurs d'aujourd'hui sont tels que, sans tomber dans le même ridicule, l'auteur d'un ouvrage tout récent ne peut s'en défendre, évaluant à onze millions les esclaves arrachés à l'Afrique par la traite occidentale et le commerce triangulaire, à dix-sept millions ceux enlevés par les Musulmans et à quatorze millions ceux victimes des rapts et de la traite organisés par les Africains eux-mêmes.[64]

Fascination du nombre exact. Tout est mis en œuvre pour échafauder, au prix d'étranges et acrobatiques calculs, des bilans qui n'ont aucune valeur.

– *Hasards et pièges des comptes*

Pour certaines périodes, recueillir quantité de chiffres ne présente pas vraiment de grandes difficultés. Un bon nombre de documents, à première vue impersonnels et parfaitement innocents sur le plan humain, offrent toutes sortes d'indications que l'historien de l'économie recueille avec bonheur pour les engranger dans ses machines à délivrer pourcentages, courbes et tableaux. Certains textes, dès les XIVe et XVe siècles, en donnent à ne savoir qu'en faire. Si nombreux même que l'on arrive à les prendre tous en bloc, à l'état brut, sans en faire le tri ni en vérifier la source et le véritable intérêt.

L'historien scrupuleux sait pourtant, et depuis longtemps, qu'il doit faire la chasse aux documents, chartes, donations, accords de toutes sortes fabriqués par les professionnels du faux. On a beaucoup parlé de ceux rédigés de toutes pièces au temps des Carolingiens et l'on cite aussi, pour des temps plus proches, des auteurs, familiers des cours royales ou princières, stipendiés pour ce genre de travaux. La critique du document est, bien sûr, l'abc du travail. Mais le registre comptable exerce un tel attrait, paraît si précis, si fiable, à l'abri des erreurs et des approximations,

[63] *Afrique, l'Histoire à l'endroit*, 1989. – « Vérités et légendes sur l'esclavage », *Afrique réelle*, n°33, automne 2001, pp.29-43.
[64] O. PÉTRÉ-GRENOUILLEAU, *Les traites négrières*, Paris, 2005.

que le chercheur, au comble du bonheur d'avoir la main sur une source d'une telle qualité, ne songe pas à la mettre en doute. L'habitude fut trop souvent de prendre l'information, parée du parfum d'exactitude que donnent les chiffres, pour indiscutable, sans imaginer que les agents du fisc, les comptables et les scribes pouvaient se tromper, céder aux pressions ou, tout simplement, falsifier dépenses et bilans. L'erreur que nous avons tous commise et que d'autres, de plus en plus nombreux semble-t-il, commettent toujours, par facilité ou de bonne foi, est de se fier aux textes dès qu'ils alignent des chiffres. Pouvons-nous croire que, dans quelque temps, les historiens de la société d'aujourd'hui se contenteront d'examiner les déclarations fiscales des particuliers non salariés, ou les comptes des grandes compagnies, ces comptes que l'on nous dit aujourd'hui truqués, ceux d'outre-Atlantique tout au moins ? Comment croire qu'il en fut jamais autrement ?

Fraudes et accommodements ont toujours pesé sur les pratiques fiscales et la perception des taxes. Étudier puis utiliser les registres de douanes, de péages ou d'octrois municipaux pour évaluer tel ou tel trafic, leur évolution, fixer et mesurer les hauts et les bas, est toujours, pour tous temps et pour tous pays, démarche aventureuse. Les tarifs des péages énumèrent certes, souvent de façon quelque peu complaisante, irréaliste, tous les produits soumis aux taxes et en précisent le montant mais ne donnent aucune indication sur le volume des passages. Force est donc de se reporter aux cahiers des receveurs qui notent, jour après jour, tout ce qu'ils ont perçu, précisent la nature et le poids de chaque produit taxé, le nom et la qualité du marchand ou du commis. Cette comptabilité n'était utile que dans l'immédiat et, les paiements effectués, personne ne voyait d'intérêt à la conserver. Il ne nous reste que quelques cahiers, gardés précieusement, source essentielle pour l'historien qui cherche à évaluer des courants d'échanges et l'importance des trafics. Mais prétendre, à partir de ces comptes, élaborer une étude quantitative et dresser des statistiques, des comparaisons d'une année à l'autre, est oublier la fraude, les détours, les innombrables façons d'échapper. Dès que la taxe paraît trop lourde ou le percepteur trop exigeant, dès que les charrois peuvent emprunter un autre chemin pour payer moins cher ou ne plus payer du tout, le marchand, le charretier ou le muletier franchissent le fleuve sur un autre pont ou par un gué, passent la montagne par une passe moins bien gardée. Quitte à peiner davantage, quitte à dédommager le seigneur ou le paysan ou les moines de l'abbaye, propriétaires des champs qu'ils auraient quelque peu gâtés en se frayant un chemin mal tracé, quasi clandestin.

L'an 1393, Louis d'Orléans héritait du "péage et travers" de Crépy-en-Valois qui, sur la route de Compiègne, taxait, ou plutôt devait taxer, si bien appliqué, une part importante des transports entre Paris et la Flandre. Le duc mit tout en œuvre pour en tirer le meilleur profit et fit "crier" ce péage en une bonne vingtaine de lieux mais ses agents virent aussitôt qu'un grand nombre de marchands, de muletiers ou de bateliers, plutôt que de passer là où ils les attendaient, empruntaient d'autres itinéraires, parfois très loin, jusqu'à transiter par Rouen. Dans l'Apennin ligure, la passe la plus accessible, à seulement 600 mètres d'altitude, demeura pendant longtemps, jusqu'au XVIIe siècle, tenue et surveillée par le puissant clan des Spinola que les Génois accusaient de se comporter en seigneurs brigands, de détrousser les caravanes ou d'exiger de fortes taxes, inconsidérées, toujours imprévisibles. C'est pourquoi les marchands et les muletiers, exaspérés de payer si cher et de perdre beaucoup, fréquentaient aussi, dans une proportion que nul ne pourrait définir, une autre route bien plus longue, plus difficile, plus souvent coupée par les intempéries ou les glissements de terrain, qui passait par un col à plus de mille mètres, mais qui, contrôlée par la Commune de Gênes, était beaucoup plus sûre, moins exposée à l'arbitraire. D'autre part, lorsque la ville était en proie aux guerres civiles, ces mêmes négociants génois faisaient dérouter leurs navires vers Savone d'où ils menaient leurs cargaisons vers la plaine du Pô par d'autres routes. Qui, dans ces conditions, pourrait établir des statistiques du trafic, année par année, saison par saison, par la seule étude de l'un ou l'autre péage ?

Pour les temps qui se situent avant le contrôle de l'économie par un état omniprésent, les registres de douane sont forcément trompeurs, du seul fait que la perception des taxes, péages, droits d'entrée dans la cité, était souvent cédée par les rois, les princes ou les communes à des hommes ou à des sociétés. Cette pratique de l'affermage fausse forcément le jeu et peut conduire à d'importantes erreurs celui qui ne voit que les comptes et leurs chiffres bruts. À Venise, les adjudicataires des *mude*, convois des galées vers le Levant, Aigues-Mortes ou la Flandre, n'étaient généralement pas les transporteurs, les propriétaires ou les armateurs des navires, mais, plus souvent, des négociants et des financiers groupés en associations qui, bien évidemment, participaient eux-mêmes au trafic qu'ils allaient taxer. On imagine bien qu'ils ne se préoccupaient pas de recenser leurs propres activités, ni celles de leurs parents, de leurs amis et de leurs associés : autant de mouvements de marchandises qui ne figurent pas dans leurs comptes. De plus, leurs clients privilégiés pouvaient bénéficier de réductions, de certains arrangements dont on ne trouve pas trace. D'une façon plus générale, on ne voit évidemment pas apparaître, dans ces registres, des hommes ou des compagnies qui, ayant traité et conclu un contrat à l'amiable, avaient, en début d'année, versé une certaine somme d'argent pour être dispensés des droits par la suite. Le prix proposé lors des enchères sur la place publique, pour emporter l'affermage, tenait compte de ces participations et l'étude des variations de cet *incanto* ne permet pas d'évaluer directement l'évolution du trafic.

Dénombrer, identifier et définir l'assiette puis chiffrer le montant des taxes qui, dans chaque royaume ou chaque ville, pesaient sur les trafics marchands est déjà, pour l'historien, tout un travail, sans garantie de succès. Les fermiers usaient de tous les moyens pour gagner le plus possible. Ils ne se contentaient sûrement pas d'attendre l'arrivée des bâtiments, des charrois ou des caravanes pour faire payer ce qui se présentait. Nombre de taxes, sur le trafic maritime notamment, étaient mises aux enchères à l'année et, jusqu'au XVIIe siècle et plus tard encore, à l'approche de l'échéance, les fermiers de l'année en cours et ceux du temps à venir rivalisaient de propositions et de promesses pour inciter les capitaines des navires et les marchands, les uns à toucher le port au plus vite, les autres à retarder leur course. On envoyait, par galées et par barques rapides, en plusieurs directions, des messagers parler avec le capitaine du bâtiment et les marchands à bord pour conclure un accord, passé ensuite devant notaire. Si bien que la courbe des revenus fiscaux pouvait, par ces seuls artifices, connaître, aux jours d'avant la date critique, d'importantes variations, hausses ou baisses, qui ne traduisaient nullement la réalité et que le statisticien qui ne considère que ces chiffres est bien incapable d'interpréter. On voit aussi que les commis des grandes compagnies de Toscane insistent constamment, dans leurs lettres adressées à leurs patrons, sur l'importance des spéculations et des ententes entre les négociants et les banquiers qui provoquent des hausses artificielles des prix. Il n'est pas du tout exceptionnel de voir des galées marchandes, chargées de produits d'Orient, rester à l'ancre au large pendant des jours entiers, voire une ou deux semaines, à seule fin de provoquer une forte demande. Toute statistique devrait en tenir compte ; mais comment en être, à tous coups, informé ?

Saisi par la fièvre de l'enquête et par le désir de tout mettre en œuvre, l'historien en vient à rassembler et à élaborer ses "séries" comme s'il pensait vraiment que le rédacteur d'un registre fiscal n'avait eu, en son temps, d'autre souci que de livrer à la postérité un document parfait en tous points, sans lacunes, sans obscurités ou ambiguïtés. On accepte l'idée que ce receveur, certainement modeste et peu rétribué pour sa peine, prenait soin de travailler pour nous, historiens à venir. Et l'on néglige de s'interroger sur ce que pouvaient être ses préoccupations, sur sa façon de tourner les difficultés, de faire au mieux, ou au moins mal, sans alourdir sa tâche. Il paraît pourtant évident que ces agents subalternes voulaient aller vite, économiser leur temps et leur peine et, donc, ne noter que l'important, l'indispensable. Ils se gardaient du superflu et ne se préoccupaient généralement pas de définir exactement ni l'assiette de l'impôt ni les modalités de la perception. L'élaboration des registres fiscaux coûtait du temps et de l'argent. L'époque n'était pas encore à gonfler de manière outrancière la bureaucratie et à rassembler, coûte que coûte, toutes sortes de données pour nourrir les statisticiens.

Les auteurs des comptabilités ou des recensements demeuraient généralement anonymes ; ils ne laissaient certes pas leur marque de la même façon que ceux des *Chroniques* ou des *Mémoires* mais étaient hommes, libres de mener leur tâche à leur gré. S'interroger sur les circonstances de l'élaboration des comptes et de leur mise en forme peut éviter bien des erreurs. Les registres d'une taxe levée, au XIVe siècle, sur les habitants d'un bailliage de Normandie portent les noms de tous les assujettis, suivis du montant de l'imposition. On y trouvait aussi ceux des exemptés, notamment une dizaine de nobles. Aller au plus vite aurait conduit à dire qu'il n'y avait pas plus de dix nobles dans ce district. Mais qui ne se contente pas d'un simple examen, note aussitôt que plusieurs grands noms, illustres, parfaitement connus par ailleurs et rencontrés en différents documents d'autres natures, n'y figurent pas. C'est que le scribe n'a mentionné que ceux dont la noblesse pouvait être encore mal assurée, toute nouvelle sans doute, pas encore affirmée[65].

À même époque, un autre document, de nature toute différente et dans un tout autre contexte, sorte de *terrier* ou de cadastre rural si l'on préfère, recense les terres soumises à la taxe foncière dans un terroir de moyenne montagne, en Italie centrale : noms des propriétaires, localisation des parcelles, valeur estimée, montant de la contribution et, parfois, nature des cultures (blés, vigne, oliviers...). Ces dernières indications, d'un grand intérêt pour l'étude des activités agraires, ne figurent que pour, environ, une parcelle sur cinq. Que faire ? Plutôt que de se résigner à l'abandon, l'auteur de cette étude a franchi un pas hasardeux et compté pour terres à blés toutes celles dont la nature n'était pas spécifiée, soit 80 % de l'ensemble[66]. Ce qui fait que ce terroir montagnard, de petite polyculture à l'évidence, devient comme par miracle, du seul fait d'un historien pressé d'aller vite, appliqué à remplir toutes les cases de ses tableaux, l'un des greniers à grains de cette région d'Italie. Magie de la statistique à tout prix ! Ne devait-il pas considérer que le scribe n'avait aucun intérêt personnel ni même aucune instruction de ses mandants pour noter la nature des cultures ? Et qu'il ne l'a fait que, pour un nombre relativement restreint de cas, afin d'éviter incertitudes ou confusions ? Les cadastres étaient élaborés et dressés pour percevoir des droits, non pour donner aux historiens, des siècles plus tard, une image exacte et minutieuse du terroir. Le responsable pouvait, certes, noter quelques particularités, les confins ou la nature des

[65] Bonne analyse de ces problèmes dans D. ANGERS, « La vicomté de Bayeux au bas Moyen Âge (1389-1500) », *Francia*, 7, 1979, pp.141-172.

[66] E. CARPENTIER, *Orvieto à la fin du XIIIe siècle, ville et campagne dans le cadastre de 1292*, Paris, CNRS, 1986.

cultures, mais seulement pour mieux identifier telle parcelle, dans le cas notamment où le propriétaire avait changé depuis peu ou si le bien se trouvait divisé ou exploité d'autre façon. De telle sorte que l'absence de ces précisions ne signifie pas que la terre recensée était de valeur négligeable, inculte, tombée en friche ou vouée à une production céréalière toute ordinaire mais, tout simplement, que le nom du propriétaire suffisait à la situer parfaitement.

– Casse-tête et embrouilles : poids, mesures, monnaies

Nous comptons centime par centime, mesurons tout aussi juste et donnons, à tout propos, notre date de naissance au jour près. L'emploi des machines à calculer fait que nous ne cherchons plus à arrondir les chiffres. Mais avant la diffusion du système métrique, ce qui fut long et n'alla pas sans heurts et de vives résistances, nos pays d'Occident connaissaient une autre culture, une autre façon de mesurer. Ce sont ces pratiques complexes, souvent marquées même d'un certain flou, que nous avons peine à imaginer. Ignorer le zéro, la virgule et les décimales, ne penser qu'en nombres entiers ou en fractions obligeait à une gymnastique intellectuelle bien plus vive que celle que l'on exige de qui, aujourd'hui, tapote sur son clavier et attend les résultats, exprimés en nombres de quatre, cinq ou six chiffres après la virgule. Les hommes s'accommodaient des années commençant, selon les états et même selon les cités, à des dates différentes et même variables (souvent le jour de Pâques). Fausses pièces de monnaies, mesures et poids truqués étaient sans doute l'exception, leur fabrication et leur emploi sévèrement punis et chaque ville, chaque bourgade gardait jalousement ses poids et ses mesures étalons, au vu de tous, dans la halle de la place publique. Mais nous devons bien penser que ces mesures exactes servaient surtout pour les gros trafics, pour les transactions entre négociants soucieux de bien tenir leurs comptes. Dans la pratique plus ordinaire, chacun savait que mesurer trop court pouvait nuire aux marchés du lendemain. Pour les grains, le sel et toutes ventes au setier ou au boisseau, il n'est pas rare de voir l'acheteur ou le vendeur préciser que ce sera par "mesures rases" ou par "mesures comblées" ; certains précisaient même "comblées mais non tassées". Dans l'East Anglia, région des *fens* autour d'Ely, tout était évalué et payé en "anguilles de bonnes tailles". D'autres cartulaires, notamment en

Normandie, dans la campagne de Neubourg, font état de cens ou de taxes diverses en grains et en volailles mais parlent aussi de "chapeaux de roses", dont les percepteurs de nos nations modernes, qui n'ont aucun sens de l'humour ni un goût prononcé pour les jolis attributs, ne se contenteraient certainement pas. Que penser aussi d'un texte qui, pour un domaine sis en Alsace, recense les redevances perçues par le seigneur et dit que les paysans doivent, tel jour, lui offrir chacun une miche de pain qui, placée au sol devant lui, serait assez grande pour qu'il puisse se nourrir tout un jour avec ce qui dépasserait de ses genoux ?

En fait, la moindre démarche statistique se heurte à l'extrême diversité des poids, des mesures et des monnaies. Pour toutes les époques et tous les pays, avant l'émergence de vastes et puissants états territoriaux, les systèmes se sont maintenus si variés et si complexes qu'ils défient quiconque aborderait ces recherches sans une attentive préparation, pas toujours couronnée de succès tant certains vocables, certaines équivalences demeurent de vrais mystères. Chaque cueillette de chiffres et, *a fortiori*, toute élaboration de tableaux et de courbes ne peuvent être menées que par de bons connaisseurs des façons de mesurer et de payer à l'époque, dans le lieu même.

Nous savons que les pièces métalliques ne portaient pas de chiffres gravés indiquant leur valeur libératoire ; elles n'étaient connues et définies que par des noms ou des surnoms qui pouvaient changer, apparaître et disparaître : le franc, le louis, l'écu, le florin, le ducat, le soleil... Le poids de fin et le titre de l'alliage variaient, en un même lieu et pour la même pièce, d'un règne à l'autre, plus souvent parfois. Aussi devait-on indiquer la valeur d'échange de chaque pièce par référence à une monnaie fictive, irréelle, seulement scripturaire, que, historiens, nous appelons la monnaie "de compte". Elle était, le plus souvent, exprimée en livres, en sous et en deniers. Ces systèmes abstraits étaient largement pratiqués en chaque pays par les habitants de tous rangs et de toutes conditions. Ce n'étaient pas pratiques d'initiés, tout au contraire. Les hommes et les femmes maîtrisaient parfaitement les changes d'une pièce métallique à l'autre en se référant aussitôt à la monnaie de comptes. Ils en prenaient une telle habitude que, la livre valant vingt sous et le sou valant douze deniers, ils comptaient et évaluaient bien plus souvent de vingt en vingt ou de douze en douze que de dix en dix. Ceux qui devaient dire leur âge, ce qui n'était pas fréquent, ne donnaient généralement pas un nombre exact d'années mais une approximation, non 20, 30 ou 40 ans, mais plutôt 24, 36, et 48 multiples de douze. Habitudes si solidement ancrées qu'il nous en reste quelques-unes aux temps mêmes de l'informatique, comme d'acheter les œufs à la douzaine ou de dire quatre-vingts.

Ces gens savaient bien compter. Ils ont longtemps écrit tous les nombres en chiffres romains ; ils n'usaient ni de la virgule, ni du zéro, seulement des fractions. Nous avons salué comme un grand progrès l'adoption du système métrique révolutionnaire et, longtemps après, salué de la même manière, du même enthousiasme semble-t-il, l'*euro*, monnaie unique qui rend les voyages si faciles. Mais, en ces temps d'autres cultures, chaque pays ou plutôt chaque terroir et chaque cité avait ses poids et ses mesures et plusieurs sortes de monnaies nullement compatibles avec celles des voisins. Ils s'y retrouvaient, maniaient les changes et les partages, usaient des fractions et des fractions de fractions pour fixer les prix et les salaires, pour répartir capitaux et profits. Preuve d'une agilité d'esprit que l'usage trop facile fait, par force, oublier.

Les valeurs des pièces changeaient si souvent, hausses ou baisses, renforcement ou dévaluation, parfois au jour le jour, que, pour ses courbes et ses tableaux, le statisticien n'utilise que les monnaies de compte (la livre, le sou, le denier). Mais ces systèmes de compte, tous abstraits, ne se maîtrisent pas d'un coup, trop variables eux-mêmes et multiples. Les rois et les princes ont, bien sûr, au long des temps, exigé ou monnayé l'abandon des frappes féodales de pièces métalliques puis imposé l'emploi d'un seul système, ou plutôt d'un nombre limité de systèmes de comptes. Malgré tout, livre *parisis* et livre *tournois* sont longtemps demeurées d'un usage concomitant et très ordinaire dans le royaume de France, le choix n'étant pas toujours bien défini. Ici et là dans le royaume, on usait aussi des livres, des sous et des deniers *provinois* ou *toulois*. En Provence, c'était le florin de compte qui n'avait rien à voir avec le florin, pièce d'or. Les villes d'Italie veillaient soigneusement à conserver leurs propres pièces métalliques, or et argent, et leurs propres unités de compte, toutes différentes les unes des autres. Certaines, presque toutes à vrai dire, en avaient créé de nouvelles. Dans une même cité, on utilisait la "livre de monnaie courante", pour les échanges les plus courants et la "livre de bonne monnaie", pour les trafics internationaux et les opérations bancaires. C'est déjà, pour l'économiste et le statisticien, risque de confusions.

Les "changeurs" et les petits trafiquants de tous genre maîtrisaient parfaitement ce jeu monétaire ; ils profitaient des moindres différences entre les pièces métalliques d'une ville à l'autre ou de la ville aux bourgs des environs. Ils y glanaient, au jour le jour, quelques profits ; certains même arrivaient à bâtir d'incertaines et fragiles fortunes. Mais personne ne peut, aujourd'hui, bien comprendre ce qu'étaient certaines monnaies fiduciaires, infiniment complexes, variables quasi au jour le jour, que les financiers et les notaires, les marchands, les artisans et les simples particuliers mêmes utilisaient sans cesse et sans apparence de se perdre le moins du monde. Face à ces systèmes innombrables, liés les uns aux autres de façon complexe et variable, l'historien, déconcerté, a tendance à simplifier et ses évaluations ne sont pas toujours exactes.

De même pour les poids et les mesures. Qui peut, de nos jours, se targuer de bien connaître et de manier à l'aise ceux et celles (ne serait-ce que celles d'un seul lieu) de telle ou telle époque du passé ? Quant aux conversions d'un royaume à l'autre, d'une ville à sa propre voisine même, mieux vaut ne pas trop rêver. Les systèmes sont aussi complexes, et plus variés, que ceux des monnaies. Chaque cité marchande, parfois même chaque bourgade, avait les siens. Le dictionnaire de français médiéval de Du Cange, forcément incomplet sur ce point, donne, pour le XIIIe siècle, une liste d'une trentaine de setiers pour le royaume de France. Les hommes d'affaires et les notaires de Florence, Venise, Gênes, Naples et de plusieurs autres cités d'Italie usaient de deux poids différents, sans toujours indiquer lequel. En Méditerranée, le vin se vendait soit en "bottes" du lieu pour les crus ordinaires, soit en "bottes de Naples" pour les liquoreux ; cela allait de soi et n'était pas forcément spécifié. On évaluait les tonnages des navires soit en mesures de capacité, bottes ou millerolles, s'ils transportaient des produits encombrants, vins, grains, huiles, soit en unités de poids, souvent les "cantares", pour d'autres produits tels le sel, les minerais, l'alun. Le même bâtiment pouvait, selon le cas, être estimé de deux façons différentes, sans équivalence possible entre elles.

Aucun manuel de métrique, vraiment complet et précis, ne vient au secours de l'historien qui, tout à coup, trouve une unité encore inconnue et ne sait comment la définir ou la comparer à d'autres. Les traités à l'usage des négociants d'Italie, les *Pratiche della mercatura* dont chaque compagnie marchande devait posséder un exemplaire, donnent pour chaque ville retenue par l'auteur, lui-même certainement négociant ou banquier, les rapports des poids et mesures avec ceux d'autres cités ; mais cela ne fait que six ou sept équivalences, pas davantage. Pour d'autres, force est d'espérer mettre la main sur un contrat tout ordinaire, une quittance, le procès-verbal d'un arbitrage qui, par hasard, mettrait ces unités en relation.

Pendant plusieurs années, deux de nos distingués médiévistes, Yves Renouard et Édouard Perroy, étudiant l'un des plus importants trafics maritimes des XIIIe-XVe siècles, celui des vins de Bordeaux vers l'Angleterre, n'ont pu s'entendre sur la capacité du “tonneau” bordelais. L'un proposait, preuves à l'appui, neuf cents litres, plus ou moins ; l'autre affirmait que cela était beaucoup trop, parfaitement invraisemblable et s'en tenait à deux cent vingt litres, l'équivalent de la barrique de nos jours. Ce qui revenait à diviser au moins par trois le volume et la valeur de ce trafic. La question ne fut pas vraiment tranchée et l'on peut constater que, depuis lors, les historiens se sont davantage appliqués à décrire les modalités des échanges et des trafics, leurs directions, leurs implications sociales et politiques qu'à les chiffrer en unités d'aujourd'hui.

– Vivre aux temps passés : confort, niveaux de vie ?

Ceux qui font encore de l'histoire quantitative une discipline privilégiée et accordent tant d'importance à étudier prix et salaires ne cherchent pas seulement à établir des tableaux ou des courbes pour définir les variations de la conjoncture. Ils s'appliquent aussi à évaluer les niveaux de vie en différentes époques, pour différents milieux sociaux. Les plus audacieux, inconscients bien souvent, se hasardent à les comparer à ceux d'aujourd'hui.

Les journalistes qui débarquent, *ex abrupto*, dans une lointaine escale et, en deux ou trois jours, rassemblent matière à un papier, doivent tout chiffrer en monnaies exotiques, parfaitement inconnues de leurs lecteurs. Pour mieux évoquer les styles de vie, la misère souvent ou la précarité des conditions sociales, ils n'ont d'autre moyen que de tout convertir soit en dollars soit en euros, ou de comparer le salaire "moyen" d'un ouvrier ou d'un pêcheur avec le prix des produits de consommation. Démarche qui vaut ce qu'elle vaut, c'est-à-dire pas grand-chose car il semble bien évident que l'on ne peut parler de "niveau de vie" sans une grande connaissance des styles de vie, des habitudes alimentaires notamment, de la notion que les habitants se font du nécessaire et du superflu ; ce qui ne s'acquiert qu'au terme de longs séjours.

A fortiori, l'historien des temps passés ne peut s'y risquer sans, à coup sûr, tomber dans l'approximation ou l'erreur flagrante. Qui veut donner une idée des revenus et des dépenses de tel ou tel grand personnage et des sommes gaspillées en des achats somptuaires ou investies dans la construction des palais et des châteaux, des appartements ou des pavillons pour les favorites, ou encore des écuries et des meutes de chiens de chasse, ne peut, d'abord, que les évaluer en livres ou en écus, francs et florins, qui ne disent rien à personne, ou si peu. Pour frapper davantage le lecteur, l'usage s'est imposé de convertir ces anciennes monnaies en celles du temps présent ou en valeurs symboliques, qui parlent davantage. Ce fut, en France, le "franc Poincaré" ou le "franc-or", puis le franc tout court et les nouveaux francs.

C'est une pratique tout à fait vaine, proprement ridicule tant ces conversions sont arbitraires. Faute de pouvoir définir, de manière même approximative, le pouvoir d'achat des monnaies de l'époque, ces exercices puérils se sont tous révélés hasardeux. Nos manuels d'enseignement sont rarement tombés dans cette manie. Ces conversions acrobatiques, vraiment artificielles, semblaient pourtant indispensables et nombre d'historiens, des dernières années du XIXe siècle jusqu'à nos jours, tout particulièrement ceux qui écrivaient pour les journaux et les magazines, s'en sont donnés à cœur joie. Peu à peu, la plupart des lecteurs ont cessé d'en demander et d'y porter attention. Pas tous cependant : en janvier 2005, pour la présentation de son livre lors d'une émission de radio, l'auteur d'un bon ouvrage, par ailleurs bien documenté, sur les travaux du château de Versailles au temps de Louis XIV, fut instamment prié de satisfaire une curiosité bien naturelle, semble-t-il, de l'un des auditeurs : quelle somme feraient aujourd'hui les quatre-vingt mille livres dépensées sur ce chantier (cent mille en comptant les œuvres d'art) ? Réponse : environ le coût d'*Envisat*, le plus gros satellite d'observation, un peu plus que la Grande Bibliothèque dite de François Mitterrand et quatre fois le prix de l'exposition de 2004, au château[67].

À supposer (il y faut audace et naïveté !) que les équivalences aient été établies, on ne peut comparer les prix des mêmes produits, d'un siècle à l'autre, d'une façon aussi rudimentaire, par simple confrontation, alors que les genres de vie, l'appréciation de la nécessité et du luxe, les préférences, le coût relatif des matières premières, des travaux et des produits, différaient beaucoup, parfois du tout au tout, de ce que nous connaissons aujourd'hui. Nous avons naturellement une forte propension, et tous les historiens des temps révolus l'ont eue avant nous, à juger des aliments, des vêtements, des commodités et des services, selon nos critères et nos hiérarchies, oubliant que certains articles fabriqués pouvaient, il y a des siècles, atteindre, relativement aux produits simplement récoltés, des prix que nous ne pouvons imaginer.

On a, jusqu'à ces trente ou quarante dernières années, tenu le pain blanc comme supérieur aux autres, signe d'une certaine aisance. Au XVe siècle, le roi veillait à la qualité de celui vendu dans Paris : interdiction des mélanges, réglementation du taux de blutage. Lorsque les récoltes étaient mauvaises et le ravitaillement mal assuré, pour ne pas augmenter les prix, l'on diminuait le poids des miches plutôt que de faire du pain moins blanc. Nous voyons les modes sans cesse évoluer, apparaître et disparaître, et pouvons constater aujourd'hui que le pain noir ou bis, "complet" ou "aux six céréales", présenté pendant si longtemps comme signe de pauvreté, est plus recherché et coûte plus cher que le pain blanc. Nombre de dictons n'ont plus cours (« manger son pain blanc le premier »).

[67] Fr. TIBERGHIEN, *Versailles : le chantier de Louis XIV, 1662-1715*, Paris, 2002.

– Le poids des hommes : coefficients et autres pièges

Les plus enthousiastes, les plus acharnés aussi, des historiens "quantitativistes", ceux qui se reconnaissent entre eux et se rassemblent à la façon d'une secte d'initiés, trouvent leur bonheur dans l'étude de la population, de la répartition par classes d'âge ou par catégories sociales et des conséquences des épidémies ou des disettes. Le plus important étant de fixer, à quelques années près, les hauts et les bas de la sacro-sainte conjoncture. La mode n'est pas passée et certains y consacrent encore leur science et leurs efforts, engrangeant toutes sortes de données sans toujours s'intéresser d'abord au milieu qu'ils veulent analyser. Cette histoire de l'homme, limitée aux chiffres, n'a rien d'humain.

Les "Sciences humaines" triomphant sur l'Histoire toute simple, les historiens ont, d'accord unanime, certains habités de l'étrange acharnement du néophyte à tout détruire, jeté aux orties les chiffres directement donnés par les écrivains, chroniqueurs ou autres, des temps anciens, de l'Antiquité au XIXe siècle. Non sans raison dans la plupart des cas : les hommes de ces époques reculées, ou n'attachaient pas vraiment d'importance au nombre exact, ou, plus souvent sans doute, voulaient éblouir leurs lecteurs et flatter le prince en gonflant démesurément les chiffres des effectifs, sujets, guerriers et habitants des cités. À en croire leurs récits, les batailles opposaient toujours face à face des milliers ou des dizaines de milliers de combattants. Le *Livre* de Marco Polo, que certains présentent pourtant comme l'œuvre d'un marchand, ne sait parler ni de la population des villes de Chine, ni des navires ancrés dans les ports, ni des taxes perçues par l'empereur mongol sans aligner, de façon automatique, par un simple réflexe, des chiffres extravagants, hors de toute vraisemblance. Les Italiens, au temps du "Moyen Âge" et de la "Renaissance", auteurs des *Histoires* de leurs cités qui, à les lire, avaient toutes connu de fiers destins avant même la fondation de Rome, récits dithyrambiques qu'ils appelaient volontiers des *Mirabilia*, usaient, eux aussi de propos délibéré, de ces hyperboles complètement incontrôlées.

De toute évidence, il n'était plus de saison, au XXe siècle, de recopier ces chiffres bruts ni même de leur accorder le moindre crédit. Mais la critique est, parfois, tombée d'un excès dans l'autre, inspirée par un *a priori* qui voulait que les temps anciens, les médiévaux tout particulièrement, n'aient connu que des cités peu peuplées, des campagnes semi désertes, décimées par de terribles famines ou épidémies et, bien sûr, des rendements et donc des chiffres de production et des volumes d'échanges très modestes. Savant de haute qualité, maître d'une école qui eut un franc succès pendant quelques décennies, Ferdinand Lot s'est efforcé, auteur d'une magistrale étude sur l'art militaire et les armées au Moyen Âge, de démontrer que les Français et les Anglais n'avaient, à Poitiers comme à Azincourt, rassemblé pas plus de quelques centaines d'hommes. Il n'avait, pour appuyer ses thèses, aucun texte plus crédible que ceux déjà maintes et maintes fois cités mais appelait à prendre conscience de ce qui était, ou n'était pas, vraisemblable, possible, sensé. On en est arrivé à mesurer et à donner la superficie du champ de bataille (supposé bien sûr, en tout cas approximatif) pour démontrer que, même en serrant chevaliers et fantassins à en mourir d'étouffement, même en les imaginant piétiner les morts, on ne pouvait, sur ce terrain, que ranger au mieux un petit nombre de guerriers.

Quelques chiffres, enfin exhumés, semblaient aller en ce sens, notamment les registres des trésoriers responsables des soldes et cela faisait peu, parfois très peu, sur un compte, Mais on oubliait de considérer que les vassaux du prince, ou du chef, n'étaient pas tous rétribués, loin de là et que, de toutes façons, les versements se faisaient généralement avec de grands retards, échelonnés, reportés à d'autres moments. Chaque compte était forcément incomplet. De plus et surtout, chaque cavalier, ou plutôt chaque "lance" portée sur le compte, représentait en réalité quatre ou cinq hommes, écuyers, valets et aides de diverses sortes.

Ces thèses et modes minimalistes ont, pendant longtemps, conduit nombre d'auteurs à opter systématiquement pour les chiffres les plus bas et à ne voir dans nos cités d'Occident, dans les centres marchands ou dans les capitales politiques mêmes, que des villes sans grande importance, peu peuplées, assez misérables comparées à celles d'aujourd'hui. Dans les années 1950-1960, les revues spécialisées se sont faites l'écho d'une sévère polémique entre les historiens qui estimaient la population de Paris, au début du XIVe siècle, à quelque deux cent mille habitants et ceux qui criaient à l'invraisemblance et soutenaient que la ville ne pouvait en compter plus de quatre-vingt mille. Les uns et les autres se référaient pourtant à une seule et même source, l'*État des paroisses et des feux de 1328,* mais les tenants du petit chiffre faisaient valoir que les deux cent mille habitants donnaient, à l'hectare, une densité de population beaucoup trop élevée, inconcevable pour une époque où, disaient-ils, on ne construisait pas en hauteur. Cependant, ils calculaient la densité en prenant pour superficie celle incluse dans l'enceinte de Philippe Auguste alors que la ville s'était, depuis lors, considérablement étendue, de 440 hectares à environ 600 hectares[68].

Il est certain que la nature même des documents ne facilite pas les choses et peut, faute d'une sévère approche critique, conduire à d'importantes erreurs d'interprétation. Les véritables registres d'état civil ne se sont généralisés que peu à peu, après d'assez longs balbutiements et nous prenons bien conscience, aujourd'hui même, de la difficulté d'imposer un recensement complet des composantes de la population en certains milieux sociaux. En nos temps de grandes exactitudes et des valets informatiques, on ne peut réellement évaluer, d'une manière un peu précise, le nombre de personnes qui se refusent à remplir les formulaires, se méfient, pensent que le dénombrement sert à imposer davantage ou, tout simplement, estiment qu'il vaut mieux vivre quelque peu caché que de tout dire sur ses façons de vivre. Il en fut toujours ainsi et, tout particulièrement, en des temps où les curiosités, les enquêtes menées par l'État étaient généralement ressenties comme des atteintes à la liberté et à la propriété.

Pour les temps d'"ancien régime", disons plutôt d'avant les États "modernes" et tracassiers, les seuls registres qui nous restent sont, pour le plus grand nombre, de nature fiscale, par essence même les plus contestables, les moins sincères de tous ceux que l'administration ait jamais mis sur pied. L'historien économiste ou démographe se comporte, pourtant, en grand naïf. Il veut croire ce qui est écrit et finit par admettre que nul n'a échappé

[68] Ph. DOLLINGER, « Le chiffre de la population de Paris au XIVe siècle », *Revue Historique,* 1956. – R. CAZELLES, « La population de Paris avant la peste noire », *Comptes-rendus de l'Académie des Inscriptions et Belles Lettres,* 1966.

aux taxes et aux contributions. Il travaille comme s'il ignorait que, pour l'État et surtout pour un État centralisé, de plus en plus autoritaire, la fiscalité n'est pas seulement une nécessité financière pour faire face aux dépenses publiques mais aussi un moyen de peser sur la société et de conduire une certaine politique, en tout cas de frapper ceux que le pouvoir en place veut affaiblir ou abattre. Cet aspect politique des initiatives et des démarches fiscales n'est pas encore souvent étudié mais nous en savons assez pour comprendre ce qu'était, par exemple, le "cadastre" établi en 1427 pour recenser les biens et les fortunes de tous les habitants de Florence, de son *contado* et des territoires occupés. Ce remarquable document, quasi unique en son genre, indique clairement et donne la valeur des possessions de chaque chef de famille ; il dit aussi la composition de chaque foyer, noms et âges des adultes, des enfants, des domestiques et des esclaves. Mais peut-on oublier que ces enquêtes qui, sans nul doute, répondaient au souci de répartir l'impôt sur des bases solides, furent aussi un instrument de combat politique, conçu et fourbi de façon remarquable par les Médicis pour favoriser leurs clients ou leurs partisans et mener leurs ennemis, tels les Strozzi, à la ruine ? Ils y réussirent parfaitement, les contraignant à payer de plus en plus de taxes, jusqu'au moment où, ne pouvant ou ne voulant plus le faire, on les condamna à la confiscation de leurs biens et à l'exil. Pouvons-nous utiliser un tel document pour une étude des fortunes ou même des familles ?

Nous oublions aussi que la fuite devant l'impôt fut toujours très importante, plus sans doute autrefois que de nos jours (ce qui n'est certes pas peu dire...) et que la principale obsession des assujettis était, bien sûr, de refuser et de tricher. La première démarche serait, avant même de retranscrire puis d'utiliser les chiffres, de prendre en compte, évaluer, en tout cas ne pas méconnaître, la capacité de résistance des populations.

Ceci admis, il n'est pas toujours aisé de savoir exactement ce que l'on vient de découvrir. Le plus souvent, les responsables des comptes ne prenaient pas le soin de préciser l'assiette de l'impôt et les modalités de perception. Cela leur semblait inutile car chacun, à l'époque, savait à quoi s'en tenir. Mais, quelques siècles plus tard, l'historien, heureux de mettre la main sur ces renseignements chiffrés veut les croire directement exploitables, ne songe qu'à les faire entrer dans ses machines et dans ses disques au risque de confondre des résultats qui ne répondaient ni aux mêmes intentions ni aux mêmes façons de procéder.

Chaque levée de taxes provoquait la rédaction de deux registres : l'un portait les noms des assujettis, l'autre de ceux qui avaient effectivement payé. Et ces recensements différaient forcément l'un de l'autre, de beaucoup bien souvent, tant le refus de l'impôt, les recours et transactions pour transiger et obtenir des délais, parfois longs, notamment pour tout ce qui n'était pas dû au roi, étaient pratiques ordinaires. En témoignent d'autres cahiers, plus rares ou moins bien identifiés et donc méconnus, qui, eux, recensaient les *arrérages*, les paiements en retard. On rayait au fur et à mesure des versements ou l'on finissait par abandonner tout espoir et toute poursuite.

L'un des exercices les plus communs de l'historien démographe, l'ambition de tous en fait, est de définir et de chiffrer, généralement par des pourcentages, l'évolution de la population dans un district fiscal donné, village, seigneurie, quartier ou paroisse dans une cité. C'est manière d'apporter une pierre de plus à l'étude de la "conjoncture". Mais prendre un cahier pour un autre et confronter leurs chiffres conduit forcément à d'étranges conclusions, gravement fautives. Comme de constater une chute brutale du nombre des contribuables, si l'on compare, à quelques années d'intervalle et sans y prendre garde, le registre de perception avec celui de trésorerie. Ou, dans le sens contraire, une hausse, tout aussi remarquable, que l'on attribue à une poussée des naissances ou à une forte immigration, si l'on prend d'abord la liste des paiements et, en second lieu, celle des contribuables. Dans un cas, l'on parlera d'épidémies, de forte mortalité ou de fuites, de désertions ; dans l'autre cas, de renouveau démographique et d'arrivée de familles attirées par la bonne santé de ce terroir. Crises et reconstructions. Phases A et B. Cependant tout est faux.

Par ailleurs l'étude démographique se heurte à une autre difficulté qui, elle aussi, tient aux pratiques des temps révolus. Rares, voire exceptionnels, étaient les dénombrements qui prenaient en compte les individus, un par un, hommes, femmes, enfants, vieillards, proches parents. Pour les agents du fisc, c'était démarche et complications parfaitement superflues. Les percepteurs, receveurs et trésoriers, ne font pas état des "âmes" mais des unités de taxation. Ce sont soit les "feux", les personnes vivant ensemble, soit, plus rarement et seulement dans les villes, les "maisons", notamment pour une imposition foncière.

Évaluer le nombre des habitants à partir de celui des feux n'est pas du tout facile et peut même s'avérer complètement impossible ou, du moins, aléatoire. L'historien quelque peu averti sait bien qu'il n'est pas au bout de ses peines et qu'il doit se livrer à des conversions plus ou moins arbitraires alors que les scribes de l'époque ne lui donnent aucune sorte d'indication. L'erreur la plus commune est de vouloir trop simplifier, sans examiner soigneusement les structures sociales et familiales de l'époque et du lieu. Dans bien des cas, sinon même dans la plupart des cas, mieux vaudrait, faute de pouvoir cerner d'assez près la réalité, renoncer plutôt que de se hasarder en des calculs plus ou moins acrobatiques. Le pire étant, véritable aberration, de définir un "coefficient" (le feu étant égal à tant d'habitants) applicable en tous temps, à toutes les sociétés, toutes les circonstances. Cette démarche, pourtant prônée en un temps, soutenue par de bons auteurs, conduit à des résultats faux à tous coups et parfois à des erreurs monumentales.

Le coefficient ? Difficile de dire quand et comment l'un de nos maîtres, démographe dans l'abstrait, a osé proposer un chiffre et fini par l'imposer. Certains ont un peu chicané mais tous ont fini par se mettre à peu près d'accord sur une fourchette : le feu est l'équivalent de 3,4 à 4 habitants. La façon dont on est arrivé là demeure un mystère. On savait bien que les hommes de ces temps anciens avaient beaucoup d'enfants mais il en mourait un bon nombre en bas âge et les rescapés, croyait-on, ne vivaient pas très vieux. Cependant, à bien considérer le processus et le résultat, il semble que là, comme en bien d'autres occasions, l'on se soit laissé prendre au jeu qui consiste à projeter sur le passé, même lointain, les structures sociales et les comportements d'aujourd'hui.

Appliquer à tout propos ce coefficient que l'on disait "moyen" et que l'on voulait "standard" présentait certes, pour les statisticiens pressés, le grand avantage d'éviter une étude approfondie de chaque milieu. Ce ne sont pourtant qu'exercices parfaitement vains, simples divertissements de pseudo-mathématiciens égarés dans les Sciences humaines qui ne conduisent qu'à des erreurs, plus ou moins lourdes, dans l'un ou l'autre sens, impossibles à déterminer.

Et l'on avait, effectivement, tout faux. Le "feu" n'a jamais été, au cours des siècles, de même nature et de même poids démographique. Les noyaux familiaux pouvaient être, selon les régions et les milieux, de nature et d'épaisseur diverses, certains semblables sans doute à nos familles "nucléaires" d'aujourd'hui mais d'autres s'apparentant davantage à un clan, à groupe social bien plus important, rassemblant plusieurs chefs de familles portant tous le même nom. Une étude de Robert-Henri Bautier sur la population de Carpentras en l'an 1473, alors qu'il disposait à la fois des chiffres de feux et des chiffres d'habitants, montre que, selon les quartiers et de manière totalement inexplicable, la moyenne du fameux coefficient feu-habitants variait de moins de trois à près de huit ; certaines familles comptaient jusqu'à vingt-cinq personnes[69]. Un registre fiscal pour les bourgs de la Riviera Ligure di Levante, l'an 1561, qui, lui aussi, dénombre les feux et les âmes, montre que le coefficient va, d'un village à l'autre, de 2,6 à 9,7[70].

Trop de bons auteurs ont, autre démarche aventureuse, cherché à chiffrer la population en appliquant, en tous lieux et même en tous temps, le même coefficient au nombre de maisons relevé sur les registres des taxes foncières. Originaires et spécialistes pour la plupart de Paris et de l'Île-de-France, ils s'en tenaient tout naturellement à de petits chiffres : de quatre à six personnes, tout au plus, pour chaque maison. Mais ils n'ont, semble-t-il, jamais considéré que ces chiffres ne pouvaient en aucun cas convenir pour les formes d'habitat et les conditions de cohabitation des autres régions, tels les pays du Midi tant pour les palais des nobles que pour les immeubles bien plus modestes.

Tant d'études et de publications, parfois un peu hâtives, tant de colloques et de "tables rondes" ont été consacrés à ces recher-

---

[69] R.H. BAUTIER, « Feux, population et structures sociales au milieu du XIVe siècle : l'exemple de Carpentras », *Annales*, 1959.

[70] J. HEERS, « Les limites des méthodes statistiques pour les recherches de démographie médiévale », *Annales de démographie historique*, 1968.

ches de démographie que l'on en arrive, parfois, à se demander si ce ne fut pas pour suivre une mode quelque peu abusive. Plutôt que d'avouer tout bonnement que les textes manquent ou ne permettent que des approximations incertaines, sans réel intérêt que le plaisir d'aligner des chiffres, plutôt donc que d'abandonner purement et simplement ou ne donner que des ordres de grandeur, l'on insiste envers et contre tout. À bien considérer ces manipulations de chiffres glanés à grand peine et ces conversions usant de coefficients arbitraires, ne doit-on pas plutôt admettre que l'on s'adonne à un jeu gratuit qui consiste à faire de l'incertain avec de l'à-peu-près ou, si l'on est d'une autre "école", de l'à-peu-près avec de l'incertain ?

III

L'HISTOIRE, ARME DE PROPAGANDE.

L'ÉCOLE, LES HUSSARDS DE LA RÉPUBLIQUE

Jules Ferry à l'œuvre : tricher, intoxiquer

Toute propagande d'État commence par l'école. Elle doit former des citoyens et, pour bien remplir sa mission, prendre complètement les enfants en charge, les "formater" dirions-nous aujourd'hui, en faire des hommes mal à aise, honteux dès qu'ils auraient l'idée de penser par eux-mêmes et de remettre en cause quoi que ce soit. Cette école s'est définie laïque on ne voit pas vraiment pourquoi puisque, dès les premiers temps, elle devait servir et imposer une idéologie. Elle ne prenait, tout d'abord, les garçons et les filles que de six à douze ans, mais les accueille maintenant dès l'âge de deux ans et ne les lâche que le plus tard possible soit, selon la loi, à seulement seize ans ce qui, pour un bon nombre d'entre eux est déjà un non-sens mais, en réalité, très souvent à Bac plus trois, quatre ou cinq. Une école qui, depuis 1932, ne se réclame plus d'un service d'Instruction publique mais d'Éducation nationale. Les mots disent ce qu'il faut : on ne se contente pas d'instruire, d'apprendre à lire et à écrire, à savoir compter et s'exprimer, on "éduque". De l'éducation au dressage intellectuel quelle différence ? Et, pour éduquer, bien former et façonner les esprits et les comportements, l'Histoire fut, dès Jules Ferry, à la pointe du combat, arme d'assaut.

Les responsables des programmes, au lendemain des lois de 1880-1882, qui instituaient l'école obligatoire, laïque et gratuite, furent, au sens strict du mot, agents zélés de la propagande d'État[71]. Pour décider de la façon d'enseigner l'Histoire on ne fit pas appel à de vrais savants, pas même à des hommes de métier, honnêtes tâcherons, mais à des professionnels de l'endoctrinement choisis pour leur engagement idéologique et leur dévouement à la cause dite "républicaine". Ces rédacteurs d'instructions ministérielles, de manuels et de programmes n'avaient aucune qualité pour ce faire, aucune expérience pédagogique sur le terrain. Ils n'avaient pas fréquenté les bibliothèques ou les fonds d'archives et se contentaient, pour appuyer et illustrer un discours partisan, de recueillir ici et là et de rassembler d'édifiantes anecdotes, le plus souvent toutes sortes de sornettes dont la lecture, aujourd'hui, laisse plus que perplexe. Leurs directives venues de haut ne laissaient aucun doute : « faire de leurs élèves dès l'âge le plus tendre des hommes de progrès, de bons et sincères républicains »[72]. Progrès et République, tout était dit et chacun s'accordait sur les mots. Ces agents républicains savaient obéir. De telle sorte que cette école d'État qui, depuis lors et jusqu'à un temps dont nous nous souvenons encore, a instruit à merveille les enfants, leur a appris aussi à manier une belle langue, n'a, semble-t-il, jamais cessé d'enseigner l'Histoire de façon toujours malhonnête en trichant, déformant les faits, usant d'indignes roueries par choix de textes et d'illustrations trompeurs.

Les autorités, les acteurs eux-mêmes, maîtres d'école et maires socialistes des communes, ne faisaient nul mystère de leurs intentions de contrarier ou d'interdire la liberté de pensée. Le langage populaire le confirmait, en toute naïveté. Aujourd'hui, nous qualifions les établissements qui ne dépendent pas directement de l'État d'écoles "privées" ou "confessionnelles". Mais, pendant très longtemps, on ne prenait pas tant de précautions ou, plutôt, l'on n'avait pas encore appris à cacher le vrai et à bien choisir ses mots. À l'école dite laïque on opposait l'autre, appelée tout communément l'école "libre". On ne savait parler autrement. Les

---

[71] H. TERRAL, *Les savoirs du maître, enseigner de Guizot à Jules Ferry,* 1998. – *Les idéaux pédagogiques et l'institution scolaire,* 1999.

[72] J. GUIRAUD, *Histoire partiale, histoire vraie,* 1912. – J. DUMONT, *L'Église au risque de l'histoire,* rééd. 2002.

élèves de la laïque, pourtant formés à dessein, rassemblés chaque année dans le chef-lieu du département en des manifestations de masse sans doute peu différentes de celles des komsomols en URSS, ne disaient que du mal de l'autre école. Ils la brocardaient, lançaient des quolibets ou des insultes au passage des rangs mais, en toutes circonstances, n'usaient que de ce mot de "libre". Expression spontanée.

Périodes et siècles ; l'arbitraire confirmé

Faire de l'Histoire une arme de propagande en l'enseignant aux jeunes enfants n'est pas seulement exposer, présenter les faits les uns après les autres à la manière des conteurs qui ne vont pas au-delà de l'évocation plus ou moins imagée. Depuis toujours et, plus particulièrement, depuis Jules Ferry, ceux qui usent de leur autorité pour frapper les esprits par des images porteuses de "messages", proposent davantage qu'une suite de petites histoires ou de curieuses anecdotes qui, certes, peuvent soutenir l'intérêt, voire l'émerveillement des enfants mais que la plupart d'entre eux oublient dès l'heure terminée. L'art du pédagogue ne se limite évidemment pas à passionner son auditoire par des récits anodins qui laissent peu de traces et ne peuvent, en aucune façon, "éduquer", c'est-à-dire imposer des mécanismes de pensée.

Pour que l'élève se souvienne longtemps après, le maître d'école explique et donne un sens à tout ce qu'il dit, en tout cas tente d'établir un lien de continuité entre les événements. Pour être retenu, le discours doit schématiser, non pour faire plus clair mais pour rassembler les faits en vastes ensembles et imposer des généralités et des règles. Ce qui conduit à des à-peu-près et, très souvent, à des vues complètement erronées. On fait simple, aisé à prendre en mémoire, et l'on s'écarte de plus en plus de la réalité, elle infiniment complexe. C'est bien le but recherché : taire les diversités, ignorer les infinies variétés des conditions humaines, énoncer des postulats et, surtout, des jugements d'ensemble et des condamnations. Il faut tout enfermer sous des vocables porteurs de sens et, de même, plutôt que d'évoquer un passé en continuelle évolution, parler de périodes, d'"ères", et de ruptures. Ce qui permet de les opposer les unes aux autres.

Dans les années 1960, plus exactement au lendemain des grands élans philosophico intellectuels de 1968, certains ont voulu promouvoir une Histoire qui transcenderait les siècles. On devait étudier et enseigner de grands thèmes, montrer leurs caractères et leurs évolutions au cours des temps : la charrue à travers les âges, ou les marchands, ou les trafics maritimes ou encore la guerre, par exemple. Tout était possible. Les directives ministérielles et les programmes concoctés par les bureaux en ont tenu compte et, pour une ou deux classes du secondaire du moins, les manuels ont suivi, de bon ou de mauvais gré. Leurs auteurs présentaient alors d'ahurissants modèles de leçons aux discours quelque peu échevelés. Mais ce n'étaient qu'inventions de réformateurs exaltés pris par l'extraordinaire ambiance du moment qui, pour faire nouveau, ont fait n'importe quoi. On a vite oublié et plus personne n'y pense.

Il convenait de revenir à la chronologie et, par force, déterminer des époques et des périodes. Le bon sens même dictait sa loi : impossible d'évoquer le passé, de la plus haute antiquité au plus contemporain en une seule année. À chaque classe, sa période et, pour en dresser un tableau aussi complet que possible, tout étudier et tout présenter ensemble dans son contexte chronologique : la vie politique et les conflits, la société, les activités économiques, les arts et les lettres. C'était la sagesse même et ce qui permettait de ne pas trop inventer. Parler d'histoire "totale" est un grand mot mais, tout compte fait, cela revient à cela et l'on ne peut y échapper.

Ni échapper non plus à la nécessité de bien déterminer ces périodes et de leur fixer, de façon plus ou moins précise, des limites. De la mise en place d'un tel processus, nous ignorons à peu près tout. Il est vraisemblable que cela se soit fait peu à peu, pas à pas, de manière sans doute hésitante, non sans retours ni repentirs. Qui a décidé, quand et comment ? D'un seul enthousiasme ou fruit de pénibles tractations ? L'étonnant est que ces divisions chronologiques, à seul usage d'enseignement dans les premiers temps, furent, une fois définies, partout reconnues et adoptées telles quelles, sans nulle variante semble-t-il du primaire à l'université, dans tous les pays du monde occidental. On en est venu, tout naturellement, à leur donner des noms, à les concevoir nettement séparées, parfaitement distinctes les unes des autres.

Le moyen de faire autrement ? On n'en voit pas. Mais qui veut parler net doit bien convenir que la recherche et l'enseignement en ont beaucoup souffert. Ces quatre périodes, appelées Antiquité, Moyen Âge, Temps modernes, Temps contemporains, ne sont pourtant que des entités parfaitement artificielles, décidées dans l'arbitraire. Elles ne correspondent à rien et les contemporains n'en avaient bien évidemment aucune idée. Mais elles ont fini par acquérir, tant chez les élèves et les étudiants que chez les professeurs et le public plus large, une réelle existence. Ce ne sont plus seulement des abstractions. On leur attribue des caractères propres, une sorte d'individualité.

Qu'on le veuille ou non et même si l'on tente de s'en garder, ces quatre périodes pèsent lourd sur la façon de concevoir l'enseignement, sur la recherche et même sur les résultats. Le fait de fragmenter ainsi le passé en périodes qualifiées d'un mot, donc aussitôt qualifiées par des caractères propres, nous conduit inévitablement à parler aussi de ruptures qui n'ont jamais existé que dans l'esprit de ceux qui, complètement engagés dans cette façon de se représenter le cours des temps, ne peuvent plus prendre de recul.

À lire nos manuels et même quantité d'ouvrages ou d'articles de revues, les passages d'une période à l'autre sont pris au sérieux. Les auteurs et les maîtres en soulignent l'importance ; ils cherchent à les situer, à quelques années près. Certains, dans l'incertitude et, sans doute, prenant bien conscience de l'artifice du procédé, tentent de se tirer du mauvais pas en renonçant à la rupture. Ils parlent alors de « temps de transition ». Ce qui n'est que subterfuge sans intérêt et administre bien la preuve que le bon sens ne l'emporte pas toujours et que Jacques Bainville, affirmant, la raison et l'expérience pour lui, que « tous les temps sont des temps de transition » n'a pas fait école.

Les sous-périodes surajoutées, plus difficiles encore à définir et à caser en bonne place, ne font que compliquer les choses et conduisent à des solutions burlesques, proprement inacceptables. Entre Antiquité et Moyen Âge l'on a trouvé bon d'intercaler « Antiquité tardive » et « Haut Moyen Âge » mais il ne semble pas que ces deux nouvelles tranches aient vraiment convaincu.

Visiblement, les fins d'époques nous posent de nombreux problèmes. L'historien ne s'y engage pas volontiers. Dans les collèges et les lycées, le professeur ne les aborde que s'il reste du temps en fin d'année, en fin d'un programme qu'il n'arrive pas à traiter en entier. Dans l'enseignement supérieur, où les programmes et leurs limites ne sont pas encore fixés par le ministère, le passage demeure, le plus souvent, affaire d'appréciation, de bonne volonté de part et d'autre. Généralement, l'on s'entend bien, alors que, selon les règlements, rien n'y oblige. Les collègues timides et scrupuleux prennent soin, les uns de ne pas aller trop loin dans le temps pour ne pas mordre sur ceux qui viendront après eux, les autres de ne commencer qu'un peu au-delà de la ligne de démarcation.

Il semble que ce soit souvent le cas entre Moyen Âge et Moderne. Le règne de Louis XI appartient au Moyen Âge. Certains, bien sûr, demeurent indécis et lui voient un pied déjà dans la modernité, en somme assis entre deux chaises, position inconfortable qui l'aurait quelque peu handicapé, d'humeur assombrie ; cependant les "médiévistes" le gardent. Mais qui veut se charger de Charles VIII et de Louis XII ? Il semble qu'ils furent et demeurent encore trop négligés, pour l'enseignement et même pour la recherche. Ce sont pourtant trente années de l'histoire de France aussi riches en événements que d'autres, et dix ans de plus que le règne de Louis XI mais qui se donne la peine de recenser les publications, voit aussitôt de grandes inégalités entre ces règnes, tant pour les ouvrages savants, les thèses et les articles scientifiques que pour les livres de grande vulgarisation et, plus encore, pour les romans historiques. Visiblement le temps de ces deux rois ne retient pas autant l'attention. Est-ce négligence ou hésitation pour aborder l'histoire des « temps de transition » ?

La "Renaissance", période dont aucun manuel ne se risque à indiquer les dates limites ne serait-ce qu'à beaucoup près, va pour les programmes, cela semble évident et inévitable, avec la Modernité. Mais cette notion, elle aussi toute artificielle, de Renaissance ne concerne encore (et c'est le moindre mal !) que ce que nous appelons aujourd'hui, en parler pédant, la "culture". Ce qui conduit à de curieuses aberrations pédagogiques. Ce que, dans le domaine des arts et des lettres, l'on qualifie de nouveau ou de renaissant est enseigné par le professeur d'Histoire moderne dès qu'il s'agit de l'Italie car on n'est renaissant qu'au-delà des Alpes. De ce fait, les "modernistes" commencent très tôt : dès les premières années du XIVe siècle s'ils s'en tiennent à Dante, plus tôt encore s'ils prennent l'aîné des maîtres sculpteurs de Pise. Pour tout le reste, hors de l'Italie et notamment pour la France, les arts et lettres des XIVe et XVe siècles sont étudiés et enseignés par les médiévistes. Le résultat est que l'on ne peut pas montrer les liens entre les deux pays. On étudie les poètes et les artistes français avant de parler de ceux qui, à Rome, Naples ou Florence, ont, croit-on, été leurs modèles ou, du moins, ont exercé une certaine influence sur leurs choix et leurs manières. Ou, si l'on veut simplifier et donner une meilleure idée de ces extravagances, l'étudiant entend parler des élèves avant de connaître les maîtres.

Dans un autre domaine, les *Cent nouvelles nouvelles*, recueil de contes composé à la cour de Bourgogne en 1458-1460, appartiennent au Moyen Âge et à la littérature de ce temps. Cependant, on ne peut en parler sans dire que les auteurs, à savoir plusieurs chevaliers bourguignons, le duc de Charolais (le futur Charles le Téméraire) et le dauphin Louis, futur Louis XI, se sont directement inspirés du *Decameron* de Boccace traduit en 1414, à la demande de Jean de Berry de l'italien en latin puis du latin en français. Ils en ont même repris quelque scènes, mises simplement au goût du jour. Mais le *Decameron*, écrit un siècle plus tôt, ne sera étudié qu'avec la Renaissance, c'est-à-dire avec les Temps Modernes, dans le cadre d'un autre cours, le plus souvent quelque temps plus tard.

Imposée par les contraintes de la pédagogie, la division en grandes périodes était inévitable. Telle qu'elle a été adoptée et que nous la pratiquons encore aujourd'hui, elle n'est certainement pas plus mauvaise que d'autres. En imaginer de différentes, ramener les tranches chronologiques à deux ou à trois, les porter au contraire à cinq ou six, trouver d'autres noms et modifier peu ou prou les dates ne changerait rien. Si tout le monde ne se mettait pas d'accord, chacun voulant pratiquer selon son gré, ce serait provoquer un invraisemblable désordre.

Mais, alors que les nécessités de l'enseignement ne nous y obligeaient nullement, nous avons aussi pris l'habitude de parler de siècles. C'est une commodité que rien ne justifie. L'Histoire n'a de sens que si chaque événement, chaque destin d'un personnage, chaque pratique politique ou sociale sont précisément datés, exactement situés dans leur contexte. Compter de cent en cent ne répond absolument à rien et diviser le passé en siècles conduit là aussi à leur attribuer, le voulant ou non, une sorte de personnalité.

Nous avons adopté ce mot de siècle dans nos cours, ce qui peut passer pour une facilité de discours, et parfois même pour les titres de nos livres. Nous l'avons fait par une sorte de conformisme sans y attacher vraiment d'importance. Mais certains auteurs le prennent au sérieux et il est devenu tout à fait courant de lire que tel ou tel homme politique, écrivain ou artiste, est bien de tel ou tel siècle. Pour louer ses choix et décisions, on le félicite d'avoir été "en avance sur son siècle". On ne donne, bien sûr, aucune explication sur ce que peut signifier "être en avance". Certains sont allés plus loin, tel celui qui écrivit « ce stupide dix-neuvième siècle ». Mieux encore cette affirmation : « le vingt et unième siècle sera religieux ou ne sera pas », attribuée à André Malraux. De ce que pouvait être un siècle "religieux", nul ne le savait. Et encore moins ce que serait un siècle qui ne serait pas. Nous ne sommes pas à la veille d'être guéris d'une telle manie à donner un semblant de réalité, une personnalité même à des abstractions que nous fabriquons nous-mêmes : il suffit, pour s'en convaincre, de penser aux déferlements de plumes et de discours qui annoncèrent l'an deux mille et à cette du nuit du 31 décembre que chacun devait ressentir comme un passage initiatique. Et, tout récemment, le journal rapportait les propos et les inquiétudes d'une dame philosophe, « chercheur au CERI » (?), membre de l'Institut International d'Études Stratégiques de Londres, qui affirmait que « le XXe siècle pèse encore sur nous ».

Nombreux sont ceux qui prennent conscience du caractère profondément artificiel et arbitraire de ces façons. C'est trop simplifier, réduire et déformer. Les dates, de cent en cent, n'ont aucune sorte de signification et nous savons que ce qui vaut, par exemple, pour les années 20 ou 30 n'est plus de mise pour celles de 70 ou 80. Mais, là aussi, proposer d'autres coupures, d'autres façons de fabriquer d'autres tranches du passé et de leur attribuer d'autres vocables, serait tout aussi mauvais. Le seul remède est donc de mieux situer, d'indiquer le plus souvent possible la date exacte ou, sinon, d'user de formules qui donnent malgré tout une meilleure idée : dire ou écrire par exemple « dans les dernières décennies du... » ou « dans les années 1620-1640 » ou « dans les années 40 ou 50 ».

De fait, l'important n'est pas seulement d'indiquer une date précise mais, tout autant, de ne pas, par une manière tout arbitraire de parler, donner une personnalité, une "couleur" particulière, un caractère à des entités chronologiques qui, fabriquées de toutes pièces dans l'artifice et maintenues dans le conformisme, n'ont jamais été ressenties par les contemporains. On ne peut qualifier de quelque manière que ce soit ce qui n'a jamais existé. C'est pourtant ce que l'école s'impose et transmet à tout un chacun.

Règles et exceptions ; refuser la diversité

Le maître veut aussi que ses élèves se souviennent de ce qu'il leur dit et, pour cela, il faut qu'ils quittent la classe avec, en tête, quelques idées peu nombreuses mais claires, ne serait-ce que sous la forme de formules toutes simples, certaines mêmes très lapidaires, susceptibles de frapper davantage. On ne peut espérer faire retenir ce qui ne se résume pas en quelques mots. D'où les règles, les catégories, les généralisations abusives, autant d'artifices, de ficelles qui, depuis longtemps déjà ont bien servi, à la satisfaction des pédagogues, mais ne sont jamais, tout bien examiné, que des pratiques de désinformation. Certains diraient même d'endoctrinement. Ce qui est donné à garder en mémoire n'a généralement plus beaucoup à voir avec ce que la recherche historique pourrait proposer.

Pour enseigner, il n'est pas possible de s'attarder sur la diversité des conditions humaines, ni même de l'évoquer. Il ne faut proposer que des mots et des notions qui nient les différences, les degrés et les nuances. Des mots choisis pour occulter de solides et sévères oppositions à la règle ainsi énoncée. On n'envisage pas d'étudier en classe des institutions, des rapports sociaux, des pratiques et des règlements en nombre infini et, de bon ou de mauvais gré, l'on en vient à rassembler sous un seul mot des situations qui sont souvent très diverses. Les rois de France et leurs conseillers ont inventé et usé du mot d'"états". Ils n'en voulaient trouver que trois, le troisième pas même défini, informe et complexe. On lit parfois, dans les manuels mêmes, qu'il existait un "bas" et un "haut" clergé, ce qui témoigne certes d'un bel effort, mais qui, à l'école primaire, prendrait le soin de longuement expliquer que les "nobles" ne représentaient absolument pas un corps social ? De même pour le "Tiers". Pourtant, l'on écrit toujours et l'on oppose noblesse et Tiers état, sans chercher où sont les ruptures et les échanges. L'une des caricatures souvent représentées dans nos livres de classe montrait le Tiers état sous la forme d'un homme âgé, tout triste et tout ridé, ployant sous le poids d'un noble et d'un évêque, juchés hilares sur ses épaules. Mais l'homme d'art qui avait reçu la commande ne pouvait ignorer qu'en ce temps-là, les marchands, les hommes de métier (bouchers surtout) et les hommes de loi tous habitants des villes et tous du Tiers état, possédaient une part importante des terres et des seigneuries. Ils se faisaient payer taxes et redevances tout comme les autres.

Nous voulons des notions claires, définitives, qui ne souffrent aucune contradiction ni même nuance et nous enfermons tout en des mots dont le sens, bien évidemment, nous échappe. Le refus de considérer ce qui peut être différent, donc proprement humain, paraît tellement ordinaire, si bien accepté, que l'on finit par oublier tout ce qui irait contre. C'est, par un sévère appauvrissement, imposer des clichés totalement faux, contraires à ce que les historiens ont pourtant montré depuis longtemps sous des traits infiniment plus fins.

Les mots, aussitôt admis, échappent à tout contrôle, font des petits, s'accommodent de plusieurs façons. Féodalité a donné "féodalisme" qui ne veut strictement rien dire et nos livres ou journaux, de tous genres et de tous niveaux, parlent communément de "société féodale" ou d'"économie féodale" alors que la féodalité est seulement un système politique qui définit les relations de pouvoir et d'autorité, système qui n'a rien à voir ni avec la seigneurie ni avec les structures sociales. Sur ce plan politique même, l'on a généralisé à l'extrême. Comme très souvent en France, les premières études ont porté sur l'Île-de-France et sur les pays environnants. On y trouve un type de féodalité relativement pur et dur où les liens vassaliques l'emportaient sur tous les autres. L'enseignement n'a retenu que cette image et l'a appliquée à tout l'Occident, du moins à tout le royaume de France. Cette féodalité "classique" n'existait que dans un espace relativement limité mais les livres n'en connaissaient pas d'autres. Ils ne disaient rien des pays du Midi français et nous pouvons imaginer la perplexité d'un professeur de Toulouse ou d'Avignon, où les manuels sont les mêmes qu'à Paris, et qui voudrait illustrer ses cours par des textes de l'époque, particuliers à la région.

Il faut aussi présenter des “types sociaux”, des “modèles”, catégories ou classes. Nous ne supportons pas la diversité et, là encore, refusons d'étudier l'homme qui serait toujours différent. Un auteur qui s'applique à décrire et analyser des structures sociales, en présentant un bon nombre d'exemples sans pouvoir, et pour cause, dresser un tableau d'ensemble, se voit reprocher de se perdre dans le détail. On lui fait dire que, à le lire, « l'arbre cache la forêt ». Peut-être… Mais si, précisément, il n'y a pas de forêt, hors une sorte d'abstraction, fruit de l'esprit ?

On ne sait qui le premier a écrit que « l'exception confirme la règle » et c'est bien dommage car l'on pourrait peut-être comprendre le pourquoi d'une telle sottise. Cela se dit pourtant à tous moments, dans le langage courant à la manière d'une dérobade mais aussi entre chercheurs et historiens. C'est alors pour rejeter d'un seul geste ce qui peut gêner et contredire. On attend de voir ce que le maître trouverait à répondre si les exceptions devenaient plus nombreuses que le conforme. La “règle” n'est-elle pas, tout communément, une hypothèse définie à un certain stade de la recherche et de la réflexion, au vu d'exemples allant tous dans le même sens ? Combien ? Tout dépend de la volonté de convaincre et, pour quelques-uns, de faire parler de soi. Ne peut-on penser que certains aient préféré édicter la règle avant même d'avoir commencé leurs recherches ?

Il serait sans doute difficile d'enseigner sans sacrifier à ces simplifications. Mais il reste que ce qu'apprend l'enfant, ce qu'il garde en mémoire comme une certitude tout au long de sa vie, n'est pas le vrai discours de l'historien mais un discours revu et corrigé, esquissé à traits grossiers.

Juger et condamner ; les héros et les traîtres

L'Histoire n'est plus libre, ni plus ni sincère ni crédible dès qu'elle se permet de juger. Dire le bon et le mauvais, le bien et le mal, dénoncer les affreux et les incapables fut pourtant, pendant très longtemps le principal souci de nombre d'historiens, tout particulièrement les auteurs des manuels scolaires. Certains n'en sont pas encore tout à fait guéris et reprennent à leur compte les qualificatifs dont d'autres avant eux avaient cru bon d'affubler les rois de France : le *gros*, le *sage*, le *hutin*, le *bel*... L'élève a appris à en user ainsi et le public, lecteur de romans ou de magazines de large diffusion, s'attend à retrouver les mêmes mots porteurs d'un jugement ou, tout au moins, d'une certaine appréciation. Nous entendons encore, lors des débats à la radio, les intervenants se demander si tel ou tel fut vraiment ou un grand roi ou simplement un bon roi, et tel autre participant s'inquiéter de savoir si l'on pouvait dire que Bonaparte était de droite ou de gauche, ou les deux ensemble. Cela se retrouve en toutes sortes de formules à l'emporte-pièce. On nous parle des rois « qui ont fait la France » pour, sans doute, les opposer à ceux qui n'ont rien fait du tout.

Bons et mauvais, grands et misérables ? De quel droit, puisque nous n'en savons vraiment rien. Ces façons de juger comportent une bonne part d'arbitraire, au gré d'un censeur improvisé et cette manie de dire qui a bien fait et qui s'est montré pernicieux ou malveillant tient ou du règlement de comptes ou d'une déconcertante naïveté, celle des enfants en bas âge qui crient aux méchants. De bons auteurs, par ailleurs très attentifs à reconstruire le cours des événements et à analyser les conséquences, ne peuvent s'interdire d'assortir leurs récits des fins de règnes d'une sorte de nécrologie, en quelque sorte de bilan, satisfecit ou note désobligeante, pour dire ce que fut ce souverain, efficace, digne ou médiocre, utile ou nuisible ; plus quelques questions elles aussi inévitables : avait-il tort ? Pouvait-il faire mieux ? Qu'aurait fait le bon politique à sa place ? Ce politique de qualité étant, l'on s'en doute, incarné par l'auteur lui-même qui, connaissant bien ce que fut par la suite le cours des choses, ne risque pas de se tromper.

L'école républicaine n'a cessé de promouvoir le culte des héros à la manière antique, de chanter leurs exploits et de forger de belles légendes. L'élan fut donné bien avant Jules Ferry par les maîtres à penser de la Révolution, par leurs poètes et leurs artistes à solde, plus encore par les metteurs en scène des grands spectacles, fêtes citoyennes et triomphes révolutionnaires qui, pour prôner les vertus civiques, allaient chercher de merveilleux exemples chez les Romains. On n'a certes pas refait toute l'histoire antique et l'on peut même dire que l'on s'en écartait sans trop de scrupules pour préférer les légendes à l'histoire bien établie, mais l'on savait en tirer de brillantes images d'hommes capables de se surpasser, de tout risquer et de tout perdre pour rester fidèle à la nation. On exhuma les Gracques, hommes de la plèbe, morts pour avoir tenté d'imposer la réforme agraire et rêvé de démocratie. On citait aussi Coriolan, l'exilé victime des ploutocrates, convaincu par Veturia, sa matrone de mère, et par sa douce épouse Volumnia, de ne pas ourdir un complot pour se venger de l'ingratitude des Romains. Et l'on célébrait Caton d'Utique qui se donna la mort plutôt que de survivre à la République et son neveu Brutus, l'un des assassins de César, que les révolutionnaires, emportés d'un beau zèle patriotique, confondaient parfois, malmenant durement l'histoire, avec le Brutus de la légende qui, pour venger sa sœur Lucrèce outragée, souleva le peuple et renversa la monarchie. C'était à quatre cents ans près.

La république était dans les âmes et dans les cœurs mais l'on ne parlait pas volontiers de démocratie ; on s'en gardait même et l'on prit soin de ne pas consulter le peuple par un suffrage universel. Quelques philosophes mis à part, les Grecs n'étaient pas souvent cités en exemple. Tout allait aux Romains. David avait, certes, peint *La mort de Socrate*, mais il dut ses premiers grands succès et devint peintre quasi officiel grâce au *Serment des Horaces* et aux *Licteurs portant à Brutus les corps de ses fils.*

La France, qui apportait justice et paix au son du canon, fit chanter les hauts faits de ses fils héroïques qui, comme les Romains des grandes époques, avaient donné leur vie pour elle. Pour rallier ceux qui n'avaient pas tout oublié et tout abandonné du passé monarchique, on emprunta à Voltaire et à son *Récit du règne de Louis XV*, le chevalier d'Assas, capitaine du régiment d'Auvergne, qui, en 1760, surpris et encerclé, donna l'alerte et fut tué sur le coup. Mais pourquoi Assas parmi tant d'autres ? Ce n'était peut-être pas le meilleur choix. Noble et officier de carrière, son destin était, à tout prendre, de se faire tuer, recruté pour servir. Cela ne faisait ni "peuple" ni "nation". On trouva deux jeunes héros, roturiers et patriotes irréprochables. Joseph Bara originaire de Palaiseau, engagé volontaire dans les armées de la République, tambour de la troupe, mourut en héros lorsque, tombé dans une embuscade près de Cholet, il refusa de crier « Vive Louis XVII ». Joseph Agricol Viala est né à Avignon ; les uns le disent engagé dans la garde nationale, mort en combattant les royalistes sur le front de la Durance, alors que d'autres le montrent atteint d'une balle perdue alors qu'il tentait de trancher à la hache les cordes qui retenaient un ponton des insurgés de Marseille. Ils avaient l'un et l'autre quatorze ans et furent, bien avant ceux des États d'aujourd'hui livrés à la terreur, de l'Iran à la Sierra Leone, les tout premiers enfants soldats morts sous les armes. La République ne pouvait les oublier, tombés, non sous le feu des tyrans de l'étranger qui venaient « égorger les femmes et les enfants », mais sous les piques et les fourches des « traîtres » révoltés contre la tyrannie des Jacobins. David fit le portrait du *Jeune Bara* et Marie-Joseph Chénier, frère d'André, loua son sacrifice dans le *Chant du départ*, musique de Méhul, composé en 1794 pour le cinquième anniversaire de la prise de la Bastille. De ce long poème, d'une affligeante niaiserie, on fit tirer dix-huit mille exemplaires, distribués aux soldats des quatorze armées de la République.

Les maîtres d'école de Jules Ferry n'ont rien perdu de cet héritage révolutionnaire mais l'ont enrichi de façon considérable[73]. Ils n'ont pas trop insisté sur l'assassinat de Marat que David avait pourtant immortalisé et sont allés chercher d'autres gloires, très loin dans le passé. Le seul souci était de ne proposer que de beaux destins, suffisamment édifiants, ceux d'hommes et de femmes (à vrai dire, pas vraiment car on avait plutôt tendance à les oublier) animés d'un grand idéal et capables d'un beau geste théâtral. Le résultat demeure malgré tout assez hétéroclite. Le corpus des bons citoyens fait remonter jusqu'aux temps bénis d'une Gaule farouchement indépendante, temps des ancêtres que l'on disait vêtus de peaux de bêtes mais courageux, grands guerriers, acclamant au soir des combats leurs chefs des tribus portés haut sur les pavois. Un âge d'or au pays chevelu. Astérix avant René Goscin-

[73] Chr. AMALVI, *De l'art et la manière d'accommoder les héros de l'Histoire de France, essais de mythologie nationale,* 1988. – *Les héros de l'Histoire de France, de Vercingétorix à la Révolution,* 2001.

ny et Albert Uderzo. On ne sait qui a découvert Vercingétorix parmi tant de chefs de bandes plus ou moins obscurs ou légendaires, ou créatures d'annalistes romains à la peine pour débrouiller l'écheveau, mais on en fit un champion de la résistance à l'envahisseur, combattant jusqu'au sacrifice pour la liberté. Personne ne peut dire encore à coup sûr où se trouve Alésia mais Vercingétorix est de toutes nos leçons d'Histoire.

Pour l'Ancien Régime, l'école républicaine lancée sur les rails dans les dernières décennies du XIXe siècle, n'est pas vraiment allée jusqu'à l'ostracisme quelque peu ridicule, abusif pour le moins, des révolutionnaires. Ce fut plus subtil et nuancé, d'apparence plus honnête. Du temps des rois, pourtant sévèrement condamné de leçon en leçon sous le nom vite exécré d'Ancien Régime, ils ont retenu quelques figures de bon aloi, hommes vertueux cités en exemples. Les hussards noirs de Jules Ferry acceptent tout ce que Joinville avait écrit pour le procès de canonisation de Louis IX. Les manuels pour l'école laïque reprennent toutes les images de cette vie de saint, images naïves à la façon du pire Saint-Sulpice : la justice sous le chêne de Vincennes, les aumônes, le lavement des pieds. Du roi chevalier, hardi guerrier, politique à poigne, on fit une sorte d'ami des humbles, de bigot social.

Les auteurs engagés dans un combat républicain et anticlérical chantaient les mérites des bons rois qui, contre les princes ou les grands barons, avaient, usant de toute la force de l'État, préparé l'avènement d'une ère de justice. On trouvait, dans chacun des manuels, une leçon sur Louis VI le gros, qui ne pouvait monter sur son cheval tout seul mais eut tout de même raison de l'affreux sire de Coucy et de tous les seigneurs brigands. On a fait plus que tolérer Louis XI qui, bien que "médiéval" pour une triste partie de lui-même, « par les idées que lui avait imprimées son éducation et notamment pour ses idées religieuses »[74], s'était toujours comporté en bon bourgeois, vêtu de petites étoffes et de sombres couleurs, jamais plus à l'aise qu'en compagnie de ses compères, bons marchands de Tours. Mais, là, tout est faux, tout va à l'encontre des textes. Les rédacteurs des livres d'histoire trichent

---

[74] E. LAVISSE, *Histoire de France illustrée,* T. IV, 1938, pp. 330 et 338.

honteusement lorsqu'ils présentent ce roi bon bourgeois, toujours vêtu de noir et d'étoffes communes. Plutôt que de s'en tenir aux registres comptables, aux deux gros volumes des ordonnances du roi et aux quelque deux mille lettres dictées à ses secrétaires, ils ont retenu les images romantiques de Walter Scott qui, échappé des brumes des hautes terres du Nord, s'était, à la suite de la garde royale écossaise, aventuré jusque sur le Val de Loire. Le moindre regard aux comptes de l'hôtel royal fait connaître un nombre considérable d'achats de robes de soie, rouges, pourpres et roses. Mais ceux qui ont inspiré les premiers manuels et pris en charge l'enseignement de l'Histoire n'avaient aucune idée de ce que pouvaient être des documents. Cette légende du roi bourgeois, présenté ainsi en modèle politique acceptable pour de jeunes républicains, n'est rien d'autre que le fruit de la propagande scolaire. Et les auteurs d'aujourd'hui ne cherchent pas à en savoir davantage. Certains même renchérissent.

François Ier devint aussi l'une des vedettes des livres de contes et des albums d'images à l'usage des jeunes citoyens. On en fit un mécène éclairé, humaniste, ami et protecteur des belles lettres et des beaux arts, qui, tournant le dos au Moyen Âge, incarnait superbement la Renaissance française triomphante. Qui veut suivre les méandres de la cuisine pédagogique voit clairement que ce fut l'une des principales raisons du mépris où l'on tenait ses prédécesseurs. Louis XI, qui fit acheter en Italie de nombreux manuscrits latins et grecs, qui augmenta de façon considérable les fonds de la Bibliothèque royale de Charles V, qui accueillait à sa cour plusieurs philosophes et poètes grecs de Constantinople ne fut jamais montré humaniste. Au moment où l'on voulait bâtir les réputations des rois de la Renaissance, on devait leur opposer « un roi brutal, d'esprit grossier, ennemi des lettres ». Les auteurs à gages de l'époque ont lancé la manœuvre et nos pédagogues ignares ont « monté ce complot contre la mémoire de Louis XI pour la création du mythe de Louis XII et de François Ier »[75]. Celui-ci, prince de la Renaissance, est aussi le roi chevalier, revenu couvert de gloire d'Italie, vainqueur à Marignan, conquérant du

[75] A. STEGMAN, « Le Rosier des guerres. Testament politique de Louis XI », *La France de la fin du XVe siècle. Renouveau et apogée*, 1985, pp. 313-323.

Milanais que les Français tentaient de prendre depuis un siècle. Mais, de la bataille de Marignan, les 13 et 14 septembre 1515, l'Histoire ne retient pas grand-chose, pour la simple raison que les auteurs commandés par le roi ont forgé une telle légende et que les hommes au pouvoir, maîtres de la rumeur et du faire savoir, ont si bien œuvré, redoutables d'efficacité, que la fable, le montage au service de la propagande royale, se sont imposés de merveilleuse façon, rendant toute autre version parfaitement inutile. Les premiers historiens ont tout recopié et les autres, aux XVIIe et XVIIIe siècles, ont préféré tout oublier ou reprendre le déjà dit.

Que la bataille ait fait rage à Marignan pendant deux jours ou presque, laissant des milliers de morts sur le terrain, que les Français aient occupé Milan, que Bayard ait existé, peut-être « sans peur et sans reproche », et que François Ier soit revenu, acclamé vainqueur, tout cela ne fait pas de doute. Mais il n'a pas été armé chevalier. Cela ne pouvait être. Il y avait bien deux cents ans que l'on ne parlait plus de chevalerie et l'adoubement était complètement passé de mode. L'affaire fut donc montée de fond en comble et l'on n'a certes pas lésiné. Poètes, chansonniers, conteurs, graveurs et peintres aussitôt rameutés se mirent au travail. D'une foule de dessins et de ballades lancés sur le marché et dans les rues, nous ne gardons aujourd'hui que des débris qui n'en donnent certainement qu'une bien piètre idée, mais nous savons que quelques grands talents n'ont pas su ou pas pu résister. Clément Janequin composa *La guerre ou la bataille de Marignan* et Roland de Lassus (1532-1594) un « chant français » à quatre voix intitulé aussi *La bataille de Marignan*. C'étaient des œuvres de pure propagande, de quasi-dévotion. À les entendre, tout le mérite de la victoire revenait au roi, à sa noblesse, à la *furia francese*. Les Suisses, traités de croquants sans panache, étaient ridiculisés et l'on se gardait de faire la moindre allusion aux Vénitiens, alors alliés des Français, dont il semble bien que l'intervention fut décisive aux derniers moments[76].

---

[76] F. LESTRINGANT, « Le mythe de François Ier de Clément Marot à André Thévenet », *Humanism and Letters in the Middle Ages*, Cambridge, 1996, pp.55-72. – D. LE FUR, *Marignan, 13-14 septembre 1515*, 2003.

Louis XI accepté, François Ier encensé... L'école a d'abord repris, enjolivée par quelques images plus sombres, la "légende noire" de Louis XI inventée peu après sa mort. Elle y a joint celle d'un roi bourgeois, plus en harmonie avec l'idéal politique que les maîtres devaient faire partager à leurs élèves. Pour François Ier, elle a adopté en bloc, sans y rien changer, les flots d'éloges et les fausses références à la chevalerie d'un autre âge qu'une équipe d'auteurs à solde, courtisans et valets du roi, avait fabriqués.

Qu'après quelque deux cents ans d'oubli, il ait été de bon ton de chanter à nouveau les vertus de François Ier, prince des lettres et des arts, que les manuels de l'école républicaine l'aient complaisamment mis en scène pour illustrer les leçons sur la Renaissance ne peut surprendre. Dans les années 1880, ce mot de Renaissance, inventé un demi siècle plus tôt, faisait fureur. La cote des grands peintres espagnols, chers à Théophile Gautier et à Mérimée, avait bien pâli. On ne jurait que par l'Italie de Stendhal et Léonard de Vinci faisait recette. Mais que les Républicains aient de si bon cœur adopté la légende du héros de Marignan, forgée par les plus lamentables courtisans d'un monarque, cela laisse perplexe. Ce montage du roi chevalier et conquérant, forgé sans vergogne par de serviles propagandistes n'avait pourtant d'autre raison d'être que de magnifier la dignité royale et de renforcer le pouvoir du roi. Les hommes de Jules Ferry ne pouvaient ignorer que Napoléon l'avait remis à l'honneur, reprenant tout à son compte. Marignan et le pont d'Arcole : même combat, même gloire. En 1817, deux avant seulement après la chute, le peintre Louis Ducis, qui avait vécu les grands moments et partagé le triomphe du maître, immortalisa une fois de plus l'adoubement par une toile d'un pompiérisme à faire pleurer : décors grandiloquents, costumes et attirails que l'on croirait dessinés pour un opéra bouffe, immense pavillon coiffé d'un grand dais et tentures de soieries ; le roi, un seul genou à terre et tout le corps dressé, arrogant, visiblement content de lui et Bayard, immense coiffure à lourd panache en tête, brandissant l'épée comme à la parade.

Pourtant, la propagande scolaire fit chorus et s'inscrivit dans la droite ligne de la monarchique. Ces pédagogues bourgeois ne prirent pas le parti des guerriers helvètes, citoyens de républiques exemplaires, face à la cavalerie des nobles détestés. Ils ont choisi et ont préféré taire leurs convictions, ignorer la mort de milliers de braves hommes du peuple de ces communautés libres, affranchies depuis longtemps de toutes servitudes, pour célébrer à grand éclat ce jour de Marignan qui, croyaient-ils de bonne foi, fut l'un des plus chargés de gloire du passé national. De même pour Iéna, Austerlitz et toutes les autres journées de gloire impériale. On avait fait un héros de François Ier, vainqueur incertain à Marignan, prisonnier honteux à Pavie, allié des Turcs contre les Chrétiens. On en fit un autre de Napoléon malgré la retraite de Russie, les revers des campagnes d'Allemagne et de France, et le pays saigné à blanc. Mais Bonaparte, fils de la Révolution, avait donné la liberté aux peuples d'au-delà du Rhin et des Alpes et mené ses hardis patriotes faire la guerre aux tyrans, monarques héréditaires qui, eux, n'avaient rien renié d'un passé d'Ancien Régime et, très certainement, ne songeaient qu'à opprimer les pauvres gens.

En fait, l'école savait prendre le meilleur et ne se pliait pas toujours aux idéologies. Elle ne manquait jamais de célébrer la nation, une et indivisible, et de soutenir l'impérieuse nécessité des frontières naturelles, mais chantait malgré tout les vertus d'Henri IV, l'homme d'un Édit de Nantes qui préparait une manière de démembrement du royaume. On fit un modèle de ce prince qui passa allègrement d'une confession à l'autre et, tout aussitôt, se parjura pour ne s'entourer que de ses partisans.

L'histoire officielle n'a cessé de créer des mythes et des héros. Il n'était pas toujours très payant d'évoquer l'événement en quelques mots, et plus ingrat encore, parfaitement inutile de nuancer, de peser le pour et le contre, de rendre à chacun son dû. Il fallait trancher brut, pour émouvoir. En ce sens quelques entreprises de mise en forme républicaine, à substrat plus ou moins historique, se sont haussées, bien que de piètre qualité, jusqu'à l'hagiographie. La victoire de Bouvines du roi Philippe Auguste sur l'empereur et sur le comte de Flandre en 1214, n'avait pas vraiment, pendant longtemps, inspiré les chroniqueurs et les historiographes à la solde des rois. On l'avait presque oubliée lorsque Guizot en fit, dans les années 1850, un haut fait d'armes, éclipsant complètement une autre victoire, celle remportée par le fils de Philippe Auguste contre les Anglais à La Roche-aux-Moines, victoire infiniment plus décisive, plus lourde d'immédiats effets. Michelet ne se laissait pas abuser et s'empressa de dénoncer une entreprise de propagande qui, d'un simple épisode sans rien de remarquable, faisait un triomphe pour servir à la seule gloire du roi Philippe. Le Second Empire déchu, les Républicains ne pouvaient s'en accommoder. Il fallait rectifier et clamer bien haut les mérites des bourgeois. Augustin Thierry donna le ton, en parlant d'une charge des sergents à cheval du pays de Soissons, « où les bourgeois des communes se portèrent au premier rang ». Dès lors, Bouvines prit figure de symbole ; les discours académiques, diverses cérémonies commémoratives et les manuels scolaires se sont nourris de fortes images. Les bourgeois avaient sauvé le pays de l'invasion, arraché le roi à la mort, précipité la chute d'un prince félon et, surtout, ouvert la voie vers d'autres temps, vers un avenir « à quoi la société féodale faisait obstacle »[77].

Le livre trop austère peut lasser et, de tous temps, on s'est efforcé d'illustrer la leçon du mieux possible sans tomber dans l'excès. Les auteurs du Malet Isaac n'avaient pas à se plier aux directives et aux oukases des maquettistes en quête de flambant neuf ; ils n'encombraient pas d'images ou de dessins explicatifs des pages entières de leurs manuels. Les éditeurs d'aujourd'hui hésitent encore à présenter des textes coupés d'encarts et de figurines, à la manière de certains magazines qui, changeant sans cesse de forme, finissent par devenir proprement indéchiffrables et donnent aux lecteurs, qui cherchent autre chose que l'abasourdi, l'envie de tourner la page. Cependant, il paraît évident que les images, les reproductions de tableaux, de gravures ou de dessins, de caricatures mêmes, ne sont pas mises dans les livres de classe pour seulement aider l'élève à mieux suivre l'écrit et à mieux se représenter les personnages et les époques qu'il doit étudier. Comme le discours pédagogique, elles imposent une certaine façon d'interpréter les faits. Bien choisies, parfois même truquées ou tronquées, en tout cas accompagnées d'une légende explicative nullement anodine ni innocente, elles servent la propagande. On ne reproduit que des portraits qui parlent d'eux-mêmes. C'est pourquoi l'Éducation Nationale a peu à peu rassemblé un véritable corpus de figures de héros et de scènes toutes édifiantes,

[77] G. DUBY, *Le dimanche de Bouvines, 27 juillet 1214*, 1973, pp. 216-232.

propres à frapper ou émouvoir[78]. C'est imposer une leçon par l'image choc et l'on va du bon roi Henri IV jouant avec ses enfants juchés sur son dos[79] au Serment du Jeu de Paume, à Mirabeau dressé sur ses ergots face aux baïonnettes invisibles, au Moulin de Valmy qui tourne et tourne sur un ciel de mélancolie, triste symbole d'une des épopées guerrières de la République. Bondieuseries républicaines, images désuètes pour magazines à l'usage des enfants sages d'autrefois.

Mythe et culte du progrès

Nous portons volontiers des jugements sans nuance sur des sociétés, si différentes des nôtres et comme enfouies dans un passé très lointain, que nous sommes incapables de les imaginer autrement qu'à grands traits forcément trompeurs. L'historien dénonce, critique, évolue au plus abrupt, condamne sans appel alors qu'il ne peut dire ce qu'il aurait fait lui-même, en temps et place de ceux qu'il cloue au pilori. On est tout à l'inverse de ce que devrait être le discours raisonnable et l'on oublie que la principale, peut-être la seule vraie vertu de l'historien, est bien la sympathie pour l'humanité du passé.

Depuis longtemps, nous avons appris à respecter l'homme de tous les climats et de tous les pays. Nous nous efforçons de ne pas rejeter ceux qui ne nous ressemblent pas. Mais pour ceux des temps révolus, pour certains en tout cas, c'est le refus, le mépris, une forme de racisme. Nous les considérons de haut comme d'un autre monde, imparfaits, pas vraiment achevés. Nombre d'auteurs parlent encore des temps obscurs du Moyen Âge ou, pour d'autres époques, des « temps de décadence », évidemment opposés à des « Renaissances » si nombreuses que l'on finit par ne plus les compter.

L'homme d'aujourd'hui, ébloui, abasourdi par d'extraordinaires inventions dans le domaine des techniques, ne peut que mépriser les temps des balbutiements, des lampes à huile et de la

---

[78] Chr. AMALVI, *Les héros de l'Histoire de France. Recherche iconographique sur le Panthéon scolaire de la Troisième République,* 1979.

[79] C'était un tableau d'Ingres mais on l'a démarqué, agrémenté de quelques joliesses.

marine à voile. Réflexe tout ordinaire qui pourtant, ne serait-ce que pour le matériel, conduit à bien des erreurs dès que l'on veut croire à un sens de l'Histoire, aux progrès continus. Un texte de Vauban, vraiment commun et venu au jour par hasard, qui fit et fait encore le bonheur des publicistes détracteurs des temps d'avant les belles années 89, montre les pauvres paysans mourant de faim, contraints de fouiller le sol pour se nourrir d'herbes et de racines. C'étaient, entre autres, les navets, panais et courges, en somme nos légumes d'aujourd'hui. On dit aussi qu'à même époque, au siècle du roi Soleil, le pain était si mauvais, si noir, et qu'il durcissait si vite qu'il fallait le couper à la hache. Et l'on pense que ce devait être pire au Moyen Âge, temps des ténèbres. Tout au contraire : on ne mangeait alors, à Paris et partout où l'autorité royale imposait ses lois, que du bon pain, généralement du pain de froment[80]. Conclure si vite, sans vraiment chercher les textes et les témoignages du temps, conduit à présenter des images sans ombres ni lumières. De plus, l'on se refuse à considérer que la notion de bien-être est elle-même changeante et peut évoluer de façon parfois inattendue. Nos livres disent toujours qu'aux temps anciens les hommes devaient, faute d'une bonne hygiène et de règlements sur la salubrité publique, survivre dans des conditions de "confort" vraiment déplorables. Peut-on s'interroger et se demander si les voitures et les usines de produits chimiques ne polluent pas davantage que les tas de fumier au pied des habitations ? Et prendre conscience de ce que sont les immenses champs d'ordures, lèpre ostensible d'une civilisation bientôt encombrée de ces montagnes de déchets indestructibles ?

L'illettrisme des anciens temps

Progrès matériel et, plus encore, progrès intellectuel et même progrès moral. Cela paraît l'évidence même. Plus intelligent, plus généreux, l'homme chemine debout et pourrait aller sans cesse de l'avant si des forces obscures, tyranniques et pernicieuses, ne le replongeaient de temps à autre dans la nuit. Notre façon de présenter le cours des temps, tout particulièrement le découpage en

[80] F. DESPORTES, *Le pain au Moyen Âge*, 1987.

périodes pour l'enseignement, repose sur cette certitude d'un combat de la lumière contre les ténèbres, de la liberté de l'esprit contre l'abrutissement. L'Antiquité, des Sumériens à Marc Aurèle, en passant par les pharaons et les césars du Tibre, est temps des merveilles. Chute dans la nuit au Moyen Âge par la faute des Barbares et, plus encore, du christianisme. Nous admirons le moindre objet de ce que l'on finit par prendre l'habitude d'appeler des « arts premiers » des pays d'outre-mer, et parlons toujours des maladresses de l'art médiéval et des « primitifs » du XIVe siècle. On ne trouvera pas un seul auteur de livre pour l'enseignement qui se priverait de dire que la Renaissance, ce temps des bonheurs de l'esprit, que personne ne peut ni dater ni définir, remit l'humanité sur une voie royale. En fait, à les entendre tous, la véritable civilisation commencerait avec la Révolution française de 1789, avec les Droits de l'Homme (mais ils ont oublié la femme !) au lendemain de la prise de la Bastille par une populace avinée et au petit jour de la nuit du 4 août, autre énorme soûlerie. À Napoléon, fils de la Révolution, tout est pardonné ou presque. Marche à nouveau vers le progrès avec, cependant, les tristes intervalles de la Restauration et du Second Empire où l'ombre risquait de s'épaissir, si les hardis quarante-huitards avaient laissé faire.

Nuit du Moyen Âge, Ancien Régime, temps d'illettrés : les nobles et, d'une façon plus générale, les seigneurs ne songeaient qu'à la guerre et aux jeux grossiers. Le peuple n'avait droit à aucune instruction. Seuls les moines et les gens d'Église pouvaient lire et écrire mais c'étaient des privilégiés, des nantis et des sortes d'illuminés qui se servaient de la religion pour abrutir davantage les braves gens. Cette certitude des foules plongées dans l'ignorance et l'illettrisme a, depuis très longtemps, inspiré tous les manuels d'Histoire, un grand nombre de romans dits « historiques » et presque tous les journaux ou magazines. L'idée en court encore couramment alors que les textes, très nombreux, disent le contraire. En 1201, les chevaliers de Champagne, qui préparaient cette lamentable expédition qui les conduisit à s'emparer de Constantinople, se sont rassemblés et ont pris la Croix non dans une église ou une abbaye mais, par deux fois, dans un château, au soir d'un tournoi et d'une fête courtoise. À la cour de Marie de Champagne, l'une des épreuves des jeux courtois, pour gagner l'amour d'une dame, était de partir combattre en Terre Sainte. Les princes et leurs vassaux ne partaient pas sans leurs chansonniers qui, tout au long de ce "passage" outre-mer, les ont servis, les ont accompagnés et ont chanté leurs mérites. Conon de Béthune, fin lettré, fils de Robert, seigneur mort les armes à la main devant Saint-Jean-d'Acre en 1190, fut l'un des plus fidèles compagnons du comte de Flandre et, ensuite, officier des empereurs latins, Baudouin puis Henri, commandant de la garnison de Constantinople. En 1205-1207, alors que les Francs manquaient cruellement d'hommes, l'appel au secours en Occident ne fut pas vraiment prêché par l'Église mais par ces poètes de cour, eux-mêmes héros de cette triste aventure chevaleresque : Raimbaud de Vaqueyras, chantre des délices et des tourments de l'amour courtois, Hugues de Berzé, auteur par ailleurs d'un poème de mille vers qu'il intitulait sa *Bible*, et Henri de Valenciennes, jeune clerc, lui aussi, comme Conon de Béthune, de la *familia* du comte Baudouin de Flandre. On ignore trop souvent que le premier à faire connaître l'Acropole d'Athènes fut, en 1330, Juan de Boyl, évêque de Mégare arrivé en Grèce dans les bagages de la Compagnie catalane, troupe de routiers conquérants. Il écrivit à son roi, Pierre d'Aragon, pour décrire et vanter « le plus riche joyau qui soit au monde, tel que tous les rois chrétiens ensemble n'en pourraient faire de pareil ».

Il y a de cela une grande vingtaine d'années, en 1978 exactement, le Musée du Louvre présentait une exposition consacrée au portrait de Sigismond Malatesta (†1468), prince de Rimini, par Piero della Francesca[81]. Une des vitrines montrait quelques livres de sa bibliothèque. Qu'un prince, homme de guerre de surcroît, ait pu être autre chose qu'un soudard devait sans doute fort étonner les visiteurs puisque l'une des notices tentait d'expliquer : « bien que condottiere, Malatesta s'intéressait aux arts et aux lettres ». Des visiteurs qui, très certainement, ne pouvaient imaginer que, tout au long des siècles moyenâgeux, les seigneurs "féodaux", hommes de lance et d'épée, amateurs des seuls divertisse-

[81] *Le Petit Journal des grandes expositions*, éd. Réunion des Musées nationaux, 9 juin-18 septembre 1978, rédigé par M. LACLOTTE, D. DIDIER et N. REYNAUD.

ments grossiers et grivois, aient accueilli et entretenu dans leur cour, parmi leurs familiers les plus proches, des poètes et chansonniers, trouvères et troubadours de qualité. Un conférencier aurait pu leur apprendre que cet homme, un vrai soudard en somme, qui avait passé le plus clair de sa vie à la tête de ses troupes et était allé combattre les Turcs en Morée, s'entourait de savants et de philosophes venus de Constantinople et de Grèce. On le sait auteur de deux poèmes adressés à la femme dont il était tombé amoureux, Isotta degli Atti, où il fait de longues références aux héros grecs et romains, aux signes du zodiaque et aux planètes. C'est lui qui fit construire dans Rimini l'église San Francesco, que d'aucuns appelèrent aussitôt le « temple Malatesta » et qui, osèrent écrire plusieurs de ses contemporains, était davantage dédiée à l'amour pour Isolta qu'à saint François d'Assise. Il faut aussi que les visiteurs de nos expositions et les lecteurs de magazines s'habituent à considérer qu'en ces temps d'ignorance généralisée, les princes d'Italie, seigneurs de la guerre engagés en d'interminables conflits armés, faisaient, avant d'engager la bataille, rédiger et mander à l'ennemi des "défis", œuvres de leurs poètes de cour, précieux et savants, truffés d'allusions aux hauts faits de l'histoire antique.

Pas seulement les princes et les seigneurs : ceux qui parlent si communément d'illettrisme ne s'attardent pas volontiers à considérer qu'en ces temps-là une part non vraiment négligeable de la population, tous ceux chargés d'offices en tout cas, maîtrisaient deux langues, la latine et une vulgaire, alors que nos hommes politiques et nos décideurs d'aujourd'hui massacrent la leur et, pour tout autre talent, font figure de pratiquer une sorte de sabir qui se réclame abusivement de l'anglais mais ne se soucient pas vraiment de se faire comprendre. Temps Obscurs ? Alors que nous aurions, nous hommes de progrès, habitués aux encarts, aux agréments divers et aux illustrations plus ou moins bien venues, beaucoup de mal à lire les livres manuscrits de l'époque, prose ou vers, profanes ou religieux, énormes pavés de plusieurs centaines de pages et de colonnes, d'une effarante densité, lignes et mots serrés au plus près.

Les puissants du moment, hommes de pouvoir et de culture, ne cherchaient certainement pas à maintenir les faibles dans l'ignorance. Tout au contraire : les princes, les évêques et les grands abbés ont, à Paris et dans toutes les universités d'Occident, fondé de nombreux collèges pour y accueillir les jeunes gens de leur pays. Humbert II, dauphin de Viennois, malheureux chef de guerre mais bon connaisseur de la civilisation et des lettres grecques, léguait à sa mort, en 1365, une forte somme d'argent à l'Université de Paris pour que l'on y reçoive et entretienne des étudiants venus de Terre Sainte et de Grèce, dont quatre au moins devaient « être assez habiles pour devenir maîtres en grec ».

Là encore, ces *a priori*, ces certitudes inspirées d'ignorance, ont paralysé la recherche. L'historien qui aimerait être lu hésite à s'engager et courir le risque d'aller contre ce qui est établi. Si les universités du Moyen Âge et de l'Ancien Régime en général nous sont bien connues, objets de nombreuses études, c'est que les ouvrages qui en parlent sont plutôt réservés à un cercle de lecteurs relativement étroit, suffisamment indépendants et informés par avance pour ne pas s'étonner de ce qu'ils voient démontrer. Mais l'histoire de l'enseignement des enfants reste à entreprendre. On en est à peine aux bonnes intentions. Rien n'a été écrit d'important ni sur les grandes écoles cathédrales ou abbatiales, ni sur les *chanteries* et les chorales des cathédrales et encore moins sur les petites classes tenues par des laïcs, “maîtres d'école” de métier, rétribués par les municipalités.

Bien évidemment ces gens du Moyen Âge et de l'Ancien Régime savaient lire. Et pas seulement les clercs. Sinon, pourquoi s'être donné le soin d'orner tant d'églises, non au cœur des grandes cités mais dans des bourgs et des villages, de peintures murales porteuses de légendes explicatives plus discrètes sans doute mais de meilleure tenue que celles de nos B.D. ? Pour la beauté de la chose ? Pour le plaisir du seul curé perdu parmi ses ouailles ? Ou pour donner des emplois aux scribes ?

Le seigneur guerrier, le marchand affairé pour amasser l'argent et tromper le monde, l'artisan, homme des métiers, abruti de travail, le paysan rustre et grossier : les clichés demeurent. Mais il nous reste encore, datant des années 1100, des textes d'une excellente qualité d'écriture, journaux domestiques, “livres de raison” et même chroniques, rédigés par des hommes vraiment ordinaires mais esprits alertes, perspicaces souvent, bons témoins curieux de tout, à l'abri d'une quelconque manière d'intoxication et de terrorisme intellectuel. Et les Archives Nationales à Paris conservent une riche collection de sceaux paysans des XIVe et XVe siècles.

La femme méprisée

Christine de Pisan, auteur, entre autres, du *Dit de la rose*, ne fut jamais montrée comme une sorte de phénomène social très particulier et nous conservons, là où les archives familiales n'ont pas trop souffert, notamment en Angleterre et en Italie, quantité de lettres rédigées par des femmes, dans une belle langue. Ce qui va tout à l'encontre de l'idée, elle aussi erronée mais très largement répandue, d'une société où la femme était méprisée, soumise, objet de parade et de plaisir, de désir plutôt. Georges Duby, en l'occasion vraiment dans le vent, s'est, après tant d'autres avant lui, appliqué à montrer la femme absente, ignorée. Mais c'était pour parler du roman de Guillaume le Maréchal, roman de chevalerie, qui contait surtout les combats et les jeux guerriers. Nos journaux d'aujourd'hui s'intéressent-ils aux femmes lorsqu'ils font les reportages ou les compte rendus des matches de football ?

Qui lit les textes voit, bien avant l'ère dite “moderne”, les femmes participer constamment à la vie active. L'an 1340, les magistrats de Provins firent procéder à un scrutin pour décider si la ville devait ou non confier la gestion de ses finances aux agents du roi : sur 2.701 personnes convoquées, on comptait 350 femmes.[82] Cela ne fait que 13 %. On est certes loin de la parité mais nos assemblées politiques et dans nos gouvernements, en France du moins, ne font pas vraiment mieux.

L'obscurantisme, l'Inquisition

L'historien doit aller à contre-courant d'une opinion publique bien accrochée, comme sclérosée. Pour justifier ces accusations d'obscurantisme et, en somme, interdire de véritables recherches,

---

[82] F. BOURQUELOT, « Un scrutin au XIVe siècle », *Mémoires de la Société des Antiquaires de France*, 1852, pp. 455 sqq.

tout est bon. Nos manuels ne parlent plus volontiers des terreurs de l'an mille mais les magazines pour grand public le font encore. D'autres auteurs, bien plus nombreux, évoquent, à longueurs de discours indignés ou condescendants, le culte des reliques et des idoles, les miracles et, surtout, la chasse aux sorcières, fond de commerce de l'Inquisition médiévale. Ils voient dans tout cela, et ne manquent pas de le faire savoir, sans contradiction possible, la preuve d'une société et d'un ensemble de mentalités collectives à coup sûr “moyenâgeuses”. Mais les chasses aux sorcières ne se sont vraiment manifestées qu'à partir du XVIe siècle, dans les pays qui avaient adopté la Réforme. Luther voulait « toutes les brûler ». Calvin en prit bonne note. Mais qui, dans nos livres à l'usage des écoliers et des collégiens, évoque les sorcières de Salem livrées, sans la moindre preuve, à des puritains hystériques puis aux bûchers devant des foules accourues au spectacle ? Faut-il tant de courage pour oser dire et écrire que la folie criminelle de la chasse aux sorcières est un phénomène éminemment moderne ?

Quant au culte des reliques, comment peut-on, après *Le problème de l'incroyance au XVe siècle : la religion de Rabelais,* livre de Lucien Febvre paru en 1942, écrire encore que ce n'étaient que superstitions propres à des temps d'obscurantisme profond, superstitions dont les hommes se sont affranchis quelque temps plus tard, avec les matins radieux de l'humanisme et de la Renaissance ? On s'y tient pourtant, en toutes sortes de publications. Ces auteurs ne savent pas que la mode des astrologues italiens, que beaucoup considéraient comme de vulgaires magiciens, s'est imposée, en France, sous les rois et les reines des temps modernes. Et que Montaigne, ce grand humaniste, visitant Notre-Dame de Lorette en 1581, en pleine Renaissance, y fit dévotement ses pâques et réussit, à force de prières et de supplications, à obtenir assez de place au mur pour y accrocher son ex-voto, un tableau à quatre figures d'argent, celle de la Vierge, la sienne, celles de sa femme et de sa fille « toutes de ranc à genoux dans ce tableau et a Notre Dame au haut, au devant »[83].

[83] M. de MONTAIGNE, *Journal de voyage en Italie par la Suisse et l'Allemagne en 1580 et 1581*, éd. Le Club français du Livre, 1954, pp.181-185.

Pensons aussi à nous-mêmes aujourd'hui, aux effarantes manifestations des clubs et des supporters qui font des chanteurs de charme, des musiciens "populaires" et des dieux du stade, de véritables idoles. François d'Assise n'a jamais reçu, dans les villes de son Ombrie natale, d'aussi brûlants accueils que, tout récemment, ce joueur de foot anglais acheté à prix d'or par un club de Madrid : toute la ville en émoi, illuminée, foules hurlantes, échevelées d'enthousiasme.

Personne, jusqu'à ce dernier siècle n'avait vraiment étudié l'Inquisition. Il y fallait du courage et de la résignation puisque rien, aucune enquête solide, ne pouvait changer l'opinion commune et les slogans partout repris. Écrire sur l'Inquisition est, aujourd'hui encore, s'aventurer sur un terrain miné et, à chaque pas, aller contre les idées reçues. Les images des tribunaux d'exception, du grand Inquisiteur, des chambres de tortures et des grands bûchers sont sans cesse rappelées, avec tant d'insistance que l'on ne porte pas attention aux quelque vingt ouvrages d'historiens sérieux, fruits de longues recherches, ni à aucune thèse ni même à une quelconque mise au point de détail, timide, mesurée d'expression. Rien ne peut s'inscrire en faux contre ce qui, à n'en vraiment pas douter, tient de l'obsession maladive.

On ne critiquait pas trop l'Inquisition sous l'Ancien Régime alors que les historiographes du roi, les publicistes et les pamphlétaires attaquaient pourtant tout ce qui échappait au contrôle de l'État et manifestait une autorité propre. Les révolutionnaires, sans doute déjà trop occupés ailleurs, n'en ont pas fait l'un de leurs grands combats. Tout le montage, dont nous bénéficions toujours, date des années où la République assurée d'exister (à une voix près) imposait son école obligatoire qu'elle disait gratuite et laïque. Il fallait préparer les esprits à subir ou approuver les persécutions qui, trente ans plus tard, en 1905, devaient faire du christianisme une religion suspecte, hors la loi[84]. On y mit le prix et le poids, sans lésiner sur les accusations ridicules, hors mesure, bouffonneries de bourreaux.

Dès l'an trois de la Troisième République, en 1878, l'auteur de l'un des pamphlets, follicules et libelles qui, telle une pollution

[84] J. SÉVILLIA, *Quand les Catholiques étaient hors la loi,* 2005.

intellectuelle débridée, encombraient les étaux des colporteurs et des libraires, affirmait que les tribunaux maudits sévissaient encore peu de temps auparavant, en 1830 pour être plus précis, et que cette justice « était aussi cruelle qu'expéditive, vu le nombre de victimes qu'elle avait à brûler quotidiennement ». On lisait bien quotidiennement... Ces sinistres âneries, propres à déconsidérer leurs inventeurs, furent pourtant acceptées, commentées, enjolivées dans les cercles et les associations de combats idéologiques puis reprises, mot pour mot ou quasi, par les fabricants des tout premiers manuels d'enseignement, en 1880-1890. Messieurs Aulard et Debidour, auteurs d'un livre destiné à de jeunes élèves (Cours moyen), les accablaient de slogans et d'affreux clichés. L'Inquisition, toute puissante pendant plusieurs siècles, voulait, disaient-ils, « empêcher les hommes de penser ». Ils y revenaient sans cesse et citaient quelques sinistres exemples : en 1244 deux cents hérétiques auraient été brûlés en une année dans la seule ville de Montségur ; près d'un siècle plus tard, en 1322, les inquisiteurs auraient emmuré une centaine de cathares dans une grotte près de la ville de Foix et les auraient laissés mourir de faim. Ces auteurs, ce faisant, ne prenaient aucun risque tant l'opinion leur était préparée favorable. Mais ils ne disaient rien de l'enquête et de l'ordonnance du roi Louis IX qui, en 1247, avait mis fin à tous les procès encore en suspens et interdit d'en ouvrir d'autres. S'emmêlant plus qu'un peu dans la chronologie, ils n'hésitaient pas à conclure et à résumer la leçon en assurant que l'Inquisition, détruisant toute pensée libre, avait, au XIIe siècle, fait d'innombrables victimes dans le Midi de la France. L'Inquisition n'existait pas encore et c'est à cent ans près. D'autres honnêtes et certainement très distingués pédagogues, très à l'aise en ces temps bénis de liberté et de tolérance, Messieurs Nane et Guiot, écrivaient, cette fois pour des enfants un peu plus âgés (cours supérieur des écoles primaires), que les peines habituellement infligées par l'Inquisition étaient la torture, l'emprisonnement perpétuel (on y tenait beaucoup) et le bûcher ; de telle sorte que « la liberté était étouffée sous des monceaux de cadavres »[85].

[85] G. GUIRAUD, *Histoire partiale, histoire vraie*, 1912. Introduction et

On ne voit pas bien de quels textes tant soit peu authentiques ces maîtres pédagogues, englués dans leurs discours de tribunaux révolutionnaires, pouvaient tirer des énormes sottises. Sans doute tout était-il inventé, appris et récité. Et tout était faux ou, pour le moins, excessif et inexact en chaque détail. Ils rédigeaient, soumettaient sans doute aux contrôles d'en haut, et faisaient éditer sans pouvoir ignorer que, dans ces mêmes années, en 1880 et 1881, deux solides études, l'une sur les pratiques inquisitoriales des tribunaux, l'autre sur l'état des sources, disaient tout autre chose[86]. Depuis, de nombreux travaux ont permis d'élargir de façon considérable nos connaissances sur cette croisade dite des Albigeois. Ce sont des enquêtes minutieuses dont les conclusions vont toutes dans le même sens : la guerre fut d'une cruauté insupportable de part et d'autre, les procès et les peines, les exécutions mêmes ne font pas de doute mais les chiffres des condamnés sont très inférieurs à ceux avancés en aveugle. Les bûchers furent beaucoup moins nombreux que le veut cette histoire partisane. Surtout, les pratiques de l'Inquisition n'étaient en rien ce que l'on fait croire. Les juges ont, tout au contraire, inauguré des procédures et donné des garanties que les accusés, avant eux, n'avaient jamais connues : interrogatoires des témoins, confrontations, recherches des preuves. Les manuels des inquisiteurs prêchaient la rigueur dans l'enquête puis la modération dans la manière d'interroger les suspects et les témoins. Le dominicain Bernard Gui, inquisiteur à Toulouse pendant quinze années, de 1307 à 1313, voulait des juges incorruptibles, capables de résister tant aux prières qu'aux dons d'argent et aux faveurs ; il les chapitrait, leur dictait leur conduite : « Que l'amour de la vérité et la pitié qui doivent toujours être au cœur du juge vous éclairent sans cesse. Dès lors vos sentences ne pourront paraître le fait de la convoitise ou d'une cruauté perverse ». Les tribunaux ne siégeaient pas au fond de cachots, dans l'ombre et le plus grand se-

p.303.

[86] C. MOLINIER, *L'Inquisition dans le Midi de la France au XIIIe et au XIVe siècle, étude sur les sources de son histoire,* 1880. – C. DOUAIS, « Les sources de l'histoire de l'Inquisition dans le Midi de la France aux XIIIe et XIVe siècles », *Revue des Questions historiques*, 1881, pp. 383-459.

cret. Le *Livre des sentences* de ce même Bernard Gui, tenu par lui-même et par ses scribes, fait état de 636 procès tous instruits de la même façon. L'inquisiteur, originaire du Languedoc, comprenait la langue occitane. En ces quinze années, il rendit publics quarante « actes de justices » exemplaires, exposés devant de larges assemblées où venaient l'entendre des représentants des religieux et des laïcs de toutes conditions[87].

Ces procès n'ont pas été étudiés d'assez près et l'on se contente souvent de parler des hérétiques en laissant, comme négligeables et sans intérêt, un bon nombre de causes qui n'avaient rien à voir avec les pratiques religieuses. L'enquête diligentée sur ordre de Louis IX qui, au moment de s'embarquer à Aigues Mortes pour la Terre Sainte désirait tirer tout au net, montre clairement que les procès furent souvent au cœur de règlements de comptes. Les chevaliers du Nord, acharnés à garder les terres occupées lors de la conquête, et nombre de voisins envieux accusaient d'hérésie ceux dont ils convoitaient les biens. Ils produisaient sans trop de mal des témoins complaisants et l'enquête fit découvrir que les désignés coupables étaient bien souvent des hommes qui avaient tout simplement fui les horreurs de la guerre, ou même étaient allés servir dans l'armée du roi.

Comme toujours, le parti pris idéologique et l'acharnement à ne considérer qu'un seul facteur n'ont pas seulement conduit aux erreurs et aux outrances mais à en négliger d'autres, plus importants. L'attaque contre l'Église fit oublier le politique et gravement méconnaître le fait que cette croisade dite « des Albigeois », effectivement prêchée par le pape, devint très vite une entreprise de conquête, une sorte de guerre de sécession qui, dans le royaume de France, vit le Nord soumettre le Sud. Le résultat, à savoir l'annexion pure et simple du Languedoc par les Capétiens, proclame cette vérité mais, obnubilés par le fait religieux, les historiens n'ont pas voulu inscrire l'expédition guerrière dans son contexte. Ils ont fait bon marché des ambitions territoriales et des

---

[87] *Le livre des sentences de l'inquisiteur Bernard Gui (1308-1323),* éd. A. PALES-GOBILLIARD, 2002, et C. DOUAIS, *La procédure inquisitoriale en Languedoc au XIVe siècle, d'après un procès inédit de 1337,* 1900.

projets d'expansion des chevaliers d'Île-de-France et de la monarchie française.

Les croisés d'Île-de-France n'ont pas seulement réprimé une hérésie qui n'était peut-être pas leur principal souci. Ils ont envahi, occupé et confisqué des terres et des seigneuries pour, en fin de compte, préparer l'annexion du comté de Toulouse à la couronne royale. Philippe Auguste n'a pas pris part à la première expédition, en 1208-1213. Mais son fils, Louis VIII, prit la tête d'une forte armée et, en 1226, alla attaquer Avignon qui ne fut jamais accusée de catharisme et avait pour seul tort de s'affirmer fidèle au roi d'Aragon et au comte de Toulouse, ville libre gouvernée par un "consulat", en tout cas hostile aux Français. Elle résista tout un été à l'armée royale et fut réduite à merci : le roi fit raser les remparts, combler les fossés et, pour mieux soumettre la cité et interdire toute résistance, fit détruire près de trois cents tours ou donjons des grandes familles seigneuriales que l'on savait capables de combattre pour l'indépendance du pays. Il exigea aussi une amende de sept mille marcs d'argent et obligea les habitants à accueillir un nouvel évêque, Nicolas de Corbie, venu du Nord. Deux ans à peine passés, Avignon rétablissait son consulat, se choisissait un "podestat" du parti anti français et appelait le comte de Toulouse qui, en 1235, reprenait en main toute la région. L'autorité royale ne fut rétablie qu'en 1251 lorsqu'une forte troupe commandée par les deux frères de Louis IX, Alphonse et Charles, brisa toute résistance. Ce fut l'un des plus durs épisodes de cette guerre pour Avignon, qui n'avait pas même pris pour prétexte la lutte contre l'hérésie.

L'annexion du comté de Toulouse, qui se fit elle aussi par étapes, était bien le but escompté de l'entreprise que nous appelons toujours « croisade des Albigeois ». Par le traité de Paris signé en 1229, les biens occupés par Simon de Montfort et par ses compagnons furent restitués au comte de Toulouse, Raymond VII, mais celui-ci cédait au roi de France Louis IX, en toute propriété et juridiction, les sénéchaussées de Beaucaire et de Carcassonne. Le frère du roi, Alphonse de Poitiers, épousait Jeanne, seule héritière du comté de Toulouse ; à la mort de Raymond, en 1249, il prenait le pouvoir à Toulouse et assurait le gouvernement en étroite liaison avec son frère aîné. Lorsqu'il mourut, en 1270, à Savone, au retour de la malheureuse expédition de Tunis, il ne laissait pas d'enfants et tout le Languedoc devint français.

On oublie surtout de parler d'un autre frère du roi, Charles d'Anjou, qui épousa, lui, l'héritière de la Provence. Il conquit le comté par les armes et, par deux campagnes, en 1260 et 1268, à la tête d'une croisade soutenue par le pape français Urbain IV, arracha le royaume de Naples aux princes allemands, descendants de l'empereur Frédéric II. Ce fut une guerre terrible, suivie d'une répression sans merci, tout aussi dure certainement, sinon plus dure que celle qui avait frappé le Languedoc et les "Albigeois". Les chevaliers angevins et français de Charles d'Anjou ne se sont pas mieux comportés que ceux de Simon de Montfort. Ils n'ont pas fait de quartiers : le jeune prince Conradin, âgé de seize ans, fait prisonnier, fut décapité sur la place publique, sans aucune forme de procès, avec plusieurs nobles de sa suite. Leurs partisans furent pourchassés et traqués pendant des années. En cette affaire, l'appui de l'Église romaine fut total, bien plus que pour la lutte naguère contre les Albigeois. Le pape mit toute ses réserves de trésorerie à contribution et fit en sorte que les compagnies bancaires de Florence qui soutenaient le parti allemand (les *Gibelins*) courent à la ruine. Les Franciscains prêchaient la croisade et les chevaliers allemands qui ne s'étaient pas soumis ou n'avaient pas fui à temps furent déclarés hérétiques, aussitôt excommuniés, sans enquête ni procès, sans même la moindre accusation d'hérésie. Autrement dit, l'on menait campagne contre des hommes déclarés ennemis de la foi chrétienne et hérétiques alors que rien ne les désignait autrement que fidèles de l'orthodoxie. La victoire de Bénévent, en 1260, fut célébrée comme un miracle et saint Janvier, évêque de cette ville, mort en martyr l'an 305, devint le saint patron de Naples, conquise par l'épée.

Nos manuels ne s'intéressent pas beaucoup à cette rude entreprise guerrière qui, certes, se situe outre-Alpes, bien plus loin de Paris que le Languedoc, mais qui concerne tout de même les chevaliers angevins et français. Cela ne nous est pas vraiment étranger et, pourtant, ces premières guerres d'Italie qui ont permis une expansion considérable des états capétiens sont occultées, passées sous silence au profit d'autres campagnes d'Italie, celles du temps de la Renaissance, sous Charles VIII, Louis XII et

François Ier, qui, elles, se sont soldées par des échecs. Les historiographes de l'époque, notamment ceux de Louis IX, d'une discrétion exemplaire sur la conquête du royaume de Naples et de Sicile, ont, pour celle du Languedoc, tout mis sur le compte de l'Église et d'une guerre contre l'hérésie. Il était aisé d'incriminer les légats d'un pape, Innocent III, qui n'était pas notre allié. Pour Naples au contraire, mieux valait ne rien dire de l'engagement d'Urbain IV, originaire de Troyes.

L'histoire, telle qu'elle est enseignée, a, de la même façon, ignoré les persécutions des hérétiques et les bûchers dressés dans le Nord du royaume de France avant même que ne commencent les enquêtes et les attaques dans le Midi languedocien. L'Église a pourtant dénoncé ces Cathares du Nord de la même façon que ceux du Languedoc[88]. Le pape a mandé un légat, les évêques ont très tôt instruit et sévi. Dès 1198, l'évêque d'Auxerre donnait ordre d'instruire sur les pratiques hérétiques à La Charité-sur-Loire et suspectait Guy, comte de Nevers, de complicité. De là, l'hérésie s'étendit en Champagne et en Flandre. Les chroniqueurs religieux, auteurs d'*Annales*, ne passent rien sous silence ; ils parlent de bûchers à Châlons-sur-Marne et à Péronne, de quarante personnes emprisonnées près de Lille et, surtout, de quatre-vingts hérétiques brûlés dans la cour du château de Thibaut IV de Champagne, à Mont-Aimé, forteresse qui dominait la plaine entre Reims et Troyes. Ces enquêtes, procès et exécutions ne pouvaient passer inaperçus : à Mont-Aimé, seize prélats, venant de onze des douze diocèses de la province de Reims étaient présents. Les chroniqueurs en donnèrent de longs récits, insistant sur les foules innombrables de présents au jour du supplice[89].

Pour les historiographes des rois, en disserter n'aurait servi à rien. On ne pouvait s'en glorifier, tandis que, pour le Languedoc, dénoncer les "crimes" et abus de l'Église rejetait sur d'autres le

---

[88] M. GRISART, « les Cathares dans le Nord de la France », *Revue du Nord*, 1967. – G. DESPY, « Les débuts de l'Inquisition dans les anciens Pays-Bas au XIIIe siècle », *Problèmes d'Histoire du Christianisme*, 1980.

[89] M. LOWER, « The burning of mont Aimé : Thibaut de Champagne's preparation for the barons' Crusade of 1239 », *Journal of Medieval History*, vol.29, n°2, 2003, pp.95-108.

discrédit. C'était de bonne propagande. Beaucoup plus tard, dans les années 1880-1890, celle des républicains, inspirée par un anticléricalisme outrancier, approuvait de toutes mains les monarques conquérants qui portaient la France jusqu'à ses frontières dites “naturelles” et même bien au-delà. Les historiens de Jules Ferry se sont exactement alignés sur ceux à la solde des rois ; ils ont repris les mêmes façons de présenter les événements et gardé la même discrétion sur ce qu'il convenait de ne pas mettre en relief. On parlait des “Albigeois”, hérétiques, et non du comté de Toulouse, principal enjeu de l'entreprise. Il ne fut pas question d'expansion territoriale et de dire que les habitants avaient surtout souffert des exactions des soudards, voleurs et brigands. En somme, tant pour les historiens des rois que pour ceux de la troisième République, ce n'était pas une guerre de conquête, assez sordide, au service de simples appétits, mais une “croisade”, rien d'autre qu'une suite d'atroces persécutions au nom de la foi chrétienne. L'Inquisition était bien la première puis seule responsable. On devait parler le moins possible de la guerre royale dont les Languedociens avaient certainement beaucoup plus durement souffert que de l'Inquisition et de la répression de l'hérésie.

Un long siècle plus tard, nous en sommes toujours là. Rien n'est rectifié, pas même nuancé. Au contraire : on abonde et, de quelques autres méfaits, les romanciers, les journalistes de petits crus, les producteurs de la télévision chargent un peu plus l'accusation. Il faut aussi passionner les touristes de plus en plus nombreux, les tirer de leurs fatigues et de leurs torpeurs, les retenir sur place une nuit de plus. Les cathares sont à la mode ; à tel point que l'on voit des automobilistes trop pressés, lancés à pleine vitesse vers le Sud, confondre cathares et catalans. On a pourtant mis sur l'autoroute quelques pancartes pour, tout de même, circonscrire : « Vous entrez en pays cathare ». Faut-il se réjouir, frémir ou pleurer ? Et l'on se demande pourquoi les mêmes responsables de l'instruction et de l'édification des foules motorisées ne prennent soin de nous dire que nous entrons en pays poitevin, ou auvergnat. Quant au pays vendéen, ce serait provocation mal venue.

Devoir de mémoire… Mais tout est à contre vérité puisque l'on ressert les vieilles sottises jacobines et que l'on rivalise d'invention pour en servir d'autres, non plus aux enfants des écoles mais à ces autres enfants que sont les lecteurs des magazines bien illustrés et les explorateurs de nouveaux sites touristiques, en fin de semaine, avides de savoirs pris sur le vif. Les dépliants des syndicats d'initiative content les malheurs des cités martyres en les heures les plus noires de leur histoire. Un entrepreneur avisé, metteur en scène de talent, a ouvert un Musée de la torture à Carcassonne. On a aussi lancé un « circuit des châteaux cathares » où les ruines quelque peu délabrées parlent des sacrifices des assiégés dans ces nids d'aigle, lors des grands moments de la résistance face aux croisés. Nombre d'auteurs d'ouvrages sérieux, bien documentés par ailleurs, écrivent toujours, soucieux de ne pas décevoir leur public, que, lors du sac de Béziers, en 1209, le légat du pape, l'abbé de Cîteaux Arnaud Amaury, aurait dit « Tuez-les tous. Dieu reconnaîtra les siens ». La phrase est inventée de toutes pièces et se trouve, pour la première fois, non dans le récit d'un chroniqueur, témoin de l'événement, mais dans un traité rédigé quelque vingt ans plus tard, par Césaire, moine du monastère allemand d'Heisterbach, sur le Rhin[90].

Tout ceci est accepté sans le moindre examen et sans que le bon citoyen d'aujourd'hui se demande s'il se sent à l'aise d'accuser d'obscurantisme les juges d'un passé si lointain, forcément encore peu connu, alors que nous vivons un temps où la diabolisation de l'adversaire est, en politique, pratiquée comme une commune stratégie. Qui va opposer aux procédures instituées précisément par l'Inquisition, enquêtes minutieuses sur le bien-fondé des plaintes et interrogatoires des témoins, les oukases contre le mal supposé, les procès d'intention où, en vertu de lois de plus en plus contraignantes, l'accusation est exemptée d'apporter ses preuves ? Après l'écrit et la parole, la liberté de penser : « vous ne l'avez pas vraiment dit, mais vous auriez pu le dire... », « on vous connaît pour cela ». L'URSS bien sûr... mais depuis lors ?

---

[90] Césaire de Heisterbach, *Dialogus Miraculorum*, éd. Strange, 1852. – J. BERLIOZ, *Le massacre de Béziers vu par Césaire de Heisterbach*, 1994 et surtout : P. BELPERRON, *La croisade contre les Albigeois et l'union du Languedoc à la France*, 1942.

* *
*

Peut-on parler vraiment de progrès ? Nos villes d'Occident, héritières de Rome, ont, dès le début du Moyen Âge, abandonné les jeux du cirque à la manière antique, les combats de gladiateurs et les lâchers de fauves dans l'arène. Pendant plus de mille années, il n'en fut plus question. Nous les retrouvons pourtant aujourd'hui avec les grands jeux du stade et les gradins peuplés d'hommes et de femmes grimés, déguisés, peinturlurés, vociférant en chœur. Doit-on tenir pour marques d'une humanité plus policée les injures, les coups, les bouffonneries, effarantes singeries, exhibitions jusqu'à l'obscène dont les joueurs donnent spectacle pour fêter le but gagnant ? Nous avons connu, en France, sous la cinquième de nos Républiques, des Présidents, Pompidou, Giscard et Mitterrand, qui se voulaient protecteurs d'une belle culture et se montraient à l'opéra. Celui en place aujourd'hui se fait voir, lui, au récital *(show)* d'une vedette, prestation d'un goût très particulier. Le même "chef de l'État", assis à la tribune du Stade de France, saute en l'air aux buts marqués contre le Brésil et, quelques jours plus tard, à l'Élysée, embrasse le crâne tout chauve de l'un des joueurs, puis distribue la Légion d'honneur à tous les champions, héros du jour. Le déferlement des foules sur l'avenue des Champs-Élysées pour acclamer ces gladiateurs d'aujourd'hui donne idée du progrès intellectuel en un temps où, après quatre ou cinq ans d'école, le quart des enfants ne savent pas vraiment lire.

Le progrès en marche ? Des esprits trop chagrins, pensant au roman de Pierre Boulle, *La Planète des singes*, pourraient, plutôt que de s'interroger sur les origines de l'homme et savoir s'il descend vraiment du singe, se demander s'il n'y retourne pas. La publicité pour un journal qui passe pour plus sérieux, plus savant même que la moyenne, montrait, de gauche à droite, un singe, puis un hominien à quatre pattes, puis un autre à peine debout et enfin un bel homme dressé, ce journal tenu ouvert à bout de bras. Ne pourrait-on tout inverser ?

La vertu des bourgeois, la ville et les affaires

L'homme s'est enfin extirpé des siècles de barbarie ; il s'affirme sans cesse meilleur et, tant bien que mal, poursuit sa marche glorieuse vers les perfections et la Vertu. La preuve ? L'avènement et le triomphe des républiques ou, mieux, des démocraties. Nos ancêtres venaient de loin mais, à force d'efforts et de sacrifices, au prix de grandes souffrances physiques et morales, tenus fermes par de grands élans de générosité et d'amour humain, ils ont connu les lendemains qui chantent. Féodalité, tyrannie, monarchie, autant de mauvais souvenirs.

Le choix des mots, Moyen Âge et Ancien Régime, n'est certainement pas innocent et ils répondent bien à ce que l'on en attendait. Fabriqués de toutes pièces à dessein, sans vraie signification mais, imposés par un long usage, ils ont façonné une opinion qui ne cherche pas plus avant. Personne ne saurait expliquer cette étrange croyance en une sorte de postulat qui affirme que seul un régime "républicain" et "démocratique" assure la paix, l'équité, la justice et le bonheur des peuples. « Nous sommes libres puisque nous sommes en République ! » Cela se disait alors que toute la presse chantait les vertus de l'*habeas corpus* dans le Royaume. On ne voulait pas savoir que ces gens, nés sous une bonne étoile, vivaient sous un régime monarchique.

La recherche historique s'en est trouvée longtemps, très longtemps, impuissante, comme infirme, jusqu'à refuser d'aborder certains sujets ou, si elle s'y risquait, c'était pour tricher, déformer les faits, nier l'évidence. L'Histoire des pays d'Occident, de l'an mille à ce que nous disons être la Renaissance, fut complètement faussée par des partis pris, slogans et clichés que personne ne devait mettre en doute.

Tout se résumait en une seule démarche, une seule volonté : montrer que tout, absolument tout, avait commencé en 1789. Que rien de bon n'avait existé avant, sous l'Ancien Régime, et que cette toute nouvelle république devait sa vertu, son excellence, ses sentiments de générosité et son amour du genre humain à l'arrivée au pouvoir de la bourgeoisie. Les auteurs de manuels, des petites classes à l'université, s'y sont pliés pour tout déformer et tout présenter à l'envers, au prix d'innombrables impostures et contrevérités que de vraies lectures et un instant de réflexion auraient mises à bas. C'est ainsi que les livres d'études de naguère, jusqu'au Lavisse et aux cours polycopiés de nos Facultés des Lettres, n'ont cessé d'enseigner, se répétant inlassablement les uns les autres, que les premières chartes de liberté avaient été accordées aux habitants des villes, par leurs conseils municipaux, alors que ceux des campagnes subissaient encore le joug féodal et les abus de toutes sortes. Cela leur semblait tellement évident, qu'ils ne citaient ordinairement, à l'appui d'une thèse admise d'avance par un public bien préparé à tout recevoir, que deux exemples, toujours les mêmes, ceux de Loris et de Beaumont-le-Roger, qu'ils présentaient comme des villes, se gardant de dire que c'étaient, à l'évidence, de très modestes bourgades, des villages vraiment, peuplés exclusivement de paysans ou d'artisans qui ne vivaient que de l'exploitation des terres, les leurs et celles de leurs seigneurs. C'est bien dans les campagnes, à l'écart des cités, que les premières libertés ont fleuri et l'on sait maintenant que ce sont, effectivement, les communautés villageoises qui se sont organisées avant celles des "bourgeois", ont rédigé des règlements dont elles assuraient l'exécution, les dictant même aux nobles, propriétaires de vastes domaines. Le "droit de ban", en ce qui concerne tout au moins les rotations des cultures, les jachères et les droits de pâturages, ne fut pas seulement privilège des seigneurs[91].

Personne ne sait qui le premier a, pour illustrer d'une formule de grand poids la lutte pour la Liberté, écrit que « l'air de la ville rend libre ». Jolie formule, belle résonance mais énorme mensonge car c'était tout le contraire et l'on doit bien avouer que l'image idyllique de la ville ne tient pas. La présenter comme une sorte de refuge pour les opprimés fut monnaie courante et l'est encore mais c'est s'inscrire en faux contre tout ce qu'une recherche un peu sérieuse fait connaître. En 1211, le podestat de Milan, ville "libre" pourtant, affranchie depuis longtemps de la tutelle de l'évêque et de l'empereur, faisait proclamer que les "vi-

---

[91] G. SIVÉRY, *Terroirs et communautés rurales dans l'Europe occidentale au Moyen Âge*, Lille, 1990. – R. GRAND, « Les chartes de communautés rurales d'Albepierre (1292) et de Combrelles (1316-1366) », *Nouvelle revue historique du droit français et étranger*, T. 27, 1903, pp. 373 sqq.

lains" qui s'établiraient dans la cité, main-d'œuvre immigrée venue travailler la laine, ne seraient citoyens de plein droit qu'après un séjour continu de trente années. Ils n'étaient autorisés à s'absenter chaque année que six semaines au moment des récoltes et, de toutes façons, ceux dont les proches parents travailleraient la terre de leurs mains n'auraient pas droit au statut de citoyen[92].

Tous nos manuels ont beaucoup parlé des serfs, certains même voulaient assimiler servage à esclavage, ce qui ne peut se défendre. Les auteurs montraient de nombreux habitants des campagnes réduits, corps et âmes, à la servitude, "taillables et corvéables" à merci, ne disposant d'aucune liberté personnelle mais ils ne disaient pas que les chartes d'affranchissement étaient déjà nombreuses dans les années onze cent et que, cent ans plus tard, ce servage avait presque disparu du royaume de France. Ils oubliaient surtout de rappeler que dans toutes les villes du monde méditerranéen, en France, Ibérie et Italie, un esclavage domestique important, alimenté ou par la course et la piraterie ou par la traite orientale, s'est maintenu et s'était même parfois développé jusque dans les dernières décennies du XVe siècle. Toutes les thèses d'histoire consacrées à l'étude de ces sociétés, soulignent l'importance de cet esclavage urbain. Un très grand nombre d'articles sont parus, en différentes revues, sur ce sujet mais aucun ouvrage général, aucun livre pour plus grand public, aucun manuel n'en parle.

Par ailleurs, le "mouvement communal" présenté comme la révolte des habitants des villes, des bourgeois donc, contre le comte ou l'évêque, tenait déjà une large place dans les grands travaux et les livres faisant autorité dans les années 1880-1900. Les manuels scolaires ont aussitôt pris le relais et cette manière d'interpréter l'événement est demeurée inchangée pendant très longtemps. Nous n'en sommes pas vraiment sortis et il faut bien chercher, parmi les ouvrages très récents, quelques articles et contributions réservés aux spécialistes, pour lire autre chose. Et découvrir une imposture de plus : ces conflits, parfois violents, allant jusqu'à une forme de guerre civile, n'étaient en aucune façon

---

[92] P. RACINE, « Citoyens et vilains dans les communes italiennes », *Festival d'Histoire de Montbrison*, octobre 1986, pp.381-394.

le fait d'une émeute populaire ou bourgeoise contre le maître féodal mais, partout, le fruit d'un affrontement entre deux partis, tous deux menés par des aristocrates qui luttaient pour conquérir ou garder le pouvoir. Ces hommes, grands bourgeois si l'on veut, encore que le mot s'applique mal à l'époque, tenaient le peuple des cités de main ferme, l'accablaient de taxes, spéculaient sur les grains et les produits de consommation, et laissaient s'enfler des dépenses inconsidérées jusqu'à la faillite. Pour remettre de l'ordre, on fut bien obligé de faire appel au roi ou au prince et à leurs agents qui mirent les cités sous tutelle. En fait la véritable vie communale, celle dont nos livres disent les mérites et la splendeur, date de ce moment, c'est-à-dire de la prise de possession de la "Commune" par le pouvoir monarchique. En France, plus particulièrement dans le domaine royal et en Flandre ou en Artois, tous les Hôtels de Ville ont été construits par le roi ou par le comte. Mais l'école de Jules Ferry, si appliquée à persuader les jeunes têtes de l'excellence d'un pouvoir "bourgeois", tout différent de l'Ancien Régime, ne devait pas en convenir et, aujourd'hui, l'histoire de ces éphémères communes de France et de leur soumission à l'autorité royale est encore à faire.

Dès les XIIe et XIIIe siècles, bien avant le temps où l'on situe généralement la Renaissance, les villes d'Italie du Nord et du centre avaient développé une civilisation d'un si bel éclat que nul pays n'en connaissait de semblable, pas même d'approchante. Nos livres d'histoire ont, cette fois à juste titre, montré l'extraordinaire richesse d'un urbanisme policé et présenté l'image de cités phares, modèles de prospérité où les poètes, les artistes et les philosophes étaient accueillis et protégés, libres d'exercer leur art en toute quiétude. Il est vrai que le marchand et le banquier d'Italie dominaient le monde. Ils maîtrisaient des techniques comptables et financières dont les autres n'avaient aucune idée et, hommes de goût, faisaient bénéficier les artistes de leurs largesses. Mais, pour nos maîtres, ces cités, flambeaux d'une si belle culture, cités pionnières en somme qui devaient voir l'éclosion triomphale de la Renaissance, ne pouvaient être que des villes libres gérées par un gouvernement collégial de marchands et d'artisans, soucieux de bien mener leurs affaires, bons bourgeois et hommes de paix. Aussi a-t-on fait de Florence, de Sienne, de Pise et de toutes les autres cités, des "Républiques marchandes". Certains auteurs et professeurs, emportés d'un bel élan, parlaient même de "Démocraties bourgeoises" ou de "Démocraties" tout court et même du gouvernement du peuple. Preuve d'effarante ignorance ou campagne d'intoxication, mensonges sur mensonges puisque la moindre réflexion, la moindre attention portée aux textes et à quelques ouvrages de qualité menaient à l'évidence : ces "marchands" étaient en fait de grands seigneurs, aristocrates, grands propriétaires, maîtres de fiefs seigneuriaux dans les campagnes avoisinantes. Ces hommes, que nous appellerions aujourd'hui des "nobles" rassemblaient des clans de familiers dans leurs palais fortifiés de la cité ou dans leurs châteaux forts dressés aux carrefours des routes ou des vallées, dans les campagnes avoisinantes. Ces villes dites marchandes se présentaient hérissées de dizaines de hautes tours aveugles et crénelées. San Giminiano en a gardé quelques-unes qui font l'étonnement des touristes. Ils devraient savoir que Florence en comptait plus de cent et Bologne certainement davantage. Ceci étant bien connu des spécialistes qui, pour ne pas trop déplaire et faire vilains visages, prennent soin de n'en parler qu'entre eux.

L'habitude, le consensus et, aussi, quelques interdits à peine formulés ont pesé très lourd, paralysant les chercheurs ou, plutôt, les orientant toujours vers les sujets qui ne pouvaient apporter du nouveau et remettre en question certains clichés. En 1982, les Presses de l'Université de la Caroline du Nord publiaient un très savant ouvrage de J.M. Najemy intitulé *Corporatism and Consensus in Florentine Electoral Politics, 1280-1400.* L'auteur y analysait de très près les pratiques électorales et démontrait que nulle forme de gouvernement collégial n'avait existé à Florence et que, contrairement à ce qu'affirmaient nombre d'auteurs, les *arti*, associations de métiers, n'avaient pas exercé de vrais pouvoirs. Florence était alors tout entière aux mains des clans aristocratiques qui se partageaient toutes les charges. Les magistrats et les membres des conseils étaient cooptés. Les élections aussi bien maîtrisées et truquées que les tirages au sort. Les comptes rendus de cet ouvrage, à vrai dire peu nombreux, furent très critiques, de parfaite mauvaise foi, se contentant d'aligner les slogans éprouvés sur le peuple, sur le succès des "révolutions" politiques et l'avènement d'un gouvernement hostile à l'aristocratie. Quelques années plus tard, Najemy s'est déjugé, nuançant largement ses conclusions en plusieurs articles.

Tous les historiens de la littérature portent Dante aux nues de bonne foi et font de lui l'un des hommes les plus représentatifs des villes libres d'Italie, symbole de la Renaissance. Mais ils ne le montrent pas volontiers victime des guerres civiles et des haines entre factions, victime de l'intransigeance des vainqueurs et de la sauvage répression contre les vaincus. Ils ne disent pas que le poète, brutalement chassé de sa ville en 1302, n'est pas allé chercher refuge dans une autre ville “libre” mais chez les princes, hommes de guerre et de pouvoir, en somme chez les tyrans : les Scaliger à Vérone, les Da Polenta à Rimini et, enfin, Guido Novello à Ravenne où il finira sa vie, refusant de rentrer à Florence.

L'histoire de l'art a longtemps souffert des mêmes fausses idées imposées sans vrai partage ni trop de nuances. Il était et est encore admis que l'Art nouveau de l'Italie ou, pour faire plus direct, plus parlant, l'art de la Renaissance, témoignage irréfutable d'une floraison artistique certes incomparable en bien des aspects, n'avait pu s'épanouir que dans des villes libres et l'on citait d'abord Florence et Sienne, ou Sienne et Florence, foyers pionniers. On néglige quelque peu ou, du moins, l'on met résolument à part Venise ville fermée, arrogante, aux mains d'une aristocratie sclérosée. Et il est de bon ton de n'accorder que quelques regards, comme à la dérobée, aux villes de cour où, disait-on, les princes avaient simplement accueilli les maîtres formés en Toscane ou en Ombrie. Or ce fut, pour le principal, tout le contraire. Les artistes célèbres, tels Giotto ou Simone Martini, ont d'abord travaillé à Naples auprès des rois angevins ou à Rome auprès des papes et des cardinaux pour, ensuite, aller s'établir en Toscane ou y envoyer leurs disciples. Ils ne s'y trouvaient pas toujours très heureux, contraints de s'inscrire dans les associations de métiers, de se plier aux règlements et de se soumettre à toutes sortes de directives. Michel Ange s'en est plaint amèrement. L'artiste était certainement moins libre à Florence et à Sienne qu'à Rome ou à Naples.

Ceux qui parlent des rapports entre l'état et l'individu dans les cités de cette Italie de la Renaissance ou de la pré-Renaissance ont encore trop tendance à ne pas voir les choses telles qu'elles étaient. Très rares sont les travaux consacrés à une forme d'art public et foncièrement "communal", que l'on doit appeler la peinture infamante. Ridiculiser, humilier, couvrir d'opprobre leurs ennemis par des scènes peintes sur les façades des palais publics, scènes d'un goût douteux, toujours vulgaires, où les hommes condamnés, livrés à la vindicte publique figuraient dans des attitudes dégradantes, parfois obscènes, inscriptions injurieuses à l'appui, était alors pratique très ordinaire dans toutes ces villes d'Italie. Malgré une documentation forcément incomplète, on a dénombré à Bologne, de 1274 à 1303, pas moins de 112 figures de condamnés et de rebelles peintes sur les édifices publics, dont une vingtaine pour la seule année 1303[93]. Certains articles des Statuts communaux de plusieurs cités disaient qui devait subir la honte, de quelle façon, sous quels habits, pour combien de temps. On avait d'abord condamné à la peine infamante les coupables de toutes sortes de crimes et de délits, les voleurs, les meurtriers et les assassins, les faussaires, et faux-monnayeurs, les mauvais payeurs, les marchands en faillite. Mais, dès les premières années 1300, alors que s'exaspérait la lutte entre les partis, l'infamie publique fut réservée aux seuls crimes politiques, en un mot aux hommes de la faction adverse mise à bas. Les ennemis faits prisonniers, aussitôt déclarés rebelles, étaient exposés au pilori. Ceux en fuite ou exilés d'office, accusés de complot et de trahison, étaient peints sur les murs du Palais du Podestà ou du Palais de la Commune. Il fallait que ce soit ressemblant : les magistrats y veillaient, insistant sur les détails, précisant que l'on devait montrer chacun de ces traîtres "ad naturale", dans une attitude familière, sous ses habits ordinaires, coiffé comme à l'habitude, "afin que tous sachent qui il était". On ne lésinait pas sur les légendes et l'art poétique se mettait, lui aussi, au service de l'engagement partisan pour que les passants puissent méditer sur le malheureux sort des bannis, rebelles, "ennemis de Dieu et du peuple". La honte frappait la lignée entière, femmes et petits enfants eux aussi livrés aux injures et aux lazzi des foules. Et l'on prenait large : en 1344, tous les parents, les partisans et les protégés de Gautier de Brienne, chassé de Florence, furent gratifiés

---

[93] G. ORTALLI, *Pingatur in Palatio : la pittura infamante nei secoli XII-XVI,* Rome, 1979.

chacun d'une petite pièce de vers. De même pour les vingt-sept "rebelles et traîtres" à Sienne, en 1391 (cent quarante vers au total). Ceux que l'on désignait, à tort ou à raison, pour amis des condamnés devaient, pour tenter d'échapper à la honte, se justifier, dénoncer, se joindre aux détracteurs, négocier l'impunité à hauts prix.

Ces figures devaient servir d'exemple, imposer une leçon. Aussi devait-on les laisser en place à jamais (« ita et taliter quod perpetuo legi et cognosci possint »). La ville en aurait été couverte si, après un long temps passé, les descendants des hommes en effigies, revenus bons citoyens ou, plus souvent, capables de parler argent, ne parvenaient à arracher l'autorisation de les faire disparaître. Bien évidemment, si la faction exclue du pouvoir et couverte d'infamie réussissait à reprendre le dessus, ses agents faisaient aussitôt tout effacer pour faire de la place à d'autres figures.

C'étaient des travaux dégradants, à l'égal des tâches du bourreau. Très souvent on en arrivait à prendre pour exécutants, sans vraiment tenir compte de leur talent, des hommes qui, poursuivis par la justice, trouvaient là le moyen d'y échapper : parmi les peintres des scènes d'infamie à Bologne, soixante au moins étaient coupables de tentative d'homicide. Les artistes de renom n'y prêtaient pas volontiers la main mais, à Florence du moins, on les y forçait : les Statuts de 1292 précisaient que le Capitaine du peuple avait charge et autorité de les y contraindre. Aussi les voit-on tenter de ménager leur renommée en exigeant de garder l'anonymat. D'autres refusaient tout net ou trouvaient quelque suppléant : en 1530, Andreà del Castagno, « pour ne pas risquer de voir son nom chargé de la réputation d'un peintre de pendus » en laissa le soin à l'un de ses apprentis. Mais l'on sait malgré tout que, dix ans plus tard, il peignait les figures des Albizzi et de leurs complices condamnés au bannissement et que Botticelli fit de même pour celles des Pazzi, sur l'une des portes de la cité[94].

---

[94] Sur tout ceci, outre ORTALLI déjà cité, G. MASI, « La pittura infamante nella legislazione e nella vita del comune fiorentino (secoli XIII-XVI) », *Studi in onore di Cesare Vivante*, vol.2, Rome, 1931, pp.625-657.

La ville "libre" ou la cour ? Les poètes et hommes de lettres, eux aussi, savaient choisir. Dante, Pétrarque et Boccace, ces trois auteurs de loin les plus souvent cités, ceux qui, sans doute, méritent amplement cette réputation de grand art et, pour nous, sont certainement les plus brillants représentants et symboles de cette merveilleuse civilisation de l'Italie des Trecento et Quattrocento, de la Renaissance donc, doivent beaucoup plus aux princes et à leurs cours qu'aux villes de communes. On le sait, mais on ne le dit pas pour Dante ; on aurait même tendance à laisser entendre que l'exil, vingt ans durant, ne fut qu'un malheureux épisode de sa vie. Pour les deux autres, tous deux irrémédiablement désignés comme "florentins", on ne pose même pas la question. Pourtant Pétrarque, fils d'un père exilé de Florence en même temps que Dante, n'a, tout au long de son existence, mené qu'une vie de cour : chez Giacomo Colonna évêque de Lambesc en Provence, près des papes établis à Avignon, quelque temps à Rome et bien plus longtemps à Naples. Il fut, en 1341, solennellement couronné prince des poètes à Rome par Robert d'Anjou, roi de Naples. Boccace fut, lui, envoyé très jeune à Naples pour y apprendre le commerce, petit commis de la grande compagnie florentine des Bardi. Il y fréquentait surtout la cour royale, s'y fit beaucoup d'amis ou de protecteurs et tomba amoureux de Maria d'Aquino, fille naturel du roi Robert. Le *Decameron*, composé à Florence où il avait été rappelé lors de la faillite des Bardi, n'est, pour le principal, que la mise en forme des notes prises à Naples. Florence lui a peu apporté ; il ne s'y plaisait pas et ne rêvait que de vivre à Naples. Il y retourna, fit tout son possible pour retrouver une place à la cour, intrigua et supplia. L'échec fut une dure déception.

Ces cités de l'Italie de la pré Renaissance, que l'on montre "bourgeoises" aux enfants des écoles, dignes d'admiration en tant d'aspects, n'étaient ni des havres ni des refuges. Elles vivaient de longues années durant dans l'angoisse et la terreur, se déchiraient elles-mêmes et n'ont mis fin à la tyrannie des clans et des factions qu'en se donnant, contraintes et forcées, à d'autres tyrans, hommes de guerre venus d'ailleurs ou chefs de l'un des clans.

Cela va à l'encontre de ce que l'on a appris et, par conséquent, de tout ce que, d'instinct et d'habitude, l'on imagine et l'on accepte. Et l'on comprend que de longues et véritables recherches sur tous ces aspects de la vie politique des "communes" n'aient pas encore été très nombreuses[95]. On peut tout de même le regretter.

L'ouverture aux autres ; l'Orient bienfaisant

L'héritage de François Ier : images, rêves et alliances

Après de longs temps où l'Histoire tendait à exalter la patrie, puis la nation voire la race, nous en sommes, depuis une bonne centaine d'années, à l'ouverture au monde et à ne porter au pinacle que des hommes et des sociétés présentés, souvent en forçant quelque peu la mesure, comme les précurseurs ou les champions de l'entente entre les peuples. Plus particulièrement s'il s'agit de sociétés et de "cultures" notoirement différentes, sinon inconciliables.

La fascination de l'Orient, imposée par une volonté politique, s'est affirmée dans toutes sortes d'œuvres littéraires et artistiques au point de l'emporter sur toute autre source d'inspiration. Cela remonte au XVIe siècle, au temps où François Ier fit, pour justifier l'alliance politico-militaire avec les Ottomans, écrire nombre de mémoires, de pamphlets, de récits d'ambassadeurs et d'aventuriers pour vanter les charmes d'une culture et d'une civilisation orientales, plus généreuses, plus "libres" que les nôtres.

Le ton fut donné par les auteurs à gages chargés de tout écrire au gré du roi. À leur tête, la famille des Du Bellay : Guillaume qui, lieutenant du roi dans le Piémont, avait été prisonnier à Padoue, « rédacteur attitré des épîtres royales », en fait artisan patenté de fausses lettres royales et de fausses déclarations des docteurs de l'Université, co-auteur, avec son frère Martin de célèbres *Mémoires* qui n'avaient d'autre prétention que d'enseigner ce que l'on devait croire ; ce Martin donc, lui aussi alchimiste et diffuseur de faux documents, expert dans l'art de truquer les mémoires et les chiffres et « qui tenait pour habitude d'inverser les dates pour faire penser qu'un événement était la conséquence d'un au-

---

[95] Cf. cependant l'ouvrage récent de J.-Cl. MAIRE-VIGUEUR, *Cavaliers et citoyens. Guerre, conflits et société dans l'Italie communale, XIIe-XIIIe siècles*, 2003.

tre » ; Jean, le cardinal, ambassadeur appliqué à convaincre le pape de renoncer à une ligue catholique ; son neveu Joachim, le poète, qui dit ne pas aimer Rome et, pour bien servir, composa d'insipides vers de mirliton à la gloire d'un petit amiral de France dont le seul titre à l'immortalité fut de croiser dans le sillage des Turcs.

Ce beau travail, appuyé de tous côtés, n'a cessé de porter de beaux fruits. Absents de Lépante en 1571, les Français l'étaient aussi pour délivrer Vienne en 1683. Pour faire, une fois encore, oublier la honte, il fallait renchérir. Alors que Venise, avec Vivaldi et la Juditha triomphante, chantait la gloire des combattants de la foi, les fêtes de cour au temps de Louis XIV ne pouvaient se passer de turqueries. Le chevalier d'Arvieux, ambassadeur à Alger puis à Alep, homme d'aventures, fournit à Molière l'idée de son Mamamouchi ; ses *Mémoires* ont forgé et imposé l'image de l'Arabe, homme de belle taille, sans doute détrousseur de caravanes et quelque peu pillard, mais de si grande allure et de si forte noblesse qu'on ne saurait lui en vouloir. Et Molière montrait, dans *L'Avare* (1688), Marianne, enlevée par les corsaires barbaresques, revenant intacte et pure après dix ans de captivité, pour épouser le fils d'Harpagon. Près d'un demi siècle plus tard, en 1735, la première escale des deux amants des *Indes galantes*, grand spectacle, étonnantes machineries, ballets somptueux sur la musique de Jean-Philippe Rameau, voit la captive Émilie résister sans mal, fidèle à son Valère, au sultan Oman. Lequel Oman, reconnaissant le jeune homme pour le fils de l'un de ses amis, bénissait les amoureux et les faisait ramener chez eux.

L'Europe a suivi et les mêmes thèmes furent, des siècles durant, repris à l'infini. L'*Enlèvement au sérail* (1792) de Mozart, opéra léger, charmant, administre pourtant, si l'on s'abstrait des magnifiques chants de la douce Constance, chrétienne naufragée, esclave du Pacha, une grande leçon. Ce pacha, amoureux rebuté, pardonne et laisse l'amant Belmonte enlever Constance. Il tait sa douleur et son désir de vengeance, oubliant que son bourreau, le responsable de tous ses malheurs d'autrefois, n'est autre que le père de Belmonte qui fut gouverneur d'Oran. Merveilleuse générosité dont seul un Turc serait capable ? Pas vraiment un Turc, puisque ce pacha, est un renégat. Ce qui va un peu plus loin dans la démonstration : la vraie vertu ne se trouve pas seulement chez les ennemis, mais, plus encore, chez ceux qui ont renié leur pays et leur foi. Isabelle, l'*Italienne à Alger* de Rossini (1813), est, elle, tombée amoureuse du bey, le lourdaud Mustapha, mais elle le berne et le ridiculise, en lui imposant l'intronisation burlesque au titre de *Papatacci*, plus bouffon encore que le *Mamamouchi* de Monsieur Jourdain. L'important est que cela finisse toujours bien, que les sultans, les pachas et les beys n'usent jamais de violence et que la vertu des femmes soit évidemment préservée.

Pour les lettres, romans et contes merveilleux, ce fut une vraie folie. Antoine Galland (†1715), attaché d'ambassade à Constantinople, s'était déjà fait connaître par une *Relation de la mort du sultan Oman* et, un peu plus tard, par un traité savant intitulé *Origine et progrès du café*, lorsqu'il fit paraître un premier recueil, les *Trente nuits*, traduction de plusieurs contes orientaux. D'autres petites fantaisies du même auteur suivirent, très régulièrement, sans encore attirer beaucoup l'attention jusqu'aux *Mille et une nuits*, qui, éditées en douze volumes en 1717, firent un triomphe, à tel point que l'on ne comptait plus les continuateurs, plagiaires et imposteurs qui le démarquaient sans vergogne. Après les *Mille et un jours* de Pétis de la Croix, l'on vit sortir en hâte des presses, les *Mille et un quart d'heures*, les *Mille et une heures* puis enfin les *Mille et une soirées*. Voltaire s'inscrivit en faux contre cet étrange engouement, et Diderot fit, en 1748, éditer ses *Bijoux indiscrets*, roman tout en clés qui, sous les traits du sultan et de la grande sultane, des favorites, des eunuques, du grand vizir et des *agas*, mettait en scène Louis XIV et Louis XV, Madame de Pompadour, le marquis de Richelieu et plusieurs princes ou grands seigneurs du royaume.

L'Histoire ne pouvait rester à la traîne. Un bon nombre d'auteurs de toutes eaux qui tous prétendaient offrir à leurs lecteurs de véritables romans historiques rivalisèrent d'imagination, ne citant bien sûr jamais leurs sources, soignant surtout les titres de leurs œuvrettes. Ce fut une grande tornade. Quelques-uns, plus audacieux, violaient davantage cette Histoire devenue leur gagne-pain en prenant pour cadre de leurs intrigues le temps de François Ier et de l'alliance franco-turque, suivant l'exemple de Madame de Scudéry, femme de lettres étonnamment prolixe, qui, en 1642, avait écrit l'*Ibrahim ou l'Illustre Bassa* (Pacha). En un discours quelque peu embrouillé, elle y contait le malheureux destin de ce grand vizir de Sélim II, victime des vilaines manœuvres du corsaire Barberousse et de la favorite Roxane.

Les vrais et bons historiens ne sont pas demeurés insensibles et se sont, eux aussi, laissés séduire par la fascination des terres lointaines. Au temps de l'expansion outre-mer, de la turcophilie jusqu'au déraisonnable et des peintres orientalistes tels Géricault et Florentin, nombre d'auteurs ont suivi la mode et, pour répondre aux attentes et aux goûts de leur temps, eux-mêmes convaincus peut-être, ont systématiquement exagéré l'importance des échanges culturels et des relations marchandes avec les terres d'au-delà. On a trop dirigé les recherches en ce sens, au prix de négliger d'autres secteurs tout aussi essentiels pourtant, et, de livre en livre, de manuel en manuel, jusqu'à aujourd'hui encore, on est retombé dans les mêmes erreurs.

Nous devons tout aux Arabes

Par un curieux acharnement à travestir le vrai, nos livres pour l'enseignement, des petites classes aux lycées, s'appliquent à faire croire que les auteurs de l'Antiquité ont tous sombré dans un noir oubli dès la chute de Rome et ne furent à nouveau connus en Occident que par les Arabes qui, eux, prenaient soin de les traduire. Ce n'est qu'au temps de la Renaissance, au réveil d'un sommeil de plus de mille années, que les humanistes, en Italie puis en France et en Angleterre, auraient pris le relais et étudié les textes grecs et romains. Vérité sans appel que toutes sortes de romanciers, de polygraphes et de journalistes pour revues d'histoire ou de culture acceptent encore sans chercher à y voir d'un peu plus près. Personne ne prend même la peine de s'expliquer et de convaincre ; cela va de soi.

Pourtant, tout est à revoir. Les leçons et les principaux ouvrages des savants, philosophes, poètes et dramaturges de l'Antiquité ne furent jamais, à aucun moment, ignorés des lettrés en Occident. On nous dit « sans les Arabes, vous n'auriez pas connu Aristote ! ». C'est inexact, archi faux. Parler d'"Arabes" n'est pas seulement une facilité de langage mais une grave impropriété qui cache sans doute une mauvaise action, à savoir la volonté de taire la véritable identité des auteurs musulmans les plus féconds et les mieux connus, ceux qui ont le plus écrit en toutes sortes de domaines. C'étaient, pour la plupart, des Syriens, des Égyptiens ou des Espagnols qui, soumis par la conquête, avaient adopté la langue et l'écriture des maîtres. Les Perses, eux, avaient gardé leur langue.

En tout état de cause, les clercs d'Occident n'ont pas attendu les Musulmans. Aristote était connu et étudié à Ravenne, au temps du roi des Goths Théodoric et du philosophe Boèce, dans les années 510-520, soit plus d'un siècle avant l'hégire. Cet enseignement, celui de la *logique* notamment, n'a jamais cessé dans les écoles cathédrales puis dans les toutes premières universités et l'on se servait alors de traductions latines des textes grecs d'origine que les érudits, les philosophes et les hommes d'Église de Constantinople avaient pieusement gardés et largement diffusés. Les traductions du grec en langue arabe et de l'arabe en latin, que l'on attribue généralement à Avicenne, à Averroès et à Avicébron (auteur juif) sont apparues relativement tard, pas avant les années 1200, alors que tous les enseignements étaient déjà en place en Occident et que cela faisait plus d'un siècle que la logique, directement inspirée d'Aristote, était reconnue comme l'un des sept « arts libéraux » du cursus universitaire. De plus, ce que les Arabes donnaient à lire ne fut pas bien accepté. Les autorités ont interdit ces travaux d'auteurs musulmans qui revendiquaient pour eux seuls l'héritage antique mais ne présentaient que des versions “arrangées”, inspirées davantage par une propagande religieuse que par le respect des textes originaux. Les “traducteurs” avaient supprimé tout ce qui pouvait paraître en contradiction avec l'enseignement de l'Islam.

En tout état de cause, ces traducteurs, auxquels nous devrions tant, n'étaient certainement pas des Arabes et, pour la plupart, pas même des Musulmans. Les conquérants d'après l'hégire n'ont porté que peu d'intérêt à la philosophie des Grecs de l'Antiquité dont les populations soumises, en Mésopotamie, en Syrie et en Chaldée, gardaient pieusement les textes et l'enseignement. Les lettrés ne s'étaient pas tous convertis et n'ont pas, loin de là, adopté volontiers la langue de l'occupant. Le grec demeura langue officielle en Égypte et en Syrie jusque vers l'an 700. Le syriaque, parler araméen de la ville d'Édesse, ne fut abandonné par les lettrés qu'au cours du XIIIe siècle. Pendant plusieurs centaines d'années, les grands centres intellectuels de l'Orient, Ninive, Damas et Édesse, sont restés ceux d'avant la conquête musulmane. La transmission du savoir y était assurée de génération en génération et les nouveaux maîtres n'y pouvaient porter quoi que ce soit de leur propre. Dans les années 800, l'un des célèbres savants de Bagdad, Human ibn Isbak, helléniste distingué qui entreprit de longs voyages à travers l'Asie mineure pour recueillir quantité de manuscrits grecs, traduits ensuite dans son atelier d'écriture, était un Chrétien. En Espagne, la ville de Tolède et plusieurs autres cités épiscopales ainsi que les grands monastères étaient des centres intellectuels très actifs, tout particulièrement pour les traductions de l'antique, bien avant l'invasion musulmane et la chute des rois Visigoths. L'école des traducteurs arabes de Tolède est une légende, rien de plus.

En réalité, ces travaux des Chrétiens sous occupation musulmane n'étaient, en aucune façon, l'essentiel. Ils ne présentaient que peu d'intérêt. Les Chrétiens d'Occident allaient aux sources mêmes, là où ils étaient assurés de trouver des textes authentiques beaucoup plus variés, plus sincères et en bien plus grand nombre. Chacun savait que l'empire romain vivait toujours, intact, vigoureux sur le plan intellectuel, en Orient. Métropole religieuse, siège du patriarche, Constantinople est demeurée, jusqu'à sa chute et sa mort sous les coups des ottomans de Mehmet II, en 1453, un centre de savoir inégalé partout ailleurs. On n'avait nul besoin d'aller chercher l'héritage grec et latin à Bagdad ou à Cordoue : il survivait, impérieux et impérissable, dans cette ville chrétienne, dans ses écoles, ses académies et ses communautés monastiques. Le patriarche Photius (†895) avait lui-même écrit une longue suite d'exégèses des auteurs latins rassemblés par ses disciples. Les peintures murales et les sculptures des palais impériaux contaient les exploits d'Achille et d'Alexandre et l'empereur Constantin Porphyrogénète (†951) accueillait dans sa cour tout un cercle de savants et d'encyclopédistes.

Les hommes d'Église et les hommes de pouvoir, les marchands mêmes, fréquentaient régulièrement Constantinople et avaient tout à y apprendre. Nos livres de classe disent qu'ils ont attendu les années 1450 et la fuite des habitants des rives du Bosphore devant les Turcs pour les découvrir et connaître les savants et les lettrés grecs, pour faire d'eux leurs maîtres, mais c'est, là encore, pécher par ignorance ou par volonté de tromper. C'est écrire comme si l'on pouvait tout ignorer des innombrables séjours dans l'Orient, mais dans un Orient chrétien de ces Latins curieux d'un héritage qu'ils ne pouvaient oublier. La ville phare du Levant, objet des rêves et des convoitises, n'était ni Bagdad ni Le Caire, mais bien cette métropole chrétienne et grecque, où l'on parlait grec et où tout semblait plus riche, plus merveilleux. En comparaison, les pays d'Islam n'apportaient rien d'équivalent. Pas même sur le plan des affaires : le grand marché pour quantité de produits, et tout spécialement pour le luxe, était à Constantinople, dans les échelles et les ports de ce quartier riverain de la Corne d'Or. Un peu plus de trente années après la première croisade, un Burgundio de Pise, fils de négociant croit-on, y a vécu pendant six années, de 1135 à 1140. Passionné de tout, il se mit à l'œuvre pour traduire en latin, annoter et commenter les Pères de l'Église, notamment Jean Chrysostome et Jean Damascène, puis les traités de médecine d'Hippocrate et de Galien, puis des livres d'histoire naturelle, d'agriculture et d'économie agraire. De retour, il offrit à sa ville de Pise le très célèbre manuscrit des *Pandectes*, recueil des décisions des juristes romains rassemblées par l'empereur Justinien, six cents ans plus tôt[96]. Il proposa à l'empereur Frédéric Barberousse un vaste projet de traductions de tous les ouvrages grecs que l'on pourrait trouver.

Burgundio fit école ; il eut de nombreux disciples, notamment à l'Université de Bologne : Rolando Bandinelli, maître en théologie, plus tard pape sous le nom d'Alexandre III et Uguccione, professeur de droit canon puis évêque de Ferrare[97]. Ces gens-là n'avaient que faire des traductions, ou pseudo-traductions, des "Arabes".

---

[96] Ce manuscrit, gardé jalousement à Pise, fut emporté par les Médicis lors de la prise de la cité. Il fut conservé à la *Lorenziana*. Le prince de la Renaissance a pillé ce qu'avait recueilli un marchand du Moyen Âge.

[97] Y. RENOUARD, *Les villes d'Italie de la fin du Xe siècle au début du XIVe siècle*, 2e éd.1969, pp.189-190.

L'Espagne et la Terre Sainte

Les livres de tous niveaux, ceux mêmes qui se veulent d'"Histoire" parlent communément, pour les siècles d'avant la *Reconquista* chrétienne, d'une Espagne « des trois cultures ». Mais tous les textes disent l'exact contraire : c'étaient en fait deux Espagnes, l'une chrétienne, l'autre musulmane qui ne pouvaient s'entendre, se faisaient constamment la guerre. La troisième "culture" étant celle des Juifs, celle d'une minorité soumise au pouvoir dans l'une et l'autre, gardant et cultivant soigneusement sa religion et ses traditions ancestrales sans rien vouloir en perdre.

Nos bons auteurs qui ne manquaient pas de dénoncer l'intolérance des Chrétiens d'Occident montraient pourtant sous un jour plutôt bienveillant les chevaliers chrétiens des premières croisades qui, établis dans le pays, auraient peu à peu appris à connaître les Musulmans, et auraient même adopté leurs usages, leurs styles de vie, leurs façons de s'habiller et, parfois, leur langue et leurs monnaies. À ces hommes appelés les "poulains" qui avaient su entretenir des relations de bon voisinage avec les "Arabes" jusqu'à épouser leurs filles, ils opposaient volontiers les nouveaux venus, les croisés des années 1200, des rustres ignorant tout du pays qui ne songeaient qu'aux razzias et qui, par leurs attaques sanguinaires et trop hasardeuses, auraient précipité la chute du royaume latin de Jérusalem. L'hypothèse n'est pas simple vue de l'esprit ; elle met bien en relief de graves querelles dans le camp même des Francs mais exagère de beaucoup les contacts bienveillants entre Chrétiens et Musulmans. La réalité est toute différente. Du fait des guerres, les états latins de Terre Sainte avaient perdu beaucoup d'hommes, tués ou prisonniers, et les chevaliers survivants, de moins en moins nombreux, trouvaient aisément à épouser les veuves, héritières et maîtresses des seigneuries. De plus, il est bien évident que, s'ils se mariaient avec des femmes du pays, ce n'était pas avec des Musulmanes mais avec des Chrétiennes, avec des Arméniennes du comté d'Édesse ou de la région de Tarse, ou avec d'autres femmes, chrétiennes elles aussi de Jérusalem et de Palestine. De ces mariages, l'on préférait ne pas parler pour ne pas dire qu'à l'époque de la reconquête par les Latins, la majorité des populations étaient encore de confession chrétienne.

On veut, à tout prix, présumer de la bonne volonté des champions de la tolérance et de l'"ouverture à l'autre". D'où, très souvent, d'étranges contorsions de plume pour dire et faire croire le contraire de ce qui était, mais ces démarches aventureuses, menées dans l'aveugle ou presque, sont le plus souvent sources d'erreurs. René Grousset, remarquable historien de l'Orient au temps des croisades, auteur d'une très savante *Histoire des croisades* en trois volumes et, par ailleurs, d'un tout petit livre, destiné certainement à un autre public, intitulé l'*Épopée des croisades,* développe dans l'un et l'autre, nous dirions complaisamment, l'image de deux paladins, l'un musulman l'autre chrétien, Saladin et Richard Cœur de Lion, hommes tous deux de grand cœur, tolérants, "ouverts" sans nul doute, en somme deux amis, hautes figures morales en ces temps de barbarie. Fatigués de se faire la guerre, ils auraient, pour le bien de leurs peuples appelés à vivre ensemble, cherché l'entente et signé la paix. Par pure bonté d'âme, notamment de la part de Saladin. Cette légende court encore jusque dans nos manuels et dans de bons écrits. Tout est fruit de l'invention. Richard, absent de son royaume depuis de longues années, voulait y rentrer pour triompher de ceux qui s'appliquaient à l'évincer. Surtout, Saladin n'a pas signé par amour de la paix mais contraint et forcé : après trois lourdes défaites devant Saint-Jean-d'Acre et sur la route de Jérusalem, ses troupes décimées, réduites à presque rien, incapable de résister à l'avance des Latins, il ne pouvait faire autrement que de négocier et lui aussi tenait à s'assurer de son pouvoir sur ses terres, en Égypte, pouvoir gravement menacé sinon mis à bas par des adversaires résolus et des émeutes populaires.

Les mêmes auteurs ont, très exactement, usé de même pour décrypter (si l'on peut dire) un autre épisode resté justement célèbre de cette Histoire des États latins de Terre Sainte. Ils ont montré l'empereur Frédéric II et le sultan Malik al-Kamil signant eux aussi une sorte de paix des braves. Le vrai est que l'empereur germanique, vainqueur sur tous les fronts, avait, après avoir fait remparer les fortifications de Jaffa, mené sur Jérusalem une marche impressionnante, irrésistible. Le sultan n'était pas en mesure de l'arrêter et, signant la paix, lui fit ouvrir les portes de la ville sainte où Frédéric se fit couronner roi (en 1229).

De plus, l'image de Frédéric II présentée dans toutes les leçons, jusque parfois dans les universités, est complètement faussée. Les historiens respectueux de certains clichés, englués dans des *a priori* imposés depuis de longues années, ne pouvaient en faire un héros de la Chrétienté. Ils l'ont montré sous l'habit d'un champion de la tolérance, un phare d'intelligence qui préférait résider à Palerme que dans les brumes des pays allemands et recevait à sa cour, honorés et comblés de faveurs, les lettrés et les savants "arabes". Aussi ont-ils écrit, sans trop s'embarrasser de précautions, que cet homme, empereur germanique, dont l'un des grands mérites était sûrement d'avoir été excommunié par deux fois par le pape Grégoire IX (non pour ses sympathies culturelles, non pour hérésie, mais tout simplement pour ses projets de conquérir l'Italie), n'était pas allé en Orient pour combattre les Musulmans et pour délivrer Jérusalem mais par l'ardent désir d'"entendre à loisir le chant du muezzin". René Grousset écrit tout bonnement que ce fut « une croisade excommuniée [ce qui est faux] islamophile et anti franque » !

Les épices, le poivre et les mirobalans[98]

Tous les historiens de l'économie méditerranéenne, de l'Antiquité à la Révolution industrielle, en passant par le Moyen Âge et les Temps modernes, ont écrit que les grandes entreprises marchandes devaient leur développement, leurs succès et leurs fortunes au commerce avec les pays d'Orient, commerce dit communément, on ne sait à partir de quand et pourquoi, commerce des "épices". C'est un mythe, en tout cas un cliché obligé. Cela paraissait une telle évidence que, pendant longtemps et même jusqu'à nos jours, l'on a négligé d'étudier d'autres secteurs d'activités qui ont bien davantage compté. Les documents de l'époque, de quelque nature qu'ils soient, disent clairement que ce trafic ne devait pas représenter l'essentiel, loin de là.

---

[98] On désignait sous le nom de mirobalans ou myrobalans différentes espèces de graines provenant d'arbres tropicaux ; on les utilisait comme purgatif, pour tanner les peaux et teindre les draps. L'écorce de l'arbre appelé badanier donnait un vernis, que l'on appelait la laque de Chine, ou du benjoin.

L'histoire du commerce des grains, du sel, des laines et des autres produits de consommation courante, pour une bonne part reste à faire. Nous ne savons rien ou presque rien sur les grands trafics des blés, sur les qualités, sur les crus du froment que les contemporains savaient pourtant bien distinguer. L'étude même des épices, simples condiments ou produits médicinaux, onguents et crèmes ou produits tinctoriaux, paraît trop rudimentaire lorsqu'elle privilégie celles d'Orient et, parmi celles-ci, le poivre et le gingembre pour à peine parler des autres. Qui prend la peine de souligner que l'épice la plus appréciée et la plus chère n'était ni le poivre ni le gingembre mais le safran, épice occidentale qui fit très tôt la fortune des marchands florentins, exportée dans les années mille vers Constantinople et vers les pays musulmans ? Ce safran d'Aragon et du Languedoc français, de Bruniquel notamment, vendu dans tout l'Occident pour la cuisine et la teinture des draps, n'a fait l'objet que de rares études et n'est pas régulièrement rappelé, à sa place, dans nos livres et dans nos manuels.

Ceux qui ne veulent considérer que l'Orient oublient trop volontiers que les énormes flottes marchandes des Italiens, au retour de Constantinople, de Beyrouth ou d'Alexandrie d'Égypte, ne ramenaient tous comptes faits que peu d'épices, au sens où nous l'entendons mais surtout du coton, des blés de la mer Noire, du sel, de l'alun de l'Asie mineure. Quant aux épices orientales proprement dites, le gros marché n'était pas le poivre mais celui des soies et des soieries, produits bien plus précieux qui, partout, atteignaient de bien plus hauts prix : la soie grège se négociait, à poids égal, dix à douze fois le prix du poivre. Magie des mots, épices, poivre et cannelle... sans doute assez peu de chose.

Nous sommes tous persuadés, depuis très longtemps, que la découverte de la route maritime des Indes par le contournement de l'Afrique avait été l'un des événements majeurs, le plus lourd de conséquences sans nul doute, de l'histoire du trafic maritime. Cela se lit sous la plume des meilleurs auteurs du XIXe siècle et fut constamment repris, sans discontinuer, jusqu'à aujourd'hui, où nous retrouvons partout cette route des Indes, dans nos manuels et dans nos magazines.

Les Portugais y ont mis beaucoup de temps et d'ardeur. Chaque année, ils lançaient leurs caravelles toujours plus loin vers le

Sud le long des côtes d'Afrique et ont enfin ouvert la route. Des tout premiers chevaliers d'Henri le Navigateur dans les années 1430, jusqu'à Bartolomé Dias qui découvrit le cap de Bonne Espérance dans l'hiver 1487-1488, et à Vasco de Gama qui atteignit Calicut en 1498, toutes les escales sont parfaitement situées, l'avance exactement mesurée.

Les chroniqueurs portugais de ce temps, émerveillés par ces aventures qui se renouvelaient chaque année, rapportaient dans leurs récits chaque épisode de l'exploration de l'Afrique, présentée comme une grande épopée. Mais les historiens qui veulent tout expliquer par l'économie et la quête aux profits, ont régulièrement laissé croire que ces tentatives hasardeuses poursuivies pendant plus de soixante ans n'avaient d'autre but que d'aller chercher du poivre et autres condiments exotiques. Ils ne voulaient imaginer que les étapes et les découvertes au long du chemin puissent avoir quelque intérêt. Pour eux, l'Afrique ne comptait pas et les Portugais, qui ne rêvaient donc que de l'Inde, n'avaient aucun désir de s'attarder en route en l'une des escales et encore moins de s'y établir. Ce n'étaient que des points d'appui pour aller plus loin et tous ces efforts n'avaient d'autre but que de pouvoir ramener des cargaisons de poivre.

Obnubilés par des horizons plus lointains, fascinés par les tropiques, les auteurs, en France en tout cas, passaient très vite et ne parlaient même pas des raids dans le Rio de Oro, de l'expédition à remonter le fleuve Gambie jusque très loin du littoral et des trafics de l'or, des échanges directs avec les Noirs, sans intermédiaires berbères ou arabes. Ils ne citaient pas souvent São Jorge de la Mina, énorme forteresse dressée en 1482 sur la Côte de l'Or, dont la construction, décidée, financée et contrôlée par le roi du Portugal, avait nécessité l'envoi de neuf très gros navires chargés de pierres taillées et de tuiles cuites. Cent maçons et charpentiers, venus directement du Portugal, ont fait surgir d'une terre hostile cette cité forte, cité marchande aussi où se sont établis de nombreux négociants et artisans. L'historien aurait trouvé plus à dire en s'intéressant au trafic de l'or à la Mina plutôt qu'à une course éperdue vers les marchés du poivre, fruit, pour une bonne part, de son imagination. Il lui suffisait de lire les témoignages de l'époque.

Pressés de suivre les caravelles vers la pointe sud de l'Afrique, rares sont encore les historiens qui se préoccupent d'évoquer les multiples comptoirs portugais de l'Angola actuel, à l'embouchure de chaque fleuve ni ceux, à peine identifiés, aventurés loin dans l'intérieur. Négligence ou plutôt aveuglement qui fausse complètement l'histoire de la traite négrière : on a coutume de ne l'étudier qu'à partir des voyages "triangulaires" des Français et des Anglais, quelque deux cents ans après l'établissement des Portugais sur les marchés africains. Et on réduit cette traite à quelques comptoirs du littoral, au temps d'escale des navires et à des transactions souvent très rapides, de simples trocs, alors que les hommes de São Tomé, du Cap Vert et de l'Algarve, "forbans et coureurs d'aventures", exploraient de vastes territoires jusqu'au cœur des royaumes indigènes, prenaient pour femmes les filles des chefs et fondaient des états métis esclavagistes, maîtres de fortins, de camps et de marchés, servis par des troupes de guerriers.

Sur la même lancée, nos manuels nous montrent Vasco de Gama remontant la côte d'Afrique orientale vers le nord avec, pour seule préoccupation, de trouver un port d'où les marchands musulmans lançaient leurs navires vers l'Inde. Il les rencontra à Mombassa ou à Mogadiscio et, effectivement, se fit conduire par un pilote "arabe" jusqu'à Calicut (Koskikode aujourd'hui) sur la côte de Malabar. La route maritime du Portugal aux Indes était enfin trouvée et ce fut, doit-on penser, un grand tournant dans le rapport des forces entre les nations, les Portugais s'assurant une sorte de monopole du trafic des épices. On oublie simplement de dire que leur trafic maritime, leurs armateurs et leurs négociants devaient tenir compte des attaques des corsaires ou des pirates et des marchés de contrebande. Tout le poivre acheté en Inde par les Portugais n'arrivait pas à Lisbonne.

L'historien s'en tient là. Obsédé par ces merveilleuses épices, il néglige ce qui était, à l'époque, certainement ressenti comme la principale raison de tant d'efforts, de tant d'argent investi et de tant d'hommes perdus, non dans les tempêtes de mer mais dans les combats contre l'Islam dans tout l'océan Indien et en mer Rouge. Dans les mêmes années où les premiers navires marchands allaient charger le poivre à Calicut, d'autres flottes, flottes royales infiniment plus fortes, puissamment armées, se désintéressaient du continent indien et n'y recherchaient en aucune manière d'autres marchés. Les Portugais n'ont pas, avant quelque temps, établi de comptoirs dans l'Inde et n'ont pas progressé plus loin vers l'est mais ils croisaient le long de l'Afrique toujours plus loin vers le nord. Dès 1499, Vasco de Gama menait ses hommes sur la côte africaine des Somalis. En 1506, dix-huit ans après la découverte du Cap, huit ans après l'arrivée à Calicut, Pedro de Anaia s'emparait de Sofala ; ses hommes dressèrent en quelques mois une magnifique forteresse. Ils firent la chasse aux Musulmans et mirent la main sur le trafic de l'ivoire et de l'or. L'an 1517, une autre armée prenait et brûlait la ville de Zeila, face à Aden, où les Arabes s'étaient établis plus de trois siècles plus tôt. Enfin, le 12 février, quatre cents hommes, sous le commandement de Christophe de Gama, le quatrième fils de Vasco, débarquaient à Massaoua et gagnaient les hauts plateaux abyssins par une longue et terrible marche. Deux ans plus tard, en 1543, ils infligeaient une rude défaite à l'armée de l'iman Gran qui, renforcé par un millier de Turcs et une dizaine de canons, allait achever la conquête de l'Éthiopie. Les Turcs furent définitivement chassés de cette partie de l'Afrique en 1558 et les Portugais lançaient leurs attaques dans le Golfe persique jusqu'à Ormuz.

À tout considérer, la découverte de la route des Indes était sans doute un bon résultat, non négligeable, mais non le but essentiel d'une politique qui visait avant tout à freiner les Musulmans dans leurs conquêtes. Le roi du Portugal s'était informé et avait préparé le terrain. En 1487, il avait chargé Pedro de Cavilha d'une mission d'exploration qui, du Caire, l'avait conduit au port de Souakim, puis, passant la mer Rouge, à La Mecque et à Ormuz pour finir sa vie en Arabie, captif, après trois longues années de pérégrinations à travers la péninsule. On savait tout à Lisbonne de l'état de ces pays et des ambitions des Ottomans qui, après avoir arraché l'Égypte aux Mamelouks, se lançaient à la conquête de l'Éthiopie.

Les Portugais ont sauvé de l'invasion et de la destruction ce royaume chrétien, que les lettrés et les hommes d'Église d'Occident disaient gouverné par un « Prêtre Jean ». Les Turcs, tenus en échec dans la mer Rouge en 1558, furent, quelques années plus tard, défaits et arrêtés net dans leurs projets de conquête de l'Italie à Lépante, en 1571. Les deux campagnes, celle des Portugais, puis celle de la Sainte Ligue, des Espagnols et des Italiens, ont, à peu de temps d'intervalle, poursuivi les mêmes buts et mis un terme à l'avance des Ottomans. Porter tant d'intérêt à la route des épices est, du point de vue historique, présenter un tableau manifestement très incomplet des entreprises poursuivies pendant plusieurs décennies par les Portugais. C'est négliger le religieux et le politique.

On ne peut tout dire à l'école, ni au collège ni au lycée. Le temps presse toujours et les auteurs des manuels savent qu'ils doivent compter leurs pages ou leurs signes et rogner encore pour faire plaisir aux maquettistes. Doit-on, pour autant, écrire n'importe quoi et présenter pour principal ce qui, manifestement, n'était pas le plus important ? Privilégier la route de l'Inde et les épices fait que le professeur comme, d'ailleurs, le journaliste des pages culturelles, ne disent pas un mot de l'implantation lusitanienne en Afrique, occidentale et orientale. Nous enseignons Cortez et Pizarre, la conquête de l'empire aztèque et la chute des Incas mais ne parlons ni de l'Angola découvert en 1482 ni du Mozambique et du royaume de Monomotapa.

Autre point fort du répertoire des sornettes : la ruine de Gênes et de Venise. Les Portugais auraient tout aussitôt confisqué le trafic des épices orientales. Ils pouvaient poivrer tous leurs plats et mettre du gingembre partout, en dés, en lamelles, en confit, inventant à loisir d'autres recettes. Du coup, les nations maritimes d'Italie dont le commerce et la richesse dépendaient, disait-on, des importations de ces épices, auraient gravement souffert, provoquant même une décadence sans appel de leurs activités. L'hypothèse lancée, une vérité bancale affirmée, cela suffisait. Ce sont discours que nous tenons encore. Si l'on s'était donné la peine de lire les chroniqueurs et les historiens d'Italie, l'on aurait vu qu'ils en parlent à peine, ou pas du tout. On pouvait aussi étudier les registres de douanes pour voir ce qu'ils disaient de cette chute ou ruine des trafics, pour tenter de situer les étapes et l'ampleur d'un tel effondrement économique. Et, peut-être, parler aux touristes, curieux d'art et d'histoire, qui voient chaque jour, à Venise et à Gênes, que les plus riches palais, les plus belles églises, embellies de remarquables œuvres d'art, datent, pour une bonne part, sans doute même pour la majeure part, des XVIe et XVIIe siècles, temps d'après cette ruine supposée. Et parler aussi aux historiens de la marine qui auraient rappelé qu'en 1531 les

Génois étaient toujours dans l'état d'armer l'une des plus puissantes flottes guerrières de la Méditerranée, celle qu'Andreà Doria conduisit prendre Tunis. Et qu'en 1571, les Vénitiens furent le principal soutien des Espagnols et de don Juan d'Autriche à Lépante. Mais l'Histoire bâtie à coups d'hypothèse veut ignorer les "batailles" et l'Histoire enseignée en France ne veut pas entendre parler de Lépante.

des Lumières" pour désigner ce pauvre et médiocre temps des petits hommes[100] qu'il faut pourtant déguiser en "philosophes" ? Diderot et Rousseau philosophes ? Autant ou plus que Montaigne et Pascal ? Nous savons ce que furent les Assemblées révolutionnaires de 1789-1794 élues au prix de tristes magouilles. Nous savons aussi que, pour la Convention, le scrutin s'est tenu dans un tel climat de terreur qu'un électeur sur dix seulement était venu voter. Mais nous parlons tout de même et contre toute vraisemblance de la « volonté du peuple » et, voyons en ces tristes clubs d'usurpateurs l'amorce de démocraties. Il n'est pas un seul livre d'Histoire largement diffusé, pas un manuel en tout cas qui prendrait la liberté de rappeler que les "Droits de l'Homme" proclamés en 1789, ne faisaient nulle référence à ceux de la Femme et à l'abolition de l'esclavage.

Effets de mode et respect d'un conformisme de bon aloi, ces fausses certitudes générées puis imposées, de génération en génération, par l'emploi quasi obligé d'un mot trompeur ont tout naturellement (c'était bien le but de ces opérations) lourdement pesé sur les analyses et les interprétations des événements, en somme sur la recherche, prise en main par accords tacites étonnamment efficaces, encadrée, toujours paralysée ou orientée. Le discours historique peut difficilement faire l'économie des formules acceptées et se trouve comme figé. Aux thèses nouvelles et aux travaux sérieux, fruits de longues recherches, le public oppose tout naturellement des vérités avérées, inébranlables.

Cela vaut pour des mots tout ordinaires que nous employons sans y prêter attention et nous poser de questions, persuadés qu'il en fut toujours ainsi et que nous ne saurions en trouver d'autres mieux adaptés. Or ce sont, très souvent, des façons de parler imposées par des choix tardifs, plusieurs siècles après l'événement, et prises ensuite pour habitudes. Ces mots que les contemporains n'ont pas employés, mots d'historiens donc, furent inventés dans le but de mieux caractériser, et, généralement d'imposer une certaine façon d'interpréter l'événement. Chaque champ de la recherche historique en fut marqué et celui des rapports et des

---

[100] P. CHAUNU, *La civilisation de l'Europe des Lumières*, 1971. – J. de VIGUERIE, *Histoire et dictionnaire du temps des Lumières*, 1995.

affrontements entre Occident et Orient, entre Chrétienté et Islam, peut-être plus que d'autres.

Croisades

Urbain II prêchant à Clermont et les quatre chroniqueurs, témoins des combats et de la prise de Jérusalem, puis les historiens contemporains appliqués à retracer le film des événements n'ont jamais employé ce mot. Pour tous, les hommes qui abandonnaient leurs familles et leurs biens pour se mettre au service du Christ et délivrer le Saint Sépulcre étaient des "pèlerins", non des "croisés". Il en fut ainsi pendant des siècles. Si Joinville parle, en un seul moment, d'un "doux croisement", c'est pour évoquer la prise de croix de son roi, non l'expédition armée en terre d'outre-mer. Le mot n'est pas "croisade" et le sens est différent. Au temps des grands périls, dans les années 1450, les papes, Sixte IV, Nicolas V et Calixte III ont appelé les nations d'Occident à conclure la paix et à rassembler leurs forces pour la défense des Chrétiens d'Orient tombés sous le joug ottoman, mais "croisade" ne figure pas dans les bulles pontificales et pas davantage dans les quelque vingt serments retranscrits par Olivier de La Marche parmi ceux prêtés par les seigneurs bourguignons lors du banquet du vœu du faisan, à Lille, le 17 février 1454[101].

Ce mot que nous employons tous et qui nous paraît aller de soi n'est pas apparu avant les années 1500, sous la plume d'auteurs qui parlaient d'un passé bien révolu. Jérusalem et les Lieux Saints n'étaient plus de saison. C'est donc bien une invention non des contemporains, engagés dans l'événement, mais d'écrivains appliqués à décrire et à interpréter, inévitablement à donner une couleur particulière. Mot "historique", trouvé longtemps après coup, forcément suspect.

Cours naturel des choses, le sens a beaucoup évolué et s'est durci pour suggérer un combat acharné, une sorte de guerre sainte. Certains chefs d'État disent aujourd'hui partir en croisade

[101] Le *Littré* ne cite que deux exemples d'un mot approchant et certainement peu courant : MONSTRELET dit que le pape a ordonné une "croiserie" contre les Pragois et MATHIEU DE COUCY (*Histoire de Charles VII)* parle d'une "croisée" contre les Turcs.

contre les maléfices et les affreux, contre le sida et le cancer, contre les terroristes et contre les racistes. C'est la lutte du Bien contre le Mal.

Parler de croisades pour des expéditions dont le but était d'abord et avant tout d'assurer le libre accès aux Lieux Saints de Jérusalem, est travestir du tout au tout la réalité. C'est, volontairement ou non, proposer une sorte de parallèle entre ces grands mouvements d'un peuple chrétien, entre ces pèlerinages de foules populaires encadrées par des forces armées, et la guerre sainte des Musulmans. En 1096, les Francs n'ont absolument pas prêté serment de mener une guerre impitoyable contre les Musulmans et d'anéantir l'Islam, pour la simple raison qu'ils ignoraient tout de cet Islam, jusqu'à son existence même. Ils se sont armés pour pouvoir prier librement au Saint Sépulcre. C'est à Constantinople que l'empereur Alexis Comnène leur a parlé de reconquérir des territoires autrefois administrés par les Grecs et encore peuplés par de fortes, de très fortes minorités de Chrétiens. Ils partaient combattre des peuples qu'ils ne parvenaient pas à bien définir et qu'ils ne savaient trop comment nommer. Les mots de Musulmans et de Mahomet ne figurent dans aucun des textes de l'époque. C'étaient, disaient-ils tout communément, des Babyloniens, des Assyriens ou des Parthes et, faute de trouver mieux, à court de références à l'antique, ils les affublaient de noms extravagants empruntés aux Grecs et copieusement déformés.

Le mot de croisades employé sciemment traduit une volonté délibérée de donner à ces entreprises, aujourd'hui unanimement condamnées, un sens, une couleur qu'elles n'avaient pas. C'est, sans prendre peine du moindre examen, proposer une interprétation des faits entachée de lourdes erreurs. Par refus d'utiliser le mot de pèlerin, reflet de ce que les hommes de l'époque ressentaient et voulaient exprimer, nous rassemblons et enfermons sous un même vocable des entreprises qui se sont succédé pendant des siècles, très nombreuses, venues d'horizons fort éloignés les uns des autres, mises en place dans des contextes politiques et sociaux forcément très différents. Rien ne se peut comparer, et user du même mot pour des événements différents est, comme toujours, s'interdire d'étudier plus avant pour montrer la véritable nature, souvent très particulière, de chacune de ces "croisades". Cela aurait, par exemple, évité d'opposer une croisade que l'on a pris l'habitude de dire "des pauvres gens" à celle des "barons" que l'on imagine comme une véritable troupe d'hommes de guerre, combattants de métier, rassemblés et lancés dans l'aventure avec, pour seul but, d'occuper des territoires alors qu'elles menaient aussi des foules innombrables de petites gens, pauvres, misérables, incapables de combattre. Non des armées mais un peuple en marche. De ce fait, l'étude de la sociologie des "croisades" est encore, pour une bonne part, à faire. Et de même, sans doute, pour ce qu'il convient toujours d'appeler l'"esprit de croisade".

Byzantin

Empire byzantin pour désigner l'empire romain d'Orient traduit aussi un choix qui n'est pas seulement de hasard ou de commodité. Le mot est, semble-t-il, apparu au cours du XVIIe siècle, près de deux cents ans après la chute et la destruction de Constantinople par les Turcs ottomans. Jusqu'alors, il était clair que Constantinople était non pas, comme on l'écrit trop souvent, l'héritière mais bien la seule survivance de Rome. Son histoire s'inscrivait dans la directe continuité de celle des grands empereurs de l'Antiquité. Les Grecs de Constantinople se disaient toujours *Romains*. Nicetas Choniates, lorsqu'il cite les alliés de l'empereur Manuel Comnène contre Frédéric Barberousse, nomme Venise, Gênes, Pise et Ancône, toutes villes "amies des Romains". À même époque, en 1170, un autre auteur dit tout uniment que Manuel est « empereur de Constantinople et de toute la Romanie »[102]. En Occident, tout particulièrement dans le monde méditerranéen, chacun avait bien conscience que cet empire d'Orient était toujours l'empire "romain". On disait, et l'on écrivait tout ordinairement, pour évoquer les terres chrétiennes d'Orient, la *Romania*. Les navires d'Italie allaient jeter l'ancre « *in partibus romaniae* » et le convoi de Venise qui, chaque année gagnait Constantinople et les ports de la mer Noire jusqu'au fond de la mer d'Azov, à La Tana, était « *la muda di Romania*". Ceci n'a évidemment pas échappé aux historiens de Venise, tel Freddy

[102] Textes cités dans *Villes d'Italie. Textes et documents des XIIe, XIIIe et XIVe siècles*, éd. J.-L. GAULIN, A. JAMME, V. ROUCHON, P.U.Lyon, 2005, pp.48 et 230.

Thiriet qui, en 1959, publiait *La Romanie vénitienne au Moyen Âge*, ni à ceux de Gênes, tel Michel Balard, auteur, en 1978, de *La Romanie génoise (XIIe-début du XVe siècle)*.

Pourquoi ce mot de *byzantin* lancé on ne sait trop ni comment ni par qui ? Pourquoi ce rappel des lointaines origines de la ville, colonie grecque très modeste et cet intérêt, vraiment déconcertant, pour un nom qui fut abandonné lorsque Constantin en fit, l'an 324, une seconde capitale de l'empire ? On ne peut y voir qu'une intention délibérée de faire de Constantinople une cité seulement orientale, en totale rupture avec la Rome antique. C'était ramener l'empire chrétien d'Orient, romain sans conteste, à un moindre rang, le tenir pour médiocre, en quelque sorte marginal et déjà décadent. Manifestations de mépris qui se sont largement développées lorsque les historiens allemands dans les années 1800 et le temps du pangermanisme ont repris les thèmes de la propagande impériale de Charlemagne et des Ottons. Les "humanistes" anglais, admirateurs sans bornes de l'Antiquité, usaient d'autres arguments, accusant les Grecs de Constantinople d'avoir trahi ce qu'il y avait de meilleur chez les Grecs et les Romains de l'Antiquité. Ils ne parlaient que de Byzance et s'appliquaient à la montrer décadente, refuge de tous les vices : « l'empire byzantin représente, sans exception, la forme la plus basse et la plus méprisable que la civilisation ait jamais prise » et encore « ses vices étaient ceux des hommes qui avaient oublié le courage sans avoir appris la vertu... les gens ne sortaient de leur apathie que lorsque quelque subtilité théologique ou quelque course de chars les rendaient frénétiques jusqu'à l'émeute »[103].

En France, l'historiographie, fort heureusement moins marquée en ce sens, en a tout de même retenu plus d'un cliché, plus d'une mauvaise image : les fastes scandaleux de la cour "byzantine", les querelles "byzantines", les jeux du cirque et les colères populaires, les révolutions de palais, le refus de combattre même. Il fut longtemps et est encore de bon ton de faire croire que les Grecs, assiégés par quelque deux cent ou trois cent mille hommes

[103] W.E.H. LECKY, *History of European Morals*, 1869, cité par J.J. NORWICH, *A Short History of Byzantium*, 1988, éd. française *Histoire de Byzance*, 1999. Introduction.

en 1453, ont succombé sans vraiment se défendre. Un auteur, humoriste ou mauvais plaisant on ne sait, est allé jusqu'à écrire que les Grecs, plutôt que de prendre les armes, passaient leur temps et mettaient toute leur énergie à discuter du sexe des anges. Ces sornettes se lisent encore alors que tous les récits des contemporains, des deux camps, disent qu'ils ont résisté plus de deux mois, accablés sous le nombre, et que l'empereur Constantin Paléologue fut tué au combat, l'épée en mains. Toujours est-il que ces attaques, injustes jusqu'au ridicule, soulignées et confortées par ce mot de "byzantin", ont longtemps marqué l'opinion et, bien évidemment, paralysé la recherche. Les préjugés ont la vie dure et, comme on ne savait rien ou presque rien de "Byzance", on n'en voulait pas savoir davantage.

Barbaresques

Barbaresques, mot d'un usage si commun que l'on ne voit jamais quels autres utiliser, est pourtant employé délibérément à contresens, pour imposer une fausse image. Les corsaires du Maghreb du temps des trois frères Barberousse seraient, à en croire cet usage fallacieux, originaires et habitants de longue date de ces pays du Maghreb, autrefois désignés sous le nom de *Barbarie*. Ce qui est complètement faux car la cité corsaire d'Alger fut conquise par les Turcs en 1516 et, dès lors, occupée par de forts contingents de janissaires qui y faisaient régner un régime de terreur et mettaient villes et pays en coupe réglée. Les capitaines des galères de course, les *raïs*, d'Alger, de Tunis ou de Djerba n'étaient pas des Maures mais, en très large majorité, des Turcs ou des renégats, ceux-ci anciens esclaves pour la plupart. Les chefs d'escadres n'étaient nullement des aventuriers en quête de hasardeuses fortunes mais de grands officiers du sultan ottoman, amiraux de flottes construites et armées en Anatolie. Ces hommes se voyaient confier toutes sortes de commandements, tour à tour généraux d'armées, gouverneurs des provinces d'Asie ou des Balkans, ministres souvent. Tous dépendaient du sérail, leur sort lié aux intrigues du palais. Les récits de l'époque et nos manuels parlent des "rois d'Alger" mais c'est, là encore, entretenir l'erreur : le *bey* était un personnage de second rang, nommé, révoqué, rappelé par le sultan sans que ni les Maures autochtones ni les janissaires de la garnison puissent faire entendre leur voix. On compte près d'une centaine de ces rois d'Alger en moins d'un siècle. Certains ne sont demeurés en place que quelques semaines. D'autres y furent envoyés à trois moments différents, pour de courts séjours. Alger n'était rien d'autre qu'une colonie turque. Elle l'était toujours en 1830.

Dire et écrire *Barbaresques* permet de maintenir une vision totalement fausse, foncièrement malhonnête de la réalité : il ne s'agissait nullement d'une guerre de course contre des pirates ou des corsaires mais d'une guerre totale, inexpiable, suite d'opérations de grande envergure, rassemblant deux cents ou trois cents galères, des centaines et des milliers d'hommes. Déjà, des Balkans, les Turcs ne songeaient qu'à conquérir l'Occident. Ces Barbaresques si mal nommés ne se contentaient pas de rapines. Ils terrorisaient les populations du littoral en Corse ou en Italie et s'emparaient, après de longs sièges, des villes portuaires prospères (Nice en 1543, avec l'aide de la flotte de François Ier) pour piller et brûler, emporter des milliers d'esclaves, si nombreux même que, faute de pouvoir les vendre sur le moment ou de leur trouver assez de place dans les fonds de cale, ils les jetaient par-dessus bord. En 1571, ils s'apprêtaient à envahir l'Italie et à marcher sur Rome lorsqu'ils furent arrêtés par la Ligue catholique à Lépante.

Les rêves et les images : romans, films historiques

Auteur pourtant du *Capitaine Fracasse* (écrit en 1838 mais publié seulement vingt-cinq ans plus tard, en 1863) et du *Roman de la momie* (1858), Théophile Gautier disait que Walter Scott avait introduit dans le monde et mis à la mode le roman historique, le plus détestable genre de composition qu'il soit possible d'inventer : « cette plante vénéneuse qui ne porte que des fruits creux et des fleurs sans parfum, et pousse sur les ruines des littératures. Le nom seul a quelque chose de difforme et de monstrueux et qui fait voir de quel accouplement antipathique il est né. » Et de s'interroger : « Sommes-nous donc tombés à ce point de frivolité et d'insouciance que nous soyons hors d'état de comprendre et d'admirer un ouvrage fait sérieusement et consciencieusement ? Ne sommes-nous donc bons qu'à écouter des contes bleus ou rouges ? »[104].

Il y a de cela plus de vingt ans, la Société des Historiens médiévistes, organisation qui n'a rien à voir avec un comité de circonstance et rassemble plusieurs centaines d'historiens de toutes tendances qui ne s'accordent certainement pas sur tout mais savent tous ce qu'est une véritable recherche, dénonçait l'histoire spectacle « qui recherche le sensationnel, le pathétique, le sulfureux... élevée au-dessus d'une histoire savante, moins spectaculaire sans doute mais plus respectueuse des documents et, de plus, avertie des possibilités et des limites de l'enquête historique ».

Les romans historiques ne sont pas tous de même nature ni, surtout, de même qualité. Il en est de remarquables à tous points de vue, passionnants, enrichissants aussi et qui donnent envie de mieux connaître l'époque évoquée. Tous les auteurs n'ont pas, il s'en faut même de beaucoup, la plume et la maîtrise de Zoé Oldenbourg, de Maurice Druon ou de Vladimir Volkoff, de Françoise Chandernagor ou Hubert Monteilhet. On voit chaque année des livres médiocres, mal écrits, produits en série. Plus détestables encore ceux fabriqués à dessein au service d'une thèse, d'une idéologie ou, tout simplement, d'une propagande d'assez bas étage. L'auteur veut démontrer à tous coups ; il s'inspire trop facilement de Walter Scott, s'applique à noircir jusqu'au ridicule de malheureux personnages voués à l'opprobre. Il les fait coupables de crimes et de forfaits, d'abus de toutes sortes, de persécutions abominables, le tout inventé sans retenue ni crainte d'aller aux bouffonneries.

L'historien, lecteur parmi d'autres, fait son choix et aurait assurément mauvaise grâce à s'ériger en critique sourcilleux. Traquer le moindre anachronisme fait aussi cuistre que de rectifier une date quelque peu inexacte. Chacun doit bien considérer que reconstruire le cadre d'une époque n'est pas toujours facile, parfois impossible. Et qu'importe telle ou telle erreur si le récit en-

---

[104] Compte-rendu d'un livre d'Eugène Sue, *Histoire de la marine française*, publié dans la *Chronique de Paris*, février-mars 1936, et récemment en Appendice de Eugène Sue, *Romans de mort et d'aventures*, coll. "Bouquins", E. Laffont, 1993.

chante et passionne ! Mais nous devons, de toutes façons, compter avec les images, fortes ou insidieuses, qu'imposent les bons romans, images souvent de grande qualité et, par là même, bien plus parlantes, obsédantes, capables de marquer les esprits plus fort et plus longtemps que celles, forcément toutes discrètes, comme estompées, des ouvrages écrits d'autre façon. Le lecteur frappé d'un coup, à son insu parfois, les garde en mémoire et n'est pas prêt à en recevoir d'autres, contraires ou seulement différentes.

Des petites classes jusqu'aux terminales, nos livres d'études étaient et sont encore illustrés de figurines, de portraits ou de caricatures, de scènes de vie, de tableaux et de photographies, tous censés se rapporter au texte. Les auteurs, ou plutôt les éditeurs et les "maquettistes" font nécessairement un choix et ce choix n'est pas anodin, en tout cas ne peut rester sans conséquences. L'image demeure innocente si l'on s'en tient aux portraits mais, si l'on veut faire comprendre ou insister, elle vient à l'appui d'une thèse, d'une certaine manière d'interpréter l'événement.

Le choc de l'image se veut plus fort dans les publications que l'on destine à de larges publics, journaux ou magazines, et sur les pages de couverture des livres. Le choix des illustrations n'intervient généralement qu'après coup, le texte livré, et peut surprendre. Il n'est pas vraiment exceptionnel de constater qu'une ou plusieurs images ne correspondent nullement à la leçon de l'écrit ou vont même à l'encontre. Porte-à-faux par inadvertance ou à dessein ? L'éditeur utilise ce qu'il a sous la main et qu'il trouve particulièrement parlant pour les magazines destinés à un large public. De même pour les titres et les sous-titres, trop percutants, qui attirent et orientent. Il n'est pas rare que le responsable de la rédaction prenne sur lui, attitude vraiment déplaisante, de corriger ce que l'auteur a voulu dire en "coiffant" son article d'un titre en bons gros caractères, affirmant le contraire.

Dès qu'ils situent l'action dans le passé, les films imposent d'autres visages que ceux, par force très flous, quasi inachevés, de l'historien. Fort heureusement, un grand nombre de réalisateurs, du moins jusqu'à ces derniers temps, ont exercé leur talent pour simplement illustrer, faire mieux percevoir et rendre plus proches de nous des pages d'histoire que d'autres avant eux, chercheurs et spécialistes sérieux, auteurs des manuels ou romanciers mêmes avaient déjà fait connaître. Ces films, travaux d'artisans et d'artistes honnêtes, sont légion et honorent leurs auteurs. D'autres n'ont pris que peu de libertés avec l'histoire, simplement pour corser l'intrigue et, plus souvent, pour mettre davantage en relief les vertus ou les malheurs du héros et, par là même, de l'interprète adulé du public.

Certains metteurs en scène préfèrent jouer délibérément la fiction et se soucient peu, au nom de l'esthétique ou pour toute autre raison, de vraisemblance. Kenneth Branagh, a, dans *Beaucoup de bruit pour rien,* confié le rôle du roi d'Aragon à un acteur de couleur. Plus récemment, le Théâtre Français a choisi un acteur malien pour interpréter Orgon dans une récente version du *Tartuffe.* Choix étonnants, fantaisies de circonstance ou, plutôt, complaisance envers certaines modes et courants d'idées. Du point de vue historique, cela demeure sans conséquence car l'on imagine que les spectateurs un peu avertis rectifient d'eux-mêmes, quitte à apprécier à leur gré la démarche. Nombre de maladresses, d'interprétations sans relief, médiocres de bout en bout n'ont, elles non plus, aucune chance de marquer l'esprit et d'imposer leurs images. De même pour certaines hautes figures du passé qui, portées souvent à l'écran, nous sont proposées sous des traits et des caractères tellement différents les uns des autres qu'aucun ne peut vraiment s'affirmer. Les cinéastes ont donné toutes sortes de visages à Jeanne d'Arc ou à Napoléon. Chacun peut choisir et l'historien se sent à l'aise pour proposer une autre version.

Pourtant, dans tous ces films, les images s'imposent bien plus fortes que celles du livre d'histoire, plus vigoureuses et obsédantes que celles mêmes du roman. Le choix des sujets, les péripéties et les ressorts de l'intrigue, le jeu des acteurs ne permettent au spectateur aucune sorte de recul et ne lui laissent qu'une marge d'interprétation très étroite. Les angles de prises de vues et les éclairages, la direction des foules de figurants créent des atmosphères qu'on n'oublie pas aussitôt. L'historien apprécie comme tout un chacun, sans arrière-pensées, mais il n'ignore pas que, hasardé sur le même sujet, il lui serait difficile d'opposer des personnages reconstitués tant bien que mal, très prudemment, laissant bien sûr des zones d'ombre, avouant de bonne foi ses limites et ses incertitudes, à ces hommes et ces femmes de haut relief et de fortes couleurs. Shakespeare a montré un Falstaff paillard et bon vivant, quelque peu vulgaire, parfois même insensé[105]. Boito et Verdi puis Orson Welles[106], se sont inscrits dans la même tradition, présentant, sans vraiment de grandes nuances, une figure d'une telle vigueur qu'un historien qui en ferait un personnage tout différent, fin diplomate et fin politique, roué mais cultivé, quasi délicat, irait au-devant d'une sorte de scandale. On peut se demander lequel des Falstaffs finirait par l'emporter. Et quel auteur d'un livre d'histoire ne se sentirait légèrement hésitant ou découragé à l'avance pour faire le portrait de Robert d'Artois après celui de Maurice Druon et de Jean Piat, des *Rois maudits* ?

Rien de vraiment essentiel n'est remis en question lorsque le romancier et le cinéaste inscrivent leurs personnages et leurs actions dans un même "climat" politique et social déjà évoqué avant eux, lorsqu'ils reprennent une trame événementielle et proposent des interprétations sur lesquelles tout le monde s'accorde à très peu près. Le divorce s'affiche lorsque le metteur en scène prétend délivrer un message et s'engage dans un travail de propagande à la manière d'un militant politique ou d'un prédicateur de Hyde Park. Il déforme les faits, met certains événements en bonne place, y revient sans cesse et en néglige d'autres pourtant plus importants, plus significatifs. Il fabrique des héros et des traîtres, leur fait dire ce qu'ils n'ont jamais dit et, si cela lui semble encore trop peu, fait asséner ses vérités par une voix off.

Ces manipulations se situent à tous les niveaux. Souvent ce ne sont que détails et enfantillages, petites malices et fourberies. Napoléon quitte Moscou en flammes et, dans la neige, sous la morsure d'un froid atroce, fait tout le chemin à pied pour partager le sort de ses malheureux grognards (il les avait abandonnés pour courir la route en voiture, flanqué d'une petite escorte).

Certains n'ont pas hésité à s'emparer d'une œuvre, roman, drame ou drame lyrique pour l'aménager à loisir et se l'approprier. On a vu, en 1979, d'immenses affiches annoncer à grand

[105] *Henry IV, Henry V* et les *Joyeuses commères de Windsor.*
[106] Film de 1996.

fracas la prochaine sortie d'un *Don Giovanni* de Mozart et de Losey. Le nom de l'homme de génie, le créateur, et celui du metteur en scène qui s'emparait de l'œuvre pour faire parler de lui étaient placés sur le même plan. Résultat : le manifeste communiste de Gramsci en exergue et, en prime, un tout petit abbé, tout noir, tout vilain, figure inventée.

Ce sont sottises et suffisance. D'autres sont allés beaucoup plus loin, au service de l'idéologie conforme, pour s'assurer une aide financière publique confortable ou simplement pour se faire plaisir et penser convaincre. Il serait aisé de dresser une longue liste de films, quelques-uns même de bonne qualité scénique, remarquables ou du moins intéressants pour le jeu des acteurs vedettes, en les rassemblant et présentant par thèmes de propagande. Les abus et privilèges de l'Ancien Régime l'emporteraient de très loin avec *Que la fête commence, L'enfant roi, La reine Margot, L'insolent* (film que le *Figaro Magazine* a sélectionné pour distribuer à ses lecteurs) et, enfin, *Ridicule.* Les critiques les ont tous aimés et le bon public des bonnes gens en est sorti satisfait, heureux de vivre aujourd'hui en un temps où de tels abus, tant d'injustice et d'iniquité, ne sont plus possible. Ont-ils frémi d'horreur, lorsqu'ils ont vu sur l'écran le carrosse du prince renverser les charrettes des croquants pour s'ouvrir le passage sur l'instant ? Sans doute... puisqu'ils ne se sont jamais trouvés sur le passage d'un ministre ou d'un secrétaire d'État, ou d'un apparatchik quelconque, ou encore d'un visiteur de marque pressé de regagner Roissy. Ni connu Paris le jour où quarante, soixante peut-être, voitures des chefs d'État venus parler de la Francophonie ont bloqué la ville entière pendant des heures.

« Que pèsent de solides arguments d'historiens pour maintenir la vérité des faits contre le flot d'émotion dispensé à la télévision aux heures de grande écoute, à grand renfort d'anecdotes approximatives ? »[107]. Depuis quelques décennies, les productions réalisées pour une clientèle quasi obligée, prête à tout accepter et prendre pour vrai les pires âneries, peuvent délibérément s'afficher malhonnêtes, armes de combat idéologique. Les auteurs et

---

[107] E. de MONTETY, *Le Figaro Magazine* du 29 avril 2005, compte-rendu du livre *Le Débat*, éd. Pierre Nora, Gallimard.

réalisateurs n'ont d'autre but que de se faire un nom en délivrant un message si médiocre, si mal ficelé, qu'il passerait complètement inaperçu s'il ne se faisait provocateur, irrévérencieux, parfois même grossier, en tout cas toujours destructeur. L'art de travestir du tout au tout, de déformer l'événement et, surtout, d'omettre l'essentiel leur inspire d'étonnants acharnements. Les émissions “culturelles”, tout particulièrement les “historiques”, matraquent à l'envi et affirment n'importe quoi. Le spectateur, qui ne quitte pas son fauteuil et ne paye pas sa place, suit : il ne prend certes pas très au sérieux les mirifiques aventures de *Caroline chérie*, de la *Marquise des Anges* et de *Zorro* mais se laisse convaincre par les procès à charge instruits de fausses pièces par les petits discoureurs du moment. Qui, à longueurs de reconstitutions imagées, disent toute l'horreur des crimes des *conquistadores* espagnols au Mexique et au Pérou mais ne font jamais la moindre allusion aux sacrifices humains des Aztèques et à la tyrannie totalitaire des Incas. Qui peuvent disserter des comptoirs et des peuples de l'Afrique orientale, du commerce de l'or, de l'ivoire et des clous de girofle et autres aromates sans dire un mot du trafic des esclaves par les négriers musulmans, trafic infiniment plus important. En 1992, *La Controverse de Valladolid*, “téléfilm” de David Verhaeghe, sur un scénario de Jean-Claude Carrière, ancien élève de l'École Normale de Saint-Cloud, très bien construit, servi par une riche brochette de bons interprètes, courut sans risque au succès, présenté sur une chaîne majeure, encensé avant d'être diffusé. Concert d'éloges et tintamarre sans qu'aucun critique, dans un journal de grande diffusion, n'eût l'idée et le courage de mettre en doute le bien-fondé d'un message asséné de façon si agressive, aux limites du burlesque. Cette *Controverse* n'était qu'imposture et tissu d'arnaques. On présentait les conseillers du roi d'Espagne et les hommes d'Église discutant gravement, l'an 1550, pour décider si les Indiens, montrés devant eux comme des bêtes curieuses, étaient vraiment des êtres humains, créatures de Dieu dotées d'une âme, alors qu'au retour de son premier voyage, le 31 mars 1493, soixante et quelques années plus tôt, Christophe Colomb avait fait une entrée solennelle dans Séville, accompagné de six Indiens parés de leurs costumes de cérémonie, de leurs armes et de leurs ornements d'or ;

Indiens que le roi, la cour, les évêques et les prêtres, les gens du peuple avaient ensuite, dans un bon nombre de cités, pu approcher tout à loisir, les entendre parler entre eux, dire quelques mots de castillan et constater qu'ils s'accommodaient fort bien de vivre parmi les Chrétiens. Les personnages assis dans le film les virent un moment éclater de rire et s'en étonnèrent... On nous montre aussi, présidant la docte assemblée, prêt à trancher le débat, un gros cardinal tout exprès mandé de Rome... alors que tout lecteur d'un manuel peut savoir que, depuis le traité de Tordesillas, le 7 juin 1494, le pape Alexandre VI Borgia avait laissé aux rois et à l'Église d'Espagne et du Portugal tout pouvoir pour évangéliser et organiser le clergé dans les nouveaux territoires d'outre-Atlantique. Rome ne devait en aucun cas intervenir.

On veut toujours nous rendre insupportable le souvenir des entrées royales, des banquets et des réceptions, du Camp du Drap d'or, de Versailles et de Marly. Palais de l'Ancien Régime, folies et délices... Mais les nôtres, aujourd'hui ? Ces palais (pardon "hôtels") de la Région en quelque vingt villes de France ? Ceux des départements et des "agglomérations", que l'on voit maintenant fleurir un peu partout, seront sans doute plus modestes mais l'on parle tout de même d'un bureau de deux cents mètres carrés pour le président d'un "Conseil de l'Agglomération" dans le Midi languedocien. Nos journaux se sont, pendant quelques jours, intéressés d'un peu près aux "logements" de fonction dans Paris.

Chacun de nous reçoit, souvent bien malgré lui, toutes sortes de leçons sur les privilèges éhontés d'autrefois, sur les dépenses inconsidérées des nobles et des princes sans rien remettre en question, sans même penser que ces images, sans cesse renouvelées, n'avaient d'autre but que de manier l'opinion pour, à l'avance, vouer à l'échec tout historien consciencieux qui tenterait de dresser un véritable tableau, plus mesuré, surtout plus divers et nuancé, de ces abus d'autrefois. De plus et surtout, cela aide ceux qui s'en tiennent aux slogans assenés de toutes parts et aux vérités choisies, à ignorer et fermer les yeux sur les mœurs politiques et les abus sociaux de notre temps : sur les innombrables "sommets" à six, sept ou huit chefs d'État, ministres de telle ou telle sorte, grands financiers et grands chanceliers, sur les missions d'"études" des apparatchiks d'une Caisse des Assurances maladies qui les envoya toute une semaine, au bout du monde, en Chine, pour une seule journée de "travail" ; sur tous les colloques "scientifiques" tenus en de hauts lieux touristiques.

Il faut prendre la radio de bonne heure le matin pour saisir au vol quelques informations qui courent très vite sur les ondes et n'y reviennent jamais, qui, toutes, mériteraient autant de commentaires que les banquets princiers d'autrefois. Pour l'annonce et la frime, l'un de nos présidents allait dîner dans une famille choisie au hasard et invitait les éboueurs à se restaurer dans un salon de l'Élysée mais on ne fait que des mentions allusives aux "frais de bouche" d'un autre président, objet d'un procès qui, longtemps en suspens, vient d'être abandonné sans provoquer ni scandale ni quelconque réprobation dans l'opinion. Voudrait-on, par ailleurs, nous cacher que les frais de réceptions de la Mairie de Paris, vins d'honneur et cocktails principalement, ont, depuis quelques années, augmenté de façon indécente, inimaginable ? Que l'une des meilleures caves de France, bouteilles de grands crus par dizaines, est celle du Conseil général de l'un de nos départements ? Que l'an 2000, à Séoul, le lendemain de la déconfiture de l'équipe de France, le directeur (ou le président, ou son représentant) de l'un des organismes qui, en France, ont, d'une façon ou d'une autre, charge du ballon rond, avait invité à déjeuner deux hautes personnalités coréennes et signé, pour les vins, une note d'un montant vraiment extraordinaire, indicible ?

L'auteur d'une thèse sur la vie et l'art de cour sous l'Ancien Régime s'est vu, lors d'une soutenance à l'une des Universités de Paris, demander en plus d'un moment par un membre du jury visiblement indigné, « combien cela pouvait-il coûter ? ». Mais qui, aujourd'hui, se mettrait en peine de faire le bilan des comptes, directs ou indirects, patents ou occultes, des débours pour le simple fonctionnement de nos institutions, ministères, bureaux et services dont le plus grand nombre tournent à plein vide ?

Les pensions et faveurs des courtisans aux plus beaux temps du roi soleil pesaient beaucoup moins sur le trésor public que les salaires et prébendes des députés, conseilleurs, experts de tous rangs, chefs d'offices de l'Europe, si nombreux et si merveilleusement actifs à Bruxelles qu'il leur faut toutes les heures ou demi-heures un *Thalys* pour Paris, ou Cologne, avec correspondance express vers Berlin, et un *Eurostar* pour Londres. Il semble que le temps des innombrables Commissions et des Comités ("de réflexion" ou "de pilotage") soit déjà derrière nous. On en est aux Hautes autorités et il semble bien que tant de hauteur et d'autorité se paie très cher. L'HAS (*Haute Autorité de Santé* (sic)), créée en janvier 2005, dont le but avoué est d'évaluer l'utilité de certains médicaments, s'est d'abord souciée de se doter d'un *Logo* commandé à une agence spécialisée : facture de plus de soixante mille euros, soit environ la moitié du budget annuel de la dite Autorité. L'appel d'offres est déjà lancé pour une autre fourniture visiblement indispensable : la "charte graphique" de cette HAS. Et l'on vient d'apprendre que le président de l'HALDE (*Haute autorité de lutte contre la discrimination et pour l'égalité),* déjà bénéficiaire d'une double retraite, au titre de haut fonctionnaire de l'État et de président général d'une grande entreprise industrielle nationalisée, se voit attribuer des émoluments de 77.330 euros par an[108].

La cité envahie

Les célébrités à tous les coins de rue

L'école républicaine fabrique ses héros et, tant bien que mal, enseigne à les aimer, du moins à en garder le souvenir. Pour les plus grands, démarche sans discours, les édiles municipaux dressent eux-mêmes leurs catalogues de célébrités, jamais à court d'inventions. Plus d'un parti politique fait délibérément profession de jouer sur toutes les octaves pour délivrer son message. De ces pratiques portées à un haut degré de perfection, d'intensité et de ridicule par les Républicains de la première cuvée et les Soviétiques à l'est de l'Europe, la plus simple, la plus économique aussi, à la portée de toutes petites trésoreries, était de baptiser les rues, les places et les impasses du nom d'une célébrité citoyenne.

On ne peut ni marcher, ni voyager, ni étudier ou se divertir sans apprendre où l'on met les pieds. Les empereurs romains faisaient donner leurs noms aux grandes routes tracées jusqu'aux

---

[108] *Valeurs actuelles,* 1er-7 juillet 2005, p.9 et 23-29 septembre, p.11.

frontières barbares : *Aurelia, Domitiana*... Ils en prenaient grand soin et agrémentaient le parcours de trophées. Nos décideurs, aujourd'hui, baptisent tout ce qui traîne dans les mémoires et leur tombe sous la main. En des temps déjà très anciens, les rues de nos villes ont porté des noms évoquant, dans le parler commun du temps, un lieu-dit, un monument, une église ou un couvent, une porte ou une poterne de l'enceinte, ou encore un pré, un clos de vigne, un verger ou un bois. Certaines cités, dans les pays anglo-saxons notamment, s'en tiennent toujours là. Les Américains numérotent leurs rues et avenues ; ils ne baptisent que les aéroports. À Londres, nous trouvons Trafalgar square mais peu d'hommes célèbres immortalisés par des plaques de la voirie. Ces peuples ont, sans doute, un certain sens et du ridicule et de la précarité des gloires posthumes. Sens du respect humain aussi. En pays "latins" tout au contraire, la France au premier rang, rien n'arrête cette forme de propagande politique et ce viol de l'Histoire. On aurait pu garder les noms d'autrefois ou en trouver d'autres, charmants, anodins, libres de tout message, noms de fleurs et d'arbres, ou de petits oiseaux. Mais c'était faillir au devoir de guider le bon peuple. Une poignée de conseillers décident, ici après mûres réflexions et marchandages, là dans l'enthousiasme déraisonné du moment, de baptiser ou rebaptiser. Plus de la moitié pour sûr de nos voies publiques sont ainsi affublées de vocables choisis d'autorité. Un bon nombre, fort heureusement, passent inaperçus. On oublie le notable d'un moment, l'"homme de bien", le maire qui, vingt ans de suite, a tenu sagement sa ville dans la tourmente, face à l'administration préfectorale. Rappeler leurs noms est un beau geste qui fait plaisir. Vanité d'un instant... J'ai entendu le maire d'une belle cité de l'Île-de-France, remercié par des électeurs ingrats, dire qu'il allait voyager, vivre ailleurs, et ne reviendrait dans sa ville que si l'on donnait son nom à une place ou à une rue. Un ancien champion de course à pied, toujours bien vivant, au demeurant très méritant et vraiment sympathique, s'est appliqué à compter les rues, places et stades qui, en France, portaient son nom ; il est allé jusqu'à une trentaine.

D'autres choix sont volontairement partisans, forme de pollution intellectuelle et d'intolérance agressive. Il arrive, de plus en plus souvent semble-t-il, que les édiles, membres bien sûr et militants distingués d'un parti politique, donnent, de son vivant ou peu de temps après sa mort, le nom d'une personnalité à une rue ou à une place de Paris ou d'ailleurs. Ils ne peuvent pourtant ignorer que, ce faisant, ils se refusent toute réflexion et vont à l'encontre de l'histoire qui exige, pour le moins, un certain recul. Ils savent aussi que tout homme qui, sur le plan national et même dans sa commune, a exercé le pouvoir, pris des décisions, favorisé ceci, condamné et ruiné ou affaibli cela, a déplu à plus d'un. Nombre d'administrés, atteints dans leur vie, leurs affections ou leurs intérêts, ont beaucoup souffert. Ils aimeraient voir ce personnage présenté non comme un héros mais comme, eux, l'ont ressenti. En tout cas, ne pas lire son nom à tous moments, à tous propos. Non : on le leur plaque sous les yeux.

Les places de la République ont fleuri dans toute la France dès 1875, dans un pays qui n'avait certainement pas voté pour. Il a fallu aussi supporter Sadi Carnot, Jean Jaurès et tant d'autres. On ne saurait compter les gloires républicaines authentifiées à si bon prix par des municipalités qui, sans honte, affichent leurs idoles citoyennes, fabriquent des renommées, couronnent de lauriers nombre de personnalités, appelées à rester en mémoire pour la postérité. Une grande cité du Midi trouvait sans doute un peu chiche de n'offrir qu'une grande avenue, au sortir de l'autoroute, pour immortaliser Mendès France, homme public dont le plus beau titre de gloire fut d'avoir été candidat à la présidence de la République. On y mit une pancarte de bonne taille, ornée de son image, dessinée de telle sorte que les automobilistes qui respectaient la limite de vitesse puissent la contempler. Quelque temps plus tard, les gens de la mairie, les mêmes, ont élevé un très modeste carrefour d'un faubourg, planté de trois oliviers, au rang de « place Krasucki ».

Pour mieux suivre la mode idéologique et le faire bien savoir, l'on débaptise, à grand fracas, les voies du centre ville pour rejeter dans les ténèbres ceux qu'un nouveau courant idéologique, soutenu souvent par une ignorance assez stupéfiante, condamne à l'oubli. Et, du même coup, faire place à d'autres porte-symboles. Dans l'euphorie de la victoire de 1944 et de l'alliance des pays libres avec les Soviétiques du goulag, les plaques commémorant les grands noms de l'idéologie marxiste et les principaux tortionnaires du régime, Lénine et Staline, furent dévotement apposées.

Depuis lors, le vent d'enthousiasme pour l'état totalitaire a quelque peu fraîchi et les places de Stalingrad furent, du moins en quelques cités, légèrement modifiées pour devenir « de la bataille de Stalingrad ». Paris ne s'est pas donné tant de peine et garde Stalingrad pour la place et la station de métro. Le jeu des plaques escamotées, repeintes ou redorées, suit, avec plus ou moins de bonheur et d'à-propos, la mode ou la ligne du temps. En 1971, date anniversaire de la Commune de Paris, Versailles, Le Mans et d'autres communes aussi bien informées ont mis Thiers au rancart. Faute d'imagination, ce fut, ici l'*Europe* (audace, improvisation dans l'enthousiasme ?) ou, tout bonnement, la *République*, ce qui n'engageait à rien. Les Lyonnais ne veulent plus d'Alexis Carrel, mais on dit qu'ils n'auraient rien compris à ses livres. Récemment, la Mairie de Paris s'est brillamment illustrée en enlevant le nom du général Richepanse, apposé sur une plaque très modeste d'une rue fort médiocre, une voie discrète que personne ne remarquait, pour y mettre celui du chevalier de Saint-Georges. C'était, les journaux n'ont pas manqué de nous en avertir (sinon… ?), pour éviter aux foules des passants, touristes égarés et balayeurs au travail, l'humiliation de devoir se souvenir d'un homme qui, vainqueur des Autrichiens à Hohenlinden, disgracié par Napoléon, avait, à la Guadeloupe, mené ses troupes à la guerre contre les esclaves insurgés. Saint-Georges, lui, donnait toute garantie : mulâtre, fils d'un petit gentilhomme français et d'une esclave, officier et musicien, capitaine des gardes du duc de Chartres, combattant dans l'armée du Nord en 1792 contre les Prussiens, dénonciateur de Dumouriez, il fut arrêté et emprisonné sous la Terreur et ne dut la vie qu'à Thermidor. Mais l'on voudrait savoir pourquoi les conseillers à la culture politique ont mis là, s'arrêtant en un chemin pavé de nobles intentions, quelque trop peu de timidité, oubliant de jeter aux orties d'autres plaques qui, pourtant bien mieux situées, arrogantes, portent aussi les noms d'hommes qui ont toléré et même encouragé l'esclavage alors que d'autres, en leur époque même, luttaient pour l'interdire. Ils auraient pu, assurés de faire plus de bruit, penser au boulevard Voltaire et à la rue Bonaparte[109].

---

[109] Voltaire fit l'apologie de l'esclavage et fut l'“actionnaire” de la traite (S.

Rues et places, c'était encore trop peu, trop discret. Il fallait faire mieux et l'on n'y manqua pas. C'est maintenant devenu une sorte de compétition, de défi, pour baptiser tout et n'importe quoi de noms d'hommes et de femmes, certainement illustres et supposés méritants. Exercices à peu de frais : on distribue et l'on attribue à tort ou à raison, sans vraiment s'expliquer : les ponts, les aéroports, les hôpitaux, les bibliothèques et médiathèques ; plus quantité d'"espaces" supposés culturels. L'Éducation Nationale donne le ton. Des dizaines, des centaines plutôt, de collèges et de lycées portent les noms d'écrivains, d'artistes, de compositeurs et même d'hommes publics d'autres sortes. Certains, bien sûr, évoquent quelque chose dans l'esprit des élèves. À défaut, cela leur donne au moins un nom à retenir. Les Universités font écho, façon sans doute de se distinguer les unes des autres. Nous avons encore la Sorbonne ou, à vrai dire, des dérivés, mais, tout à côté, une Université de médecine a pris tout simplement le nom de la rue, René Descartes. Celles de province ne se sont pas toutes donné beaucoup de mal. Leurs conseils d'administration ont pensé qu'il suffisait du nom de la ville ou de la région (« du Val d'Essonne », « de Pau et des pays de l'Adour », ou encore « d'Avignon et des pays du Vaucluse » puis, loin de là, « du Littoral et de la Côte d'Opale »). Michel de Montaigne à Bordeaux, François Rabelais à Tours et Blaise Pascal à Clermont-Ferrand ne choquent certainement pas. Mais que dire de l'Université de Grenoble qui revendique Pierre Mendès France ? De celle de Lille qui, sans chercher trop loin dans le passé, n'a pas hésité à se placer sous l'aile de Charles De Gaulle ?

À chaque moment, le citoyen se voit agressé, convié à se souvenir des hautes vertus de personnes qu'il n'aurait pas songé à admirer un seul instant. *La Poste* émet des timbres qui, très joliment bien souvent, participent à cet endoctrinement de tous les jours. La Banque de France, par ses billet d'avant l'euro, propo-

DAGET, *La traite des Noirs,* 1990). – À l'instigation, semble-t-il, de Joséphine et du parti créole, Bonaparte fit, en 1802, rétablir l'esclavage que la Convention avait supprimé en 1794. Ce rétablissement provoqua, l'année même, l'insurrection des esclaves réprimée par Richepanse.

sait Pasteur et Delacroix (pourquoi pas ?) et Marie Curie (pourquoi ?)

Dans nos hôtels, les salles de conférences ou de séminaires, toutes parfaitement calibrées, doivent s'identifier et porter un nom. C'est souvent anodin, de bon aloi et l'on se sent à l'aise. Mais quelques responsables d'établissement, de chaînes plutôt, s'appliquent à délivrer des messages, à suivre la mode du moment, faire un clin d'œil aux bons esprits. En l'an 2000, en un temps où déjà les imams prêchaient la reconquête de l'Andalousie, l'un des grands hôtels de Grenade, où les postes de télévision dans les chambres diffusaient deux chaînes turques, avait baptisé ses salons *Alhambra, Abencérages, Alhmaicen et Boabdil.* On aurait cherché en vain *Isabelle, Ferdinand* et *Charles Quint.*

Héros et zéros statufiés

Les villes de la Grèce antique et de la Rome impériale s'ornaient d'un nombre impressionnant de statues, hommages aux dieux de l'Olympe et aux empereurs. Nous en avons quelque peu perdu l'habitude. Cela revient trop cher et, le plus souvent, pour honorer nos grands hommes, nous nous contentons d'une plaque sur le lieu où ils sont tombés, victimes du devoir et de leur dévouement à la cause. De plus en plus l'on s'intéresse aussi aux maisons où le Syndicat d'Initiative veut qu'ils aient vu le jour. On compterait difficilement, en Méditerranée, ces plaques à la mémoire de Christophe Colomb. Moins à l'étroit de trésorerie ou plus généreuses, cédant aussi à la pression des associations gardiennes du souvenir, nombre de municipalités vont jusqu'à commander un buste, pierre ou bronze, que le promeneur découvre, seul et tout triste, juché sur un socle, sorte de colonne tronquée souvent, aux petits carrefours des allées du jardin public. Rien qui puisse vraiment retenir l'attention et faire émerger l'homme ou la femme ainsi statufié de l'oubli. On s'instruit au passage, quelques moments plus tard, on n'y pense plus.

La statue, en pied ou à cheval, campée en plein milieu d'une grande place publique, sur le parcours obligé de centaines, de milliers de citoyens, affiche la volonté d'imposer une notoriété, de marquer une sorte de dévotion et de contraindre le commun à se souvenir. Il y faut, certes, quelque discernement et l'on ne doit pas statufier à tort et à travers, sans raison. Trop de personnages alignés ne se distinguent plus, ne sont plus qu'un décor. Plusieurs états d'Amérique latine, pas du tout républiques bananières mais animés d'un trop beau zèle, y ont perdu la mesure. À Buenos-Aires, l'une de mes collègues, qui parlait parfaitement le français mais ne maîtrisait pas tout à fait les liaisons, nous disait, excédée : « regardez tous nos zéros ! ». Je n'ai pas songé à la contrarier.

Ériger sur la place publique une effigie proposée à la vénération des croquants est toujours courir un risque. Louis XIV fit, dit-on, élever la sienne sur une place de Rome mais prit soin de la faire entourer d'une balustrade, pas trop loin pour que les badauds admirent sa belle prestance et puissent lire l'inscription, pas trop près pour que les Romains hostiles (on les savait plus nombreux que souhaités) ne crachent dessus. L'art de la propagande, par effigies de pierre, consiste à choisir le bon endroit et, aussi, à savoir déboulonner au bon moment, le vent tournant. Les Russes ont, ces dernières années, mis eux-mêmes à bas leurs Lénine et leurs Staline. Les Irakiens n'ont pas eu le temps d'y penser : ce sont les Américains qui, devant une foule plutôt clairsemée, ont détruit le Saddam Hussein de Bagdad. Manière de marquer la victoire, la délivrance des opprimés et l'espoir de matins radieux. Qui peut dire combien d'années passeront avant que les habitants d'une petite commune du Nord de la France qui se sont tant démenés et ont tant dépensé pour orner leur ville d'une énorme statue de François Mitterrand, s'en trouvent embarrassés et songent à la faire disparaître, en tout petits morceaux ?

De fait, les gouvernements ne montrent pas tous ni beaucoup de hâte ni d'application à réduire à néant les legs des temps de tyrannie. Danton, champion de l'audace en chambre, occupe toujours la place de l'Odéon et la ville de Versailles qui n'a pas gardé une seule effigie d'un roi de France dressée en en lieu public, honore le général Hoche par une statue joliment située face à l'église Notre-Dame, entourée de beaux parterres de fleurs. Les édiles de l'an 1832, initiateurs responsables de cette complaisance pour l'enfant du pays, l'ont immortalisée par une suite d'inscriptions qui, sur les quatre côtés du socle disent ce que la patrie a perdu de voir mourir si jeune, à l'âge de vingt-six ans, ce pacificateur de la Vendée. On y lit que « s'il eut vécu, sa gloire toujours croissante, n'eût jamais rien coûté à la liberté de sa patrie » et que « héros citoyen, son nom est pur autant qu'immortel ». L'an 1868, pour le centenaire de sa naissance, la municipalité fit instaurer, en l'honneur de son glorieux fils, une fête annuelle pour célébrer son souvenir. Si bien que la fête de Versailles, qui se dit, pour attirer les touristes, « ville royale », fait commémorer le génocide des pauvres croquants partisans du roi. « Pacificateur de la Vendée ! ». La place manquait sans doute pour montrer Hoche allant, aux ordres de la Convention, pacifier d'autres villes et provinces : terres ravagées, églises brûlées, femmes et enfants massacrés.

Les Immortels : du mausolée d'Auguste au Panthéon

Les empereurs romains se déifiaient eux-mêmes. Nos rois, comme tout un chacun de leurs sujets, cherchaient la protection des saints et le pardon de Dieu par une sépulture chrétienne, proche des autels. Les foules pouvaient célébrer leurs vertus ou les oublier. La République, elle, juge des mérites patriotiques en un simulacre de Jugement dernier et rend un solennel et éternel hommage aux "grands hommes".

En 1744, le roi Louis XV, gravement malade, fit à sainte Geneviève le vœu de reconstruire son église si elle l'aidait à guérir. La première pierre posée par le roi lui-même en 1764, les travaux confiés à Soufflot, l'église ne fut inaugurée qu'en 1790. Un an plus tard, ce n'était plus l'église Sainte-Geneviève. Les pillards faisaient main basse sur les objets liturgiques, saccageaient ce qui restait des ornements religieux et l'assemblée Constituante fit de l'un des plus beaux monuments de Paris un temple païen. « Aux grands hommes la patrie reconnaissante ! », les maîtres du souvenir, chargés d'enseigner une Histoire citoyenne, n'avaient sans doute pas trouvé mieux lorsque, le 4 avril 1791, ils décidèrent de faire de l'église Sainte-Geneviève un monument insigne à la gloire de ceux qu'ils proclamaient meilleurs entre tous. Le premier élu fut Mirabeau.

Le cimetière de Saint-Étienne-du-Mont, tout à côté, était déjà un lieu voué au souvenir. On y venait se recueillir sur les tombes de Blaise Pascal, de Jean Racine, de Lemaître de Sacy et du peintre Étienne Lesueur. La République fit, au "Panthéon" des grands hommes, beaucoup mieux et, d'emblée, donna le ton d'un virulent sectarisme. Ces maîtres à penser juste, garants de toutes les libertés, décidèrent que les grands hommes de l'Ancien Régime, s'il en était, ce dont on doutait fort, n'y auraient pas leur place. Deux seules exceptions : Voltaire et Rousseau, que l'on voulait croire martyrs et, en tout cas, nobles « incarnations de la modernité ». Ils firent de la cérémonie pour Voltaire, le 13 octobre 1791, une sorte de triomphe. Son corps, recouvert d'un grand drap où chacun pouvait lire : « Reçois en ces lieux où t'enchaîna le despotisme, Voltaire, les honneurs que te rend la patrie », était porté par un char tiré par douze chevaux blancs, suivi d'une foule immense. Le buste de Mirabeau, que le patriote Palloy avait donné à la commune d'Argenteuil, ouvrait la marche. Venaient ensuite les camarades du chevalier d'Assas, des citoyens de Varennes et de Nancy, des ouvriers démolisseurs de la Bastille chargés de tout un bric-à-brac de chaînes, de boulets et de cuirasses, de citoyens du faubourg Saint-Antoine exhibant sur un brancard le drapeau et une maquette de la forteresse. On exposait aussi une amazone et, enfin, avant la grande foule du commun, les gens de lettres portaient à bras un coffre d'or contenant les soixante-dix volumes des œuvres du grand homme, volumes offerts par Beaumarchais.

Sous Louis-Philippe, tout s'inscrit dans la même révérence aux défenseurs des "libertés", victimes du "despotisme". Le fronton dessiné et sculpté par David d'Angers montre, naïve parodie des Jugements derniers de nos cathédrales, la Patrie recevant, des mains de la Liberté, des couronnes qu'elle distribue aux grands hommes, tandis que l'Histoire assise à ses pieds, quelque peu à l'étroit, inscrit leurs noms : Mirabeau, Monge, Carnot, Berthollet, Cuvier, David, Laplace et Bichat, lequel, dans l'agonie du dernier instant, expire, soutenu par ses étudiants. D'avant 89, outre Voltaire et Rousseau, les inévitables, on a tout de même retenu Malesherbes et Fénelon. Allez savoir pourquoi...

Dans une belle envolée lyrique, Victor Hugo, à genoux, la barbe tremblante d'émotion devant « cette couronne de colonnes que le soleil levant redore chaque jour », chantait haut et clair la gloire de la France éternelle « et ceux qui sont morts pour elle ». C'était trop dire. Si ces héros des temps radieux étaient connus pour avoir servi d'autre cause que la leur, cela se saurait.

En fait, personne n'était assuré de rien. Un "grand homme" devenait, quelques pamphlétaires ou groupes de pressions plus actifs que d'autres s'en mêlant, un ennemi de la France éternelle. La dépouille de Voltaire a bien souffert de ces remaniements d'opinion : on l'y a mis puis retiré, puis remis en bonne place, non sans dommages. Mais Rousseau, lui, demeure. Mirabeau, le tout premier "panthéonisé" en 1791 dut, trois ans plus tard, en 94, laisser sa place à Marat... enlevé l'année suivante, à son tour accusé de trahison. Le terrible Couthon fit retirer le corps d'Auguste-Henri-Marie Picot de Dampierre général, vainqueur à Valmy et à Jemmapes, suspecté de s'être, comme tant d'autres, vendu aux ennemis de la patrie. N'étaient tranquilles que les plus obscurs. On ne voit pas bien qui aurait voulu s'en prendre à Claude-Louis Petiet (1806) « grand organisateur de troupes », ou à Pierre-Jean-Georges Cabanis, « médecin, poète et philosophe », ou encore au comte François Béguinot « soldat de la République, homme politique et général », tous deux entrés en 1808.

Les démarches et transactions qui président aux choix restent une sorte de mystère. C'est selon l'opinion commune du temps, le conforme et le correct, plus sûrement la volonté des hommes du pouvoir en place de s'affirmer, de marquer leur passage. La Révolution savait distinguer et récompenser, à titre posthume, tout danger de trahison écarté, ceux qui l'avaient bien servie. L'un des bons promus fut, dès 1793, Le Peletier de Saint-Fargeau, juriste, député de la noblesse à la Constituante qui, à la Convention, apporta la voix qui manquait pour voter la mort immédiate de Louis XVI. Assassiné par un royaliste, on en fit un "martyr de la liberté". Napoléon vit tout de suite très grand et voulut surtout ne pas paraître trop avare : dans les premières années du règne, il fit entrer au Panthéon 42 (quarante-deux) hauts dignitaires, généraux et grands commis. D'autres vinrent un peu plus tard, qu'il avait oubliés, hommes du temps de la Révolution : François-Denis Tronchet (1806) qui fut président de l'assemblée Constituante en 1789, Jean-Baptiste-Pierre Bevière (1807) dont le grand mérite semble d'avoir rédigé le serment du Jeu de Paume, et aussi Jean-Frédéric Perregaux (1808) homme d'argent, premier dirigeant de la Banque de France.

Les républicains de la deuxième n'eurent pas beaucoup le temps de faire des propositions et, par la suite, ceux des trois, quatre et cinquième républiques se montrèrent vraiment très discrets. Ils ont, en 1893, honoré Marceau, « général de la République », Lazare Carnot, organisateur de l'armée de l'an II et, bien sûr, Jean-Baptiste Baudin, député, mort sur les barricades en 1851. On ne pouvait éviter Victor Hugo, pair de France sous la monarchie puis héros de la résistance républicaine sous le Second Empire, exilé avec éclat à Guernesey, malheureux pour sûr, privé de tout. On lui fit, en 1885, des “funérailles nationales”, grande kermesse d'un goût douteux où les corps constitués se virent assaillis par une foule très mêlée, enthousiaste et quelque peu avinée, de mauvais garçons et de filles de joie toutes dévêtues de noir (mais on n'a brûlé ni fiacres ni carrosses). Sadi Carnot, assassiné à Lyon par un anarchiste, entra aussitôt au Panthéon (1894). On prit certes Zola, Gambetta et Jean Jaurès mais à longs intervalles et, par la suite, ce furent plutôt des hommes de science (deux physiciens, Paul Painlevé et Jean Perrin la même année, en 1948). Il semble que, depuis un bon demi siècle, la République, prenant un bon recul, se soit davantage préoccupée de distinguer des grands hommes disparus depuis de longs temps : Louis Braille est entré au Panthéon cent ans après sa mort. En 1989, on prit l'abbé Grégoire (†1831), Gaspar Monge (†1818) et Condorcet (†1794).

Au soir d'une victoire électorale sans risque et sans lustre, en 1981, le président Mitterrand s'est fait voir au Panthéon, pensif, marchant à pas comptés, une rose rouge à la main mais on n'a cité que quelques noms, les favoris ou les plus représentatifs de ceux qu'il désirait honorer de ses réflexions sur la dignité de l'homme en général et des ténors du combat politique en particulier. Les livrer tous au public ferait trop douter dans les chaumières (« celui-là, qui est-ce ? un tribun du peuple ? un journaliste zélé ? un grand philosophe ? »). À vrai dire, le plus grand nombre ne dirait rien aux bons élèves, aux étudiants d'hier et d'aujourd'hui. En 2002, le Président de la République y fit conduire Alexandre Dumas et, pour les ignorants, donna ses raisons. Certes, ce grand romancier n'était pas, comme le voulait Hugo pour les grands hommes, mort pour la patrie. On ne se souvenait pas qu'il l'eût jamais servie. Mais il avait beaucoup souffert. C'était un métis, donc une victime de l'exclusion, du racisme, un blessé de la vie. Montage et mauvaise foi de bout en bout : le père d'Alexandre, le général Dumas, déjà au faîte des charges et des honneurs, voyait, en 1799, s'ouvrir devant lui une brillante destinée. Le Consulat le fit appeler lorsque, par mauvais hasard, il se trouvait dans sa belle résidence de Château-Thierry. On prit qui était là et ce fut, le 18 brumaire, Bonaparte. Le général Dumas aurait pu être premier consul. Mais on a beaucoup parlé de Dumas romancier mis au Panthéon. Est-ce un hasard si l'un des spécialistes du grand homme a redécouvert une de ses œuvres non vraiment inédite mais, semble-t-il, tombée dans l'oubli ? Il l'avait, comme plusieurs autres, fait paraître en feuilleton et était mort avant de la faire éditer en un volume. Ce *Chevalier de Sainte-Hermine*, lourd pavé de plus de mille pages, laisse perplexe. On y trouve de longs développements où l'on perd le chevalier de vue, pour le voir revenir, comme à l'improviste, alors qu'on ne l'attendait plus.

Ces retombées mises à part, les cérémonies d'intronisation, aujourd'hui, ne passionnent plus les foules et le commun des citoyens se désintéresse du Panthéon. Il semble et cela ne fait pas honneur à ceux qui s'y emploient, que l'on en arrive même, pour frapper l'opinion et faire parler de soi, à manquer de respect à la solennité du lieu et à la mémoire des grands hommes. L'an 2004, une Association qui s'active à défendre l'environnement naturel et à protéger les espèces animales menacées par l'homme conquérant, a patronné une parodie de fort mauvais goût des cérémonies d'autrefois, pour montrer, sur la place, face au monument, un mannequin de Cannelle, la dernière ourse en liberté des Pyrénées, abattue par un chasseur au moment où cette bête toute pacifique allait le déchirer.

Demeure cependant le fait que ces montages indécents, pour Hugo et Dumas, témoignent au grand jour de l'outrecuidance du pouvoir politique dont les maîtres en place, meneurs de jeu, élus tant bien que mal pour gérer et administrer s'arrogent le droit de susciter et entretenir le souvenir, en somme de faire ou refaire l'Histoire, imperturbables. Ce que les allégories du fronton, au Panthéon précisément, font bien comprendre en montrant sans fard l'Histoire qui, assise, quasi agenouillée, doit se contenter d'inscrire sur ses tablettes les noms que lui dicte la *Patrie*. C'est-à-dire la République ou, pour mieux dire, les simples détenteurs, à un moment, du pouvoir politique. Dans un État moderne, ne peut exister une Histoire indépendante.

Panem et circenses

Que la Fête commence... les récits et les images des réjouissances et divertissements de Versailles et d'ailleurs au temps des rois soulèvent toujours de lourds soupirs de colère. Pourquoi les manuels ne prennent-ils pas le soin de dire et faire comprendre que la fête et l'apparat étaient, hier comme aujourd'hui, le moyen d'assurer aux princes, donc à l'État, présence et renommée. Pour l'opinion, le monarque trop modeste ne valait pas grand-chose et n'inspirait pas confiance. Son train de vie faisait penser qu'il se trouvait trop à l'étroit, prêt sans nul doute, à davantage taxer ses sujets.

Les rois et les princes savaient qu'ils devaient paraître et impressionner. Les rédacteurs des livres d'Histoire trichent honteusement lorsqu'ils présentent Louis XI, bon bourgeois, toujours vêtu de noir et d'étoffes communes. Cette image de roi modeste sinon lamentable d'allure, fut imposée d'abord par Walter Scott et plusieurs auteurs du temps du romantisme mais ceux d'aujourd'hui ne cherchent pas à en savoir davantage. Certains mêmes renchérissent. Kate Sedley, auteur de romans très appréciés, tout à la fois "historiques" et "policiers", donne, en intermède, sans doute pour distraire quelques instants ses lecteurs d'une intrigue quelque peu embrouillée, le récit de l'entrevue de Picquigny l'an 1475, où, face au roi d'Angleterre resplendissant, se tenait Louis XI, « vêtu de vieux habits défraîchis dont un saltimbanque aurait à rougir » (*La chanson du trouvère*, 1995). Le moindre regard aux comptes de l'Hôtel royal fait découvrir d'importantes commandes de robes de soie, rouges, pourpres et roses.

De nos jours, l'État moderne use de toutes manières d'artifices et de séductions pour imposer sa lecture du passé. Prendre en charge l'opinion, dicter une interprétation particulière des événements, laisser dans l'ombre ce qui ne cadre pas et pourrait nuire, définir les heures sombres et celles du triomphe, devient un service public comme un autre. De tous temps, les gouvernements ont, avec plus ou moins de bonheur et de cynisme, retenu la leçon des empereurs romains, le *panem et circences*... Mais, présentement, les nôtres font bien mieux. En ces temps de sociétés d'assistés, l'État ne se préoccupe pas vraiment des jeux du cirque, des stades et des hippodromes qui ne sont que purs divertissements et compétitions où seul le corps est mis à l'épreuve. Il ne prend vraiment en main que le "culturel" qui, inévitablement, de quelque nature que soit la prestation, ludique ou non, porte un message. Depuis Malraux, nous avons très régulièrement, dans chaque cabinet, affiché de droite ou de gauche, un ministre de la culture. Sorte d'excroissance farfelue qui se maintient, se développe, phagocyte de tous côtés, sans qu'aucune voix d'autorité n'en dénonce l'incongruité. Bien peu nombreux, et certainement fort mal venus, sont ceux qui parlent de tyrannie ou de terrorisme intellectuel. À l'exemple des dictatures que nous ne cessons d'accuser, nos villes ont vu fleurir des "maisons de la culture", en fait entreprises de crétinisation[110], où les arts du spectacle sont affaires d'agents publics, rémunérés quoi qu'ils concoctent.

Pour l'Histoire, pour forger du passé une série d'images conformes au bien pensant du moment, ce sont, en toute première ligne, fêtes et commémorations. Il est bien dommage que nos journaux qui, sur tant de sujets pratiquent l'investigation, parfois jusqu'à l'indiscrétion ou l'impudeur, ne parlent pas davantage de la mirifique et surprenante institution gouvernementale appelée sans fausse honte le « Comité des célébrations nationales ». Qui en fait partie ? Combien sont-ils ? Comment sont-ils désignés ? À vie ou au gré des courants en vogue ? Nous en avons découvert l'existence, mais rien de plus, en 1989, pour célébrer à grands fracas et déballages de discours la Révolution et les Droits de l'Homme mais restons sur notre faim. Le citoyen de base serait certainement curieux de mieux connaître cet organisme d'État qui, nullement occulte mais tout de même fort discret, s'arroge le droit de dire ce qui, des grands moments du passé, mérite d'être rappelé par des manifestations, toutes aux frais de l'ensemble des contribuables.

Le but, non avoué vraiment mais patent, est de promouvoir une sorte de culte officiel, républicain, servi par de grands prêtres

---

[110] A. PAUCARD, *La crétinisation par la culture,* 1998.

qui, maîtres des cérémonies, offrent au bon public parades, sarabandes, chants et spectacles de rues chargés de symboles et d'enseignements. Et c'est ainsi que s'écrit une Histoire que le citoyen retiendra bien plus aisément que tout ce qu'un chercheur appliqué pourrait écrire. N'essayez pas d'aller contre et de jouer les trouble-fête.

Pour 89, l'on voulait des débordements d'enthousiasmes et spectacles, jour et nuit, à vous couper le souffle. Pas tous de circonstances et bien adaptés à l'événement, certains même tout à côté, mais de beaux tableaux tout de même, de savants déferlements de lumières colorées et des Marseillaises entonnées par de grandes artistes de music-hall venues de très loin. On a planté des arbres « de la Liberté » ou « des Droits de l'Homme », bouleaux et frênes aux feuilles argentées, sur les places des bourgades. Versailles s'est fait connaître républicaine de bon teint : plusieurs boulangers exposaient des guillotines en sucre. Ailleurs, les banquets patriotiques fêtaient l'exécution du roi. La ville de La Rochelle affichait, travail de collégiens appliqués, de grands panneaux rappelant les noms que les révolutionnaires avaient donnés aux rues de la cité.

1789 vite oublié, nous reste une kyrielle de fêtes du souvenir, si nombreuses que l'on peine à trouver des créneaux, à torturer le calendrier pour éviter et les concurrences et de placer une grande réjouissance publique au beau milieu des vacances. Ce sont fêtes à foison et l'on va de "journée" en "journée". Pour les levers de rideaux et les décors, le Comité étatique ad hoc et les ministres, culture ou éducation, savent choisir. Ce qui paraîtrait hors propos aux maîtres du moment où déconcerter une opinion déjà formatée n'a aucune chance. Pour l'important, le passé encore proche, attendre le centenaire devient insupportable ; on fête à cinquante et même à dix ans. Si bien que connaître au jour près les dates des événements, de la naissance ou de la mort des grands hommes, cette érudition qui, naguère, nous semblait ridicule, exercice de pure mémoire, nomenclature et cuistrerie à l'excès, devient d'intérêt national.

L'an 1985, ce Comité des célébrations, trop occupé à préparer 89, ou tout simplement négligent, avait manqué le centenaire de

Germinal, roman écrit ou publié par Émile Zola en 1885[111]. Comment oublier l'homme de *J'accuse*? Huit ans plus tard, quelque zélé gardien du souvenir républicain, promoteur de grands recueillements citoyens saisit l'occasion de la sortie du film de Claude Berri pour monter une remarquable célébration nationale, à grand tapage : cérémonies publiques, promotion appuyée du film, longs articles dans les journaux et, pour fin de fanfare, déplacement du chef de l'État, François Mitterrand accompagné d'une belle théorie de personnalités hautement qualifiées pour visiter et fouler aux pieds, méditer gravement juste avant le banquet sur les lieux mêmes de l'action. En TGV, comme pour le Beaujolais nouveau. Pensons à l'historien qui, après cela, présenterait une étude sur l'exploitation des mines du nord de la France dans ces années 1880 et donnerait des hommes au travail une image tant soit peu différente de celle de Zola.

Tout est occasion de parade et de propagande, de faire parler de soi et de dicter le vrai historique. Les fêtes nationales ne sont plus du tout des jours de rassemblement et de recueillement. L'État, l'opinion se les approprie et en fait autre chose. Qui, en France, se souvient que le cirque patriotique, les défilés, les bals populaires, liesse et violences, du 14 juillet commémorent la Fête de la Fédération qui, en 1790, proclamait l'unité du pays et voulait renier les particularismes ? On ne pense qu'à la prise de la Bastille, un an plus tôt, et l'on porte aux nues cet étrange fait d'armes qui vit quelques centaines d'hommes et de femmes, leurs meneurs pris de boisson, délivrer sans coup férir six ou sept gredins ou demi fous pour, en fin de triomphe, massacrer le gouverneur qui leur avait ouvert les portes. Les manuels sont, sur ce point, très discrets et, de toutes façons, n'y pourraient rien : pour l'opinion, le 14 juillet célèbre la Liberté et la victoire du peuple (sic) sur l'oppression. Exemple flagrant vraiment ahurissant du divorce entre ce que les historiens, unanimes depuis déjà des années, présentent dans leurs livres et ce que le public, dans son immense majorité, continue de croire.

---

[111] En fait, Zola avait suivi de très près, au point d'en démarquer certains passages, le roman d'Yves Guyot, *Scènes de l'enfer social*, paru trois ans plus tôt.

Passé et présent…

L'historien sait qu'étudier des temps trop présents dans les mémoires collectives est une entreprise semée d'embûches. Les fonds d'archives sont protégés ou fermés, les passions des uns et des autres toujours virulentes, les témoins survivants trop engagés. Certains parlent encore du « tribunal de l'Histoire » ou du « Jugement de la postérité ». Ce sont, depuis de longs temps déjà, idées et choses mortes, plus du tout de saison. Nous sommes de plus en plus impatients, incapables d'attendre, n'envisageons plus l'obligation de prendre quelque recul, et prétendons juger des responsabilités et des crimes au lendemain même de l'événement.

Trancher sur le moment, refuser de patienter et dire une vérité bien à soi sous le coup des émotions et des désirs de vengeance font que l'opinion commune ne fait plus le départ entre passé et présent. Nous appelons histoire ce qui s'apparente plutôt au journalisme ou même, tout simplement, au militantisme politique et au règlement de comptes. Déjà Jules Ferry donnait pour instructions à ses maîtres d'école de « diminuer la place accordée aux siècles lointains au profit des périodes voisines des nôtres ». Aujourd'hui, l'Histoire dite "contemporaine" (certains parlent même d'"ultra contemporaine") mord de plus en plus sur l'actuel ou, du moins, sur un passé encore tout proche. L'engouement pour une histoire des temps que certains ont vécus ou dont ils ont beaucoup entendu parler inspire toutes sortes de publications et d'initiatives, jusqu'aux campagnes de publicité, mais témoigne d'une regrettable confusion des genres. Au printemps 2004, le *Figaro Magazine*, à l'exemple de plusieurs offices de presse à l'étranger, mais semble-t-il pionnier en France, offrait à tout petit prix un disque DVD à l'acheteur, chaque samedi, de ses numéros spéciaux. La série s'intitulait « disques d'histoire ». En fait, sur dix disques au total, huit se rapportaient à des événements du XXe siècle (Guerre de 1939-1945, Guerre civile en Espagne, Résistance en France...). C'étaient des témoignages et, pour dire plus vrai, des manifestes. Les producteurs, dialoguistes et metteurs en scène prenant délibérément un parti, reflet d'un engagement solidement enraciné dont ils ne faisaient nul mystère.

De ce manque de recul, l'on voit chaque jour les conséquences. Cependant, la majeure part d'un public, bien conditionné et sollicité en ce sens, veut malgré tout juger du passé comme il juge du présent, par la simple lecture des journaux ou lors des conversations entre amis et collègues. Les pratiques politiques et judiciaires donnent l'exemple sans soulever de réprobation d'aucune sorte. Pendant très longtemps, nos lois et codes faisaient respecter l'idée que l'auteur d'un crime ne devait pas être poursuivi au-delà d'un temps, dit de prescription. On ne voulait certes pas laisser croire que, les années passant, l'horreur de la faute n'était plus dans les mémoires et que la société pardonnait. La prescription se justifiait parce que l'on ne trouvait pas décent de faire siéger dans un jury et prononcer un verdict des hommes et des femmes qui, n'étant pas nés au moment des événements, ne pouvaient se faire une juste opinion du conteste politique ou social de l'époque. Ces temps de sagesse sont révolus. Nous en sommes aux crimes "imprescriptibles". Des jurés qui ne connaissent le temps et les circonstances évoqués par l'accusation que par ouï-dire, par les récits de tels ou tels, par les journaux et, en somme, par l'opinion forgée depuis lors, viennent entendre témoigner des "historiens", certains certes contemporains mais complètement étrangers à l'affaire, vivant alors fort loin de là, en d'autres pays même.

Si bien que, ceci communément accepté pour hier ou avant hier, le public trouve tout ordinaire de porter des jugements définitifs sur des personnages ou des institutions, des pratiques et des événements du passé avec pour seules informations ce qu'apporte la rumeur ou ce que dictent l'humeur, les convictions ou l'engagement partisan. La prétention des hommes publics à prononcer des interdits et à dire le vrai sur des époques de plus en plus lointaines ne semble plus choquer personne. Cela paraît aller de soi. Parler du passé n'est plus le propre de ceux qui consacrent leur temps à entreprendre des recherches. On a vu de hautes personnalités "morales" (c'est leur carte de visite affichée un peu partout) convoquer d'autres énergumènes redresseurs de torts à un tribunal fantoche pour faire ou refaire le procès d'un homme ou d'une institution disparus depuis longtemps. En 1992, un "tribunal" fut constitué dans une Université américaine qui, semble-t-il, n'avait pas tellement fait parler d'elle auparavant, pour juger Christophe Colomb accusé de divers crimes contre l'humanité, de génocide, de cruautés et filouteries de toutes sortes. La même année, Gilbert Prouteau, écrivain, se fit remarquer de toute la presse, jusque dans celle à l'étal dans les relais de gare, en annonçant à son tour un tribunal et un procès pour revoir toute la procédure qui, en 1440, avait condamné Gilles de Rais pour sorcellerie, sodomie et meurtre de trente petits enfants. Nous fûmes comblés : ce ne fut pas un seul tribunal mais deux, l'un à Nantes, à l'initiative d'un « Comité de réhabilitation », et un à Paris, au Palais du Luxembourg. Ces juges d'occasion (on comptait, parmi eux, d'importantes personnalités, dont un ancien ministre de la Culture, auteur lui aussi d'un livre parlant d'histoire) ont d'abord sévèrement condamné ceux de l'an 1440 et, perdant toute mesure, parlé du « premier procès stalinien de l'Histoire ». Ils ont donc réhabilité Gilles de Rais et ont fait de lui un persécuté, champion de la Vendée, voire de la Bretagne, les coupables étant manifestement l'évêque qui voulait mettre la main sur les seigneuries et les richesses du condamné. Ce fut aussi une charge à tout va contre l'Église et contre l'Inquisition. Tout ceci contre toute vraisemblance puisque la cour ecclésiastique qui siégea à Nantes n'était nullement un tribunal de l'Inquisition et que Gilles de Rais fut aussi condamné par une cour civile, présidée par le président du Parlement de Bretagne. Mais quelle audience peut espérer le chercheur appliqué à rassembler et à étudier les dépositions d'une trentaine de témoins et les procès-verbaux des deux procès face à une comédie spectacle saluée d'excellence dans la plupart des journaux ?

La comédie des repentances, crimes de guerre et génocides

L'expert es mœurs politiques et l'historien des mentalités collectives devraient tenter de définir quand et comment les peuples vainqueurs, la paix enfin arrachée au terme d'un conflit sanglant, ont cessé de considérer les vaincus comme des ennemis accablés par le sort des armes pour voir en eux des coupables, des pervers, émanations du Mal, qui devaient payer pour leurs crimes, être solennellement condamnés devant l'universelle opinion, humiliés, réduits à néant. À l'encontre de toute une tradition, on exigeait alors une capitulation « sans conditions ». La paix n'était plus négociée mais littéralement dictée, imposée.

Les bourgeois de Calais étaient venus livrer leur ville en chemise, la corde au cou. C'était la coutume mais le roi d'Angleterre les a lui-même relevés, réconfortés et, certainement, bien nourris avant qu'ils ne rentrent chez eux. Aux Congrès de Vienne de 1814 et de 1815, les alliés n'ont rien fait payer aux Français qui avaient porté la guerre et la désolation dans toute l'Europe. Talleyrand pouvait exercer ses talents et le royaume de France s'est, à très peu près, retrouvé dans ses frontières d'avant. Mais, en 1918, à Versailles, les parlementaires allemands ont longtemps attendu dehors que l'on vienne leur signifier ce qu'ils devaient accepter, en l'état, non négociable. Pour juger les crimes de guerre des Allemands, en 1945, le tribunal de Nuremberg comptait un bon nombre de représentants de l'URSS, coupables certainement des mêmes crimes, sinon davantage. Des deux protagonistes et artisans du pacte germano-soviétique, l'un, Ribbentrop était au banc des accusés, l'autre Molotov, à celui des juges. Il a fallu, quelque temps plus tard et sans y mettre trop d'éclat, rectifier l'une des sentences pour reconnaître que l'effroyable tuerie de Katyn avait été perpétrée non par les hommes d'Hitler mais par ceux de Staline qui, eux, siégeaient parmi les accusateurs, champions du Bien contre le Mal. Rectification sans condamnation d'aucune sorte.

L'État, maître depuis longtemps de dicter l'Histoire par célébrations et pantomimes, sait aussi, depuis quelques années, montrer d'un doigt vengeur les affreux, les criminels et les pervers dans un passé de plus en plus lointain. Et prononce solennellement, sans même la comédie d'un semblant de procès, sans débat ni avis autorisés, de terribles excommunications. Nous ne voyons plus agir que des partisans investis de terribles pouvoirs de grands inquisiteurs et des tribunaux auto proclamés où la défense ne peut jamais paraître. L'ennemi vaincu, mis à terre, humilié, est un hérétique ou, si l'on veut se référer à des temps plus proches, un déviationniste invétéré. Nous ne savons plus, ne pensons même plus à respecter l'adversaire et ne disons combattre que des peuples ou des partis déclarés coupables de graves forfaits. Après de longs siècles où les hommes et les nations pouvaient faire la guerre et se respecter, ménager les faibles, bien traiter les prisonniers, nous retournons aux temps obscurs, terribles, des guerres civiles entre partis, lorsque, dans Paris, les Armagnacs et les Bourguignons cherchaient et gagnaient l'appui de l'Église pour s'excommunier les uns les autres. Le temps aussi des Guelfes et des Gibelins de l'Italie de la pré-Renaissance qui traitaient les vaincus de loups rapaces, de race maudite et d'ennemis du *popolo* et d'ennemis de Dieu. Les Soviétiques en place faisaient de leurs adversaires du moment des vipères lubriques.

Sont condamnés, sans entendre et sans appel bien sûr, ceux proclamés coupables non plus d'agressions contre le pays ou contre telle communauté mais de crimes contre l'Humanité. Contre ces maudits, les forces du Bien mènent non une guerre de conquête mais une expédition punitive, une croisade des temps modernes. Et, bien évidemment, seuls le gouvernement, le chef de l'État et son parti, au plus une majorité d'élus, peuvent dire où est le Mal. Ce qui conduit un ministre, qui n'est plus comme autrefois ou naguère ministre « de la guerre » ou « des armées », mais seulement « de la Défense » non vraiment à se préoccuper de protéger les frontières ou la sécurité des citoyens mais à sans cesse lancer ses troupes au loin, au nom du Devoir d'Ingérence, contre des hommes qui n'ont jamais manifesté aucune sorte d'intentions suspectes contre son pays. Que les agents ou députés commis pour le faire n'y connaissent absolument rien ne porte aucun frein à leurs ardeurs. Bien au contraire. C'est à tout propos, par toutes sortes de moyens que les parlements des États du camp du Bien s'enrouent à lancer l'anathème.

Crimes contre l'Humanité ? Génocides ? Les mots si souvent à la une depuis quelque temps paraissent vides de sens. Nul, parmi ceux qui les utilisent chaque jour, parmi même les hommes publics qui prétendent en décider, ne saurait dire ce qu'ils signifient. C'est selon. Les hommes au pouvoir, en fait un cercle restreint des ténors du moment, procèdent à ce qui paraît une sorte de procès mais n'est, et ne peut être, qu'une suite d'affrontements, de plaidoyers pour ou contre, de considérations sur les circonstances et sur les pressions, plus encore sur les conséquences d'une décision, vagues de satisfaction ou de mécontentement urbi et orbi. Le seul fait d'accuser de crimes contre l'Humanité paralyse forcément ou oriente la recherche et conduit à falsifier l'Histoire. Les vainqueurs ont toujours raison. Ne sont criminels que les vaincus réduits à rien ou tous ceux dont on ne peut rien craindre. Comment peut-on dès lors étudier les causes premières d'un conflit lorsque l'État, et donc l'opinion, s'unissent pour dire que l'une des parties avait tous les torts ? Ceux qui incarnent le Bien ne peuvent fauter.

Jusqu'à aujourd'hui, la France, disons plutôt l'État français, ne reconnaît que deux génocides : celui de l'Allemagne d'Hitler contre les Juifs et celui des Arméniens par les Turcs en 1895-1896 et 1915-1916. Ce sont des crimes commis à l'étranger par des puissances étrangères et des régimes politiques qu'il convient de dénoncer. Pour la France et son passé, les législateurs demeurent plus circonspects. Si hésitants même qu'on les pourrait croire mal renseignés, peu attentifs ou bien mal inspirés pour conduire leurs lectures. Ils ne savent rien de la sinistre campagne du Palatinat au temps de Louis XIV : pays à feu et à sang pour seulement faire souffrir, villes et campagnes ravagées (mais les Allemands ne sont pas en état de réclamer). Rien non plus de la Terreur à Paris et des massacres à Nantes et à Lyon. Les travaux de Reynald Secher sur les guerres de Vendée, enquêtes solides, indiscutables et appréciées de tous les spécialistes ont valu à son auteur de n'être jamais élu par les conseils ou commissions de nos universités indépendantes pour y tenir une chaire de professeur. L'État français a décidé qu'on ne pouvait charger de telles responsabilités un homme qui démontrait l'existence d'un génocide vendéen, génocide non de hasard, sous le coup des combats mais programmé par les responsables politiques du moment. Vous pouvez publier les instructions de la Convention et du Comité de Salut Public, tous les procès-verbaux des généraux républicains qui revendiquaient haut et clair ces crimes abominables, rien n'y fait. Pas de génocide au nom de la République.

La seule condamnation prononcée contre des Français le fut par la loi votée en Assemblée Nationale le 10 mai 2001. Il faut dire que l'on prenait bien soin de remonter à l'Ancien Régime et de bien cibler l'accusation. Ce fut contre l'esclavage reconnu « crime contre l'Humanité ». Démarche certes audacieuse si l'on considère que, dans un passé plus ou moins lointain, tous les peuples, toutes les communautés ethniques et religieuses qui forment cette Humanité ont pratiqué l'esclavage et commis le crime. Il n'est pas certain que nos élus aient, un seul instant, pris mesure de leur ignorance et n'aient agi que par manque de réflexion et niaiserie humanitaire. L'important était comme toujours, l'effet d'annonce. Les sénateurs, mieux conseillés peut-être ont rectifié et mieux précisé une condamnation qui, bien trop générale, risquait de faire de la peine à nos peuples amis d'Afrique et d'Asie. Ils décidèrent que n'étaient crimes contre l'Humanité que les traites négrières. Personne ne devait s'y tromper, on ne voulait parler que des Français et des Anglais, seuls responsables du « dépeuplement de l'Afrique ».

Fruits d'une simple gesticulation politique, ces lois partisanes, qu'aucun autre pays n'avait encore songé à faire voter par de doctes assemblées, ne faisaient que donner l'autorité d'un acte public, à une vue grossière et fallacieuse des faits, imposée depuis longtemps contre toute vérité historique, contre toute évidence même. Pour ne déplaire à d'autres nations et, tout particulièrement, par souci de ne charger les pays d'Islam de quelque péché que ce soit, on ne voulait, par une sorte de consensus, parler que des Noirs arrachés à leurs racines et tenus en servitude par des Blancs. On se gardait aussi de dire que ces esclaves étaient razziés et vendus aux trafiquants par d'autres Noirs et que ces razzias et toutes formes d'esclavage étaient pratiquées, sur une très grande échelle, dans ces pays du “Soudan” bien avant l'arrivée des Européens.

C'était aussi ne rien vouloir savoir de l'esclavage entre Blancs qui, dans l'ancien monde, de l'Orient à l'Occident, remontait à des temps très anciens et s'était maintenu en divers pays pendant des siècles. Nos sénateurs n'avaient jamais admiré les groupes d'esclaves sculptés par Michel Ange, tous Blancs. Ni ceux du piédestal de la statue d'Henri IV sur le Pont-Neuf, œuvre de Pierre Francheville. Et pas davantage les bas-reliefs du monument à la gloire de Louis XIV, sculpté par Martin Desjardins, que l'on peut admirer sur la place des Victoires ou le célèbre *Cheval arrêté par les esclaves* où Géricault (Musée de Rouen) montre trois esclaves Blancs parfaitement distincts. Dès les premiers temps, avant de fréquenter les marchés d'au-delà des déserts d'Afrique, les Arabes, les Égyptiens et les Musulmans en général ont razzié ou acheté des esclaves blancs dans tous les pays conquis. Les guerres, la piraterie et les chevauchées entre Chrétiens et Musulmans, sur mer et sur terre, jetaient en servitude des troupes d'hommes, de femmes et d'enfants tous blancs. De l'an mil ou environ jusqu'aux dernières décennies du XVe siècle, les villes de Catalogne, de Provence, d'Italie surtout, comptaient un grand nombre d'esclaves domestiques, captifs de guerre ou achetés en Orient, à Constantinople ou à Chio et dans les ports de la mer Noire.

Ces escroqueries intellectuelles sont délibérément préparées puis imposées par une volonté politique qui décide de ses choix et prétend, au nom d'une idéologie, d'intérêts immédiats, d'une complaisance diplomatique, écrire et réécrire l'Histoire. Il n'était nul besoin d'une loi. L'État tenait depuis longtemps l'opinion bien en main, pesant par toutes sortes de moyens, imposant le correct, ou plutôt le "conforme", à tous moments, sans crainte d'échouer. Que plusieurs ouvrages de qualité, solidement documentés, accessibles depuis des années, disent le contraire ou prennent soin de compléter, est sans importance. Sont seuls coupables de crimes les armateurs et marchands de France et d'Angleterre, les financiers d'avant la Révolution. Et l'on fait croire que Nantes, La Rochelle, Bordeaux et Bristol n'ont connu de réelle prospérité que par ce trafic infâme. Et l'on parle à peine des Portugais bien plus actifs, petites gens, Juifs et Lusitaniens du Cap Vert et de São Tomé qui furent les pionniers puis, de très loin, les principaux acteurs de la traite. Et pas du tout des Américains du Nord qui ne se contentaient pas de voir s'ancrer dans leurs ports les navires négriers de France ou d'Angleterre mais à Newport et à Charleston armaient régulièrement des dizaines de bâtiments pour la côte d'Afrique et embarquaient, pour le troc, des centaines de tonneaux de rhum, produit des distilleries qui, installées sur la côte même, ne travaillaient que pour la traite africaine, sur la côte. Quant aux Musulmans, mieux vaut se taire : ce serait du racisme.

Ces directives qui voulaient que l'on ne parle que de nos ports atlantiques n'étaient pas clairement formulées mais elles furent strictement respectées dans tout ce qui s'adressait à un large public. Ces tout derniers temps, le contexte évoluant, de bons journaux ou hebdomadaires et des magazines spécialisés[112] ont enfin

---

[112] Cf. notamment les articles ou recensions parus dans *L'Histoire*, dans *La Nouvelle Histoire* et dans *L'Aventure de l'Histoire*. Tous les rédacteurs des revues qui se disent d'"Histoire", pourtant n'ont pas cru devoir le faire et l'un de ces

franchi le pas et rendu compte d'ouvrages qui, tout récemment parus, tentaient de dresser un tableau bien plus complet et moins trompeur de l'esclavage. Qu'en est-il de la grande presse ?

On ne peut nier que ces condamnations lancées par le pouvoir politique aient lourdement pesé sur la recherche historique. Cela s'affirme évident lorsque ce pouvoir, ayant fait connaître sa vérité jusque dans les détails, interdit formellement toute nouvelle enquête, révision, précision même qui risquerait de mettre en cause ses certitudes, ne serait-ce que sur un seul aspect du problème. Lorsque le seul fait de souhaiter confier aux historiens l'étude du passé, sur tel ou tel point contesté, est aussitôt pris pour un grave délit, il est bien clair que toute recherche se trouve figée, réduite à la clandestinité ou, plutôt, réduite à néant.

Ces interdictions formelles ne sont pas encore très nombreuses. Elles sont même tout à fait exceptionnelles. Mais l'exemple est donné, bien mis en place et communément accepté. Rien n'interdit de penser que les circonstances, les sollicitations, les rapports de force entre courant de pensée ou entre communautés évoluant, d'autres événements du passé plus ou moins proche ne soient à leur tour domaine réservé, les recherches prohibées, les conclusions données une fois pour toutes. On ne voit pas pourquoi des hommes publics qui, désignés par un parti politique, élus sur un programme politique, n'ont aucune formation spéciale et ne peuvent retenir du passé que ce qu'ont imposé divers fabricants d'opinion, les slogans et les ragots, n'appliqueraient pas leur autorité à dire ce que l'Histoire doit enseigner.

---

magazines, de fort tirage, bien en vue dans les kiosques, a présenté un "dossier" qui, une fois de plus, montrait les Français et les Anglais comme responsables du plus gros de la traite.

V

L'HISTOIRE À LA BOTTE,

L'ÉTAT TOTALITAIRE

Seul, un État capable de faire accepter toutes manières de terrorisme intellectuel peut interdire les déviances, les hérésies politiques et prendre complètement en charge l'étude du passé. Ses agents préposés à la culture refont l'Histoire, détruisent ou brûlent ce qui a été construit avant eux, rayent les noms des héros déchus dans les manuels d'enseignement, les livres et les journaux. Bien évidemment, ils interdisent d'entreprendre des recherches hors du cadre d'instituts surveillés, où les historiens, toujours menacés d'un contrôle et de la suppression des crédits, ne sont assurés de rien. Dans *1984* (publié en 1948), Orwell a parfaitement décrit ces pratiques et le mode de vie qu'elles imposent à tout un chacun. Peu nombreux étaient alors ceux qui osaient dire qu'on en voyait déjà une exacte application en Union Soviétique et dans les pays soumis à la même tyrannie d'une pensée unique. En fait, personne ne voulait y croire et l'on s'efforçait de présenter ce livre pour une œuvre de pure fiction.

Les murs de la honte sont tombés à l'Est. Où en sommes-nous dans nos démocraties occidentales, plus particulièrement en France, pays de la Liberté haut proclamée et d'une cinquième République affirmée modèle ? Le terrorisme intellectuel, dénoncé depuis une dizaine d'années[113], s'applique aux enquêtes, à toutes les formes d'investigation et à chaque discours livré au commun des citoyens. L'Histoire n'est pas à l'abri, tout au contraire. Elle

[113] J. SÉVILLIA, *Le terrorisme intellectuel de 1945 à nos jours*, 2000.

serait même parmi les disciplines directement mises en cause. Si l'on se contente de sauver les apparences, l'attaque n'en est pas moins déterminée, déjà riche de beaux résultats. Les maîtres à penser qui fabriquent et imposent une pensée unique à l'occidentale suivent, circonstances et expériences obligent, une voie quelque peu différente de celle des Soviétiques. Les manuels pour les écoles primaires, les collèges et les lycées sous contrat, sont élaborés sous un strict contrôle mais ceux destinés aux étudiants demeurent libres. Les publications, livres et revues, ne sont soumises à aucune censure déclarée et instituée en organisme d'État. La démarche est plus indirecte, nullement brutale pour le moment, bien plus longue à porter ses fruits. Elle ne s'affirme que de proche en proche, de palier en palier, de telle sorte que ceux qui y sont piégés ne peuvent réagir, s'ils viennent toutefois à s'en rendre compte.

Le gouvernement soigne l'apparence de respecter les libertés, sans le moindre coup d'éclat, et proclame très haut que son principal souci est de préserver et même d'accroître l'indépendance des universités. Mais la recherche historique et les publications savantes ne seront bientôt plus possibles que dans le cadre d'organes collectifs pris en charge ou subventionnés et, en tout cas, sévèrement contrôlés par des agents publics. Dans les années 1950, des éditeurs vraiment indépendants publiaient encore de gros ouvrages, de haute qualité scientifique, travaux de médecins, d'avocats ou d'officiers en retraite, historiens de qualité. Cela n'est plus et le temps semble définitivement perdu des chercheurs travaillant seuls, en amateurs, pour le seul désir de chercher, de découvrir et de mieux connaître leur région ou leur cité. Les sociétés savantes survivent difficilement et ne publient généralement que des revues (de moins en moins nombreuses) où l'on trouve surtout des articles relativement courts et le texte des communications présentées aux assemblées. La recherche historique s'inscrit maintenant presque tout entière dans un cursus, dans une carrière professionnelle, et doit s'insérer dans une structure de plus en plus rigide, de mieux en mieux contrôlée.

CNRS et Université : deux statuts, deux destins

Temple de la recherche fondé par les lois de 1941 et de 1948, le Centre National de la Recherche Scientifique (*national*, tel est bien son nom et nul n'y voit à redire...) prétendait, sans doute à l'image de l'Académie des Sciences de l'URSS, encadrer une part importante de la recherche en France et dans tous les domaines, sciences humaines et histoire comprises. Institution très structurée dès les tout premiers temps, il accueillait, à titre individuel, des chercheurs qui, sur toutes sortes de sujets, présentaient des projets d'études cohérents, déjà bien préparés. Les commissions et les comités scientifiques en estimaient bien évidemment l'intérêt, jugeaient de la qualité de l'impétrant. En Sciences humaines et en Histoire en tout cas, ils ne prétendaient pas imposer leurs choix. Tout sujet était recevable. Chaque chercheur travaillait dans son propre domaine, choisi et défini par lui seul, en toute indépendance. L'« attaché de recherche » n'était pas censé faire carrière. Son contrat et sa bourse, allocation de recherche, étaient renouvelés chaque année, après examen d'un rapport sur l'avancement de ses travaux, rapport aussi précis et explicite que possible. Généralement, on ne demeurait au CNRS que quelques années, trois ou quatre tout au plus. Les choses ont vite évolué et cette institution n'est plus du tout, ni dans l'esprit ni dans la pratique, ce qu'elle était. Les Commissions chargées, chaque année, d'examiner les travaux, ont peu à peu démissionné, baissé les bras et pris l'habitude de lire non vraiment les publications mais seulement les rapports des chercheurs. Aujourd'hui, on se contente de peu, ou de rien, et personne n'oserait refuser le renouvellement pour quelque insuffisance que ce soit. J'y ai siégé un certain temps et n'ai jamais vu un "chercheur" sanctionné. Certains, peu nombreux à vrai dire, présentaient au terme d'une recherche importante en un temps relativement court, une thèse ou un ouvrage de synthèse de haute qualité, prêt pour la publication. Cependant, d'autres ne rédigeaient qu'un rapport d'une demi page où il n'était mention que d'une seule communication à un colloque. Il leur suffisait même de rappeler une contribution de l'année précédente et d'en annoncer une pour l'année à venir. En quelque sorte ces rapports étaient le seul témoignage de leur activité scientifique au cours d'une année entière. Tous étaient repris et reconduits, jusqu'à leur retraite. Ce qui devint si commun qu'il fut décrété que tout chercheur du CNRS devenait fonctionnaire, chercheur à vie sans risque. Pour les Sciences humaines et l'Histoire en tout cas, cette énorme machine tourne pour elle-même, pour la satisfaction de voir s'accomplir des carrières de chercheurs de profession qui ne rendent aucun service à la collectivité, n'assurent aucune charge d'enseignement, aucun service public et produisent infiniment moins que ceux accablés à l'université par de lourdes tâches professionnelles.

Dans le même temps, les ministres et leurs bureaux ont mis fin au régime de liberté pour restreindre de façon drastique les domaines de recherche. Autrement dit, pour n'accueillir que des projets susceptibles de s'inscrire dans des programmes définis par l'administration elle-même. Ce fut officiellement mis en place pour les sciences exactes il y a seulement quelques années. Pour l'Histoire, cela n'a pas encore force de loi mais la pratique consensuelle suffit.

* *
*

Des générations durant, le métier et le statut des professeurs d'Université[114] sont demeurés inchangés. Le nombre d'heures de cours était nettement inférieur à celui du secondaire et, plus encore, aux quarante ou trente-neuf heures décrétées légales pour tant d'emplois, dans le domaine public ou privé. Ils bénéficiaient, par ailleurs, de congés importants, surtout en été. Ce n'étaient nullement, comme on s'applique aujourd'hui à le faire croire et comme un bon nombre d'entre eux l'ont laissé dire, des privilèges éhontés, exorbitants. La préparation de cours magistraux de haut niveau, différents d'une année à l'autre, leur prenait beaucoup de temps et il leur fallait aussi, pour tenir leur rang, se tenir au fait des recherches en cours. Le législateur, à l'origine, en avait bien conscience mais l'opinion ne voulait jamais considérer qu'une heure de cours en demandait quatre ou cinq de travail, non chez soi mais, la plupart du temps, dans des bibliothèques

---

[114] Les enseignants se répartissent en deux "statuts" : les maîtres de conférences, titulaires d'une thèse "nouveau régime" et les professeurs, titulaires de la thèse d'État, aujourd'hui supprimée, ou d'une habilitation.

pas toujours proches et de fréquentation pas toujours aisée. Il ne semble pas que les agents du gouvernement se soient, à aucun moment, appliqués à faire le compte des heures passées, de catalogue en catalogue, pour mettre la main sur l'ouvrage indispensable pour tenir ses enseignements à jour. Cela aurait trop vite conduit à comparer les conditions de travail dans nos bibliothèques à celles offertes à l'étranger, notamment dans les pays anglo-saxons où le chercheur peut s'installer, prendre des notes, rassembler les éléments d'un cours, sur un bureau convenable, installé au pied même des rayons. Où le professeur titulaire délivre, au service compétent, une liste de livres ou de revues spécialisées en début d'année et les trouve rassemblés, à sa disposition, lendemain.

On ne voulait pas savoir que le professeur chargé des cours pour les concours de recrutement du secondaire, Agrégation et CAPES, sur un programme précis, d'approche documentaire difficile, programme défini à Paris et forcément imposé à la préparation dans toutes les universités de province, ne peut faire bonne figure et répondre aux attentes des étudiants candidats sans y consacrer tout un mois d'été, sinon davantage. Ces "loisirs" studieux étaient aussi, on l'a trop souvent oublié et l'on se refuse aujourd'hui à en parler, la compensation à des salaires et des avantages sociaux qui, à compétences et nombre d'années d'études égales, étaient très inférieurs, quasi misérables comparés à ceux d'autres secteurs de la fonction publique ou para publique.

Les conditions de travail ont durement évolué. Elles n'ont plus rien, absolument rien, d'équivalent avec ce qu'elles étaient et ne laissent aux enseignants chercheurs, dès lors bien mal nommés, que peu de temps, sinon aucun, pour la recherche. Le nombre d'heures de cours a, en vingt ans ou environ, pour le moins doublé et même triplé. De plus, dans un élan de générosité sociale tout à fait remarquable, le gouvernement a décrété d'autorité que 75 à 80 % des classes d'âge devaient obtenir le baccalauréat. On y est parvenu, faisant feu de tout bois, allant chercher très loin. Résultat : le baccalauréat, tellement diversifié que personne ne peut dire ce qu'il représente (options langues régionales ou nationales qui laissent perplexe, options cirque, théâtre...) est, à la lettre, tout bonnement distribué. Seuls les plus malchanceux en sont privés. De telle sorte que, malgré la mise en place de nouvelles universités (une vingtaine en 1950, bientôt une dans chaque département ?) les effectifs ne cessent d'augmenter. Le professeur se trouve face à des amphithéâtres de deux cents ou trois cents étudiants plus ou moins motivés dont un bon nombre auraient certainement trouvé ailleurs une voie plus riche d'espoir. Ce qui double ou triple le temps consacré aux corrections de copies et aux examens. Les décideurs, ceux qui n'ont jamais enseigné et ceux qui en sont sortis, bien décidés à ne pas s'y faire reprendre, font tout pour que ces effectifs augmentent sans cesse : refus d'un examen d'entrée à l'Université, passages quasi automatiques d'une année d'étude à la suivante pour ne décourager personne, mise en place de cursus (feuilles de route) d'un merveilleuse complexité qui interdit aux étudiants de se spécialiser et les oblige à choisir des "options" souvent totalement étrangères à la discipline principale.

Le vagabondage intellectuel, les réformes pour le touche-à-tout

La licence polyvalente

Les trois premières années ou, plutôt, les six premiers semestres, n'ont cessé de subir réformes sur réformes pour imposer une sorte de vagabondage. L'étudiant ne peut se consacrer vraiment à des études supérieures d'histoire. Il doit obligatoirement prendre des inscriptions, suivre des cours ou des exercices, subir des "contrôles" en des disciplines qui n'ont rien à voir avec ce qui devrait être sa spécialité. Ce sont des enseignements dispersés, demeurés presque toujours anecdotiques, dont il ne tire aucune sorte de profit et qu'il oublie vite. Certains, mieux avertis de ce que l'on attend d'eux, se prennent bien au jeu et pratiquent une sorte de *zapping* en tous horizons. Dans nombre d'universités, le premier semestre est tout entier réservé aux "éveils" ou aux séances d'orientation et d'initiation, pour définir les "options". Que chacun pourra choisir.

L'enseignement s'en ressent. Face à un auditoire surabondant, hétéroclite, rassemblant des auditoires de niveaux différents, les uns vraiment déterminés, déjà assurés d'un bon bagage, les autres seulement amateurs, simples curieux, le professeur ne sait que dire, où se placer, pour qui parler. Ce qui revient à tenter d'intéresser tout le monde et, bon gré mal gré, à s'en tenir au plus élémentaire. En fin de semestre, pour les ECUE(s) obligatoires, communes à plusieurs disciplines, les contrôles relèvent du grotesque lorsque les effectifs vont au-delà des quatre ou cinq cents, jusqu'à sept cents même pour un seul supposé correcteur. Lire des copies écrites en seulement deux heures, de toutes petites dissertations donc, prendrait de longues semaines, une partie de l'année. Il faudrait arrêter les cours à mi chemin, pour le moins. On va au possible et l'on aménage : temps de l'écrit ramené à une heure, pas davantage, et, de plus en plus, interrogations rapides où le candidat répond à une liste de questions par quelques mots ou, même, se contente de cocher la bonne réponse sur un questionnaire. Ce sont les QCM (= Questionnaires à choix multiples). Corrections éclairs, vraiment bas de gamme, que l'on peut confier, pour une part, à des collègues de bonne volonté, moins sollicités cette année-là, ou à un tâcheron si l'on dispose de quelques crédits. On entend dire qu'une université d'outre-Manche semble avoir résolu ses problèmes en faisant corriger ses feuilles de contrôle en Inde. On ne sait pas si, pour faciliter les choses, l'on se sert de la poste ou de la toile mais cela revient beaucoup moins cher.

Une première année pour rien ou pour si peu. En restent deux, pour ce que l'on appelle encore la licence. Les groupes sont moins nombreux, l'enseignement mieux ciblé. Pour ceux qui le veulent, l'histoire y tient une meilleure place mais ils doivent tout de même composer avec l'obligation de pluridisciplinarité, choisir des options diverses. Les enseignants chercheurs se dispersent encore, prennent en charge six, sept, huit cours ou exercices différents dans l'année. Les bureaux chargés d'organiser les examens et de veiller aux chevauchements, pour les sessions premières et les sessions "de rattrapage", sont aux rives du désespoir. Le professeur d'histoire voit, là encore, en ces deuxième et troisième années mêmes, prendre place sur les bancs des amphithéâtres des auditeurs venus d'autres filières, parfois lointaines, qui n'ont jamais suivi un seul cours d'histoire, n'ont aucune sorte de repère chronologique, ni même parfois aucune idée de ce que peut être une chronologie. Les uns prennent des notes de temps à autre, d'autres lèvent les yeux au plafond et attendent que cela passe. Dans la bonne humeur généralement.

Les équipes, la belle affaire des contrats

Dans les temps d'avant réformes, pendant plus de deux siècles, chaque professeur assurait la direction de thèses d'histoire sans en référer à qui que ce soit. Il ne voyait nulle nécessité de faire partie d'un laboratoire ou d'un atelier et de prendre l'avis de qui que ce soit sur le choix d'un sujet, défini en accord avec le candidat. Le Conseil d'Université puis les services du Ministère se contentaient d'enregistrer, vérifiant simplement que le sujet n'était pas déjà pris. Cette indépendance n'était pas seulement la manifestation d'une liberté corporative et quiconque s'intéressait vraiment à une recherche de qualité savait que, tout au contraire, nombre d'initiatives originales n'auraient pu, autrement, voir le jour.

Les obsédés du neuf et des raccommodages, les fervents de l'alignement sur les pays anglo-saxons ou européens sont passés et ont tout jeté à bas. Aujourd'hui, tout est fait pour manger du temps aux apprentis chercheurs que l'on veut infantiliser un peu plus longtemps, et, au prix de diverses contraintes, rendre leur travail de plus en plus difficile. Ce faisant, l'on prend aussi un grand nombre d'heures au professeur responsable que l'on mobilise et tient en alerte pour tout et pour rien, plutôt pour rien, pour l'apparence et pour seulement maintenir en vie des institutions fondées de toutes pièces et qui, de l'avis de tous les intéressés, n'ont aucune raison d'être. D'autres étonnantes innovations sont certainement encore à venir car, la réforme se nourrissant elle-même, l'on ne voit pas comment l'on pourrait s'arrêter en chemin. On s'y fera.

De par la loi, nul professeur, quels que soient ses titres, ses publications et ses années d'expérience, ne peut accepter la direction d'une quelconque recherche de son propre chef, ni sur un sujet proposé par un étudiant ni sur un autre sujet qui s'inscrirait dans un programme dont cet enseignant chercheur serait seul responsable. Il doit faire partie d'un groupe accrédité par les Conseils de l'Université et, en dernier et principal ressort, par le Ministère. On a d'abord pensé dénommer ces toutes nouvelles structures des « instituts », ou des « centres de recherches » ou encore des « ateliers » mais on a finalement opté pour « équipes ». Cela sonnait mieux, faisait sûrement plus social, plus collectif et sportif, moins élitiste. Ce sont d'abord, pendant quatre années, des « jeunes équipes » qui, si elles travaillent bien, font suffisamment parler d'elles, produisent de bons rapports et cultivent avec bonheur l'art de jeter la poudre aux yeux, deviennent des « équipes d'accueil », plus larges et, semble-t-il, plus stables.

On ne forme pas une équipe à deux ou trois. Paris veut du nombre. Rien ne se fait en quelques semaines. C'est dire que l'on voit, ici ou là, s'afficher toutes sortes d'alliances que le commun dirait suspectes, mises sur pied à force de compromis entre collègues tirés à hue et à dia. On n'acceptera jamais une équipe libellée tout simplement « Histoire » ou « Histoire ancienne », pas même « Histoire romaine ». Il faut indiquer une spécialité, un thème de recherche un peu précis, une sorte de programme et surtout, les instructions ne cessent de le rappeler, se montrer "inventifs", mieux, "créatifs". Les grandes universités y parviennent sans trop de mal. D'autres n'y arrivent pas. Les isolés qui ne trouvent de place nulle part n'ont d'autre issue que de se faire accueillir ailleurs, non certes à l'autre bout de la France mais pas toujours très près. Ils prennent le train, de temps à autre, ne serait-ce que pour faire décemment acte de présence : dépenses chichement remboursées, pertes de temps évidemment stériles.

Les masters à l'anglo-saxonne : deux années pour rien

Que l'enseignement se soit diversifié jusqu'à l'insupportable et, à la lettre, l'ingérable, est chose acquise depuis des années. Ces derniers temps, l'on fit de même pour l'initiation à la recherche. Fini le temps où l'étudiant titulaire d'une licence pouvait entreprendre aussitôt, de son plein gré, la préparation d'un Mémoire de Maîtrise, travail de spécialiste bien défini : un sujet, un projet, un mémoire. Le tout en une seule année, consacrée tout entière à la recherche et à la rédaction.

Nous en sommes aux *Masters* (ou *Mastaires* ? ou *Mastères* ?), en deux ans, M1 et M2, qui s'inscrivent obligatoirement dans une structure disciplinaire, une "équipe" donc, rassemblant tant bien que mal un bon nombre d'enseignants qui ont fini par s'associer en tenant compte non toujours de leurs spécialités, non vraiment de leurs propres intérêts pour telles ou telles recherches ni, bien sûr, de l'intérêt des étudiants, mais plutôt des affinités personnelles, des sympathies et des alliances. De fait, mettre sur les rails un *master* est résoudre la quadrature du cercle et tourne souvent à la foire d'empoigne, tragi-comédie plutôt, longues journées de conciliabules, de marchandages et maquignonnages, exclusions ou désistements du dernier instant. On se réunit par petits groupes, on discute, on téléphone. Et l'on ne fait rien d'autre. L'accord enfin conclu, tant bien que mal et plutôt mal que bien, reste à faire homologuer son projet par des bureaux ministériels qui examinent les propositions de toutes les universités de France. On envoie les maquettes. Paris accepte ou refuse et, dans ce cas, demande ou des rectifications, ici et là, ou, tout à trac, une refonte plus ou moins lourde. On est parti pour d'autres schémas et d'autres échanges avec les services compétents ; ce sera "navette légère" ou "navette lourde". Plusieurs semaines parfois avant de se mettre enfin au travail. Mais pas pour longtemps ; pour seulement deux ans car chaque *master* en place ne vaut que pour quatre années. On peut le changer, en tout cas l'aménager s'il devient caduc, vraiment trop bancal, par le départ de l'un ou plusieurs membres. Il faut s'y prendre bien à l'avance.

Pour, en fin de parlotes, mettre sur pied une sorte de monstre d'une effarante complexité. Un étudiant de maîtrise quelque peu consciencieux et bien informé de ces arcanes, doit sur les couvertures de ses petits travaux de fin d'année, indiquer, en léger dégradé, jusqu'à cinq appartenances différentes : l'Université, l'UFR (= Unité de Formation et de Recherche), le master, la « mention » et la « spécialité ». Dans telle Université qui, semble-t-il, n'a pas vraiment cherché à faire plus stupéfiant que d'autres, un des quatre ou cinq gros *masters*, intitulé tout bonnement *Vie sociale et vie culturelle aux temps anciens et médiévaux,* l'organigramme fait état, en M1, de trente-quatre cours différents et donc d'autant d'enseignements et d'autant d'examens de fin de semestre. On en compte encore trente-deux en M2. Le tableau aligne donc plus de soixante codes de la même eau. La machine informatique engrange le tout et, visiblement s'y reconnaît grâce à ces codes d'identification qui ne comptent pas moins de huit lettres ou chiffres. Et l'on passe d'un cours ou d'un exercice dit Z2CBISAM à un autre, Z2CHISAM.

Durant ces deux années, les cours, les ateliers d'écritures, les « séminaires », les séances de groupe (tel, par exemple, celui intitulé : « le travail de la recherche : de la rédaction à la rédaction en groupe de travail pluridisciplinaire »), en un mot l'encadrement, assistanat ou *coaching* disent quelques-uns, l'emportent de beaucoup sur le travail personnel et la recherche. Les historiens se trouvent sollicités de tous côtés, dispersés, alliés contre nature avec des étudiants de formations complètement étrangères aux leurs. Tel qui pense rédiger un mémoire et, peut-être, préparer une thèse sur les ducs de Bourgogne aux XIVe et XVe siècles, doit suivre une vingtaine d'heures sur les dynasties pharaoniques, et tout autant sur la littérature de la Grèce ancienne. Et passer les examens correspondants.

En M1, tout le premier semestre est réservé au collectif : pas moins de cinq cours, dont la plupart n'ont rien à voir avec le sujet du mémoire à venir. On va même jusqu'à six ou sept ; ce qui fait dix ou douze ou quatorze heures de présence par semaine, de 150 à 170 heures dans le semestre et, fin janvier, cinq, six ou sept examens différents. Le reste du temps, lors du second semestre, il commence à s'intéresser à son mémoire, sans grande conviction puisqu'il sait que les cours vont recommencer l'année suivante, avec, en plus, des exercices d'encadrement.

En M2 donc, l'étudiant qui en est à Bac + 4 ou 5 suit encore une trentaine d'heures d'enseignements. En somme on en vient à n'avoir qu'un seul semestre, celui de fin M2, pour aller en bibliothèque ou aux archives, bien limiter le sujet, concevoir un plan et rédiger. Que peut valoir, après trois semestres d'errances inutiles, vécues dans le collectif et l'assistanat, un mémoire préparé en seulement cinq ou six mois ? En fait, tout est en place pour décourager un véritable apprentissage de la recherche individuelle ou, tout au moins, pour retarder de deux ans le moment de se lancer dans une entreprise sérieuse. Les professeurs l'ont parfaitement compris. Certains tentent de résister, soutenus par des étudiants vraiment déterminés qui présentent encore des études solides de quelque cinquante ou soixante pages. Mais la plupart, maintenant, baissent les bras, savent que l'on ne peut trop demander et, en somme, suivent de près les instructions. Ils n'exigent plus que des plans détaillés d'un travail à venir et qui ne viendra sans doute jamais, ou des projets, ou des exposés de méthode ; voire de simples bibliographies ou des listes de sources, des catalogues et des nomenclatures. Aucun apprentissage de la rédaction, ni analyse ni synthèse. Deux ans de présence à l'Université pour en arriver là !

Dans les années 1990, les étudiants de maîtrise fréquentaient régulièrement les bibliothèques spécialisées et les fonds d'archives, se faisaient déjà connaître et apprécier. Bien préparés par des enseignements de licence ciblés, ils rédigeaient, en seulement un an, de bons mémoires, originaux et achevés, d'une grande centaine de pages, résultats d'une recherche authentique sur fonds d'archives. On en publiait quelques-uns et de bons auteurs d'une thèse citaient volontiers en références ceux demeurés manuscrits. En 2005, après non plus une seule année mais deux ans de préparation intensive, soumis à un parcours d'obstacles complètement arbitraire, incohérent, contraints à des heures de présence parfaitement inutiles, ils ne présentent qu'une sorte de cahier d'écolier que personne n'aurait l'idée d'ouvrir. On a reporté la vraie recherche à plus tard sans en donner même les moyens.

La thèse : le plus tard, le plus vite

Pendant de longues générations, jusque dans les années 1990-2000, les thèses soutenues dans les Universités représentaient de loin l'essentiel de la production scientifique. Les revues et les actes des congrès ou colloques, relativement peu nombreux, n'apportaient que des suppléments, des mises au point sur des sujets particuliers, généralement limités. C'étaient des thèses de doctorat d'État, inscrites après la maîtrise et, en histoire, généralement après l'agrégation, soit à Bac plus six au mieux, et achevées, soutenues, de sept à dix ans plus tard, soit à Bac plus treize ou seize. En réalité, il s'agissait de deux thèses : une "principale", exposé d'une recherche originale (cinq cents à mille pages), et une thèse "secondaire", le plus souvent publication d'un texte inédit. C'était l'exception française, reconnue signe d'excellence. Le doctorant consacrait tout son temps à ses recherches et à la rédaction de sa thèse. Il n'était tenu à aucune sorte d'obligation, ne devait suivre aucun enseignement particulier. On le savait bien préparé, mûr et adulte, et il pouvait, pendant des mois voire des années de suite, résider loin de là, près de ses fonds d'archives, dans la ville ou le pays objets de ses études. Il ne rendait compte de l'avancement de ses recherches qu'au directeur de la thèse en lui présentant de temps en temps des mises au point.

On a d'abord simplifié, en supprimant la thèse complémentaire, puis tout mis en l'air, à bas. La thèse d'État supprimée, le Ministère a créé et imposé une thèse dite « de nouveau régime » beaucoup plus légère. La loi dit qu'elle doit être rédigée et soumise à un jury seulement trois ou quatre années après l'inscription. Certes les décideurs, experts et anonymes, ont, comme toujours dès qu'ils se mettent en peine d'établir un règlement, prévu des dérogations pour toutes sortes de raisons. On en use abondamment, quasi à discrétion, et l'on voit des candidats à ces thèses nouvelle formule tenir jusqu'à dix ans. Ce qui, chacun peut s'en douter, n'est pas preuve de grande qualité, loin de là.

Mais cette thèse, en principe de quatre années, est à l'heure actuelle, le seul important travail de recherche d'un chercheur pris dans le système universitaire. C'est le premier et le dernier. Il y est mal préparé, en fait de plus en plus mal, et toutes les réformes accumulées vont dans ce sens. Ses études d'histoire sont insuffisantes et il se voit lancé dans une enquête sur fonds d'archives et dans la préparation d'un ouvrage de synthèse qui exige de solides qualités, une maîtrise en somme, sans expérience, sans avoir vraiment entrepris quoi que ce soit qui pourrait lui être utile.

Le moins que l'on puisse dire est que les conditions de travail des doctorants inscrits pour une thèse nouveau régime ne sont pas vraiment satisfaisantes. De mauvais esprits auraient lieu de croire que l'on a voulu qu'ils ne puissent, en ces quatre années chichement accordées, venir au terme d'un bon travail. Les candidats à la préparation d'une thèse doivent s'inscrire régulièrement dans leur université, de la même façon qu'un étudiant à ses tout débuts. Il leur faut régulièrement renouveler cette inscription chaque année. Surtout, il leur est difficile d'aller séjourner longtemps près de leurs fonds d'archives. Ils sont intégrés à une équipe et sont priés de participer aux travaux, séminaires, tables rondes et autres manifestations publiques et ludiques de celles-ci.

En fait, les voici considérés bien davantage comme des étudiants avancés que comme de véritables chercheurs.

Ceux qui veulent finir à temps, ou presque à temps, ne présentent qu'une thèse rapide et, lors d'une candidature à un poste de maître de conférences dans une université, risquent de se voir préférer ceux qui auront obtenu des reports d'inscription ou bénéficié de conditions de travail exceptionnelles, bien protégés.

Les grandes fêtes : séminaires et colloques

L'équipe vit intensément. Elle dispose de locaux et d'instruments de travail (bibliothèque, bataillon d'ordinateurs). Elle doit encadrer les doctorants, leur assurer des cours spécialisés, en fait le plus souvent les convier à des séances de "séminaires" pour entendre des spécialistes venus d'ailleurs parler de leurs méthodes et de leurs travaux. Certaines rencontres donnent toute satisfaction aux responsables : on y compte jusqu'à une dizaine et même une vingtaine de présents. D'autres sont malheureusement moins fréquentées, beaucoup moins. L'autorisation de former une équipe ne tient pas suffisamment compte du nombre potentiel d'étudiants inscrits en thèse. Certaines équipes en ont peu et l'invité se trouverait face à un auditoire réduit à presque rien si les collègues, alertés à temps, ne se dévouaient pour faire nombre. Et l'on voit ainsi cinq ou six professeurs, eux-mêmes engagés dans d'autres travaux, évidemment peu qualifiés ce jour-là, peu ou pas du tout intéressés par le sujet, sacrifier une demi-journée de travail, prise sur leur temps de recherches, pour sauver la mise. À charge de revanche.

Les directeurs ont parfaitement compris que la renommée de leurs équipes et leurs chances de survie ne dépendent nullement de solides et définitives recherches mais du nombre de manifestations en tous genres, congrès ou colloques, tables rondes et débats. Chacun doit agir, innover, faire du bruit, se montrer et parler ici et là. Et qu'importe de quoi et comment. Refuser de participer pour se consacrer à ses travaux est, par force, mal accepté, perçu comme une sorte de désertion, de manifestation d'égoïsme, tout le contraire d'un bon esprit universitaire. Nombre de machines tournent à vide. Les colloques ratissent large, lancent des invitations de tous côtés et, pour s'assurer d'un certain succès et d'une bonne audience, l'équipe responsable généralement exige très peu des communicants, presque rien. Qui veut à tout prix se présenter peut se contenter de fouiller dans les fonds de tiroirs, de faire de nouveaux montages d'anciens articles. On ne laisse à chacun que peu de temps, moins d'une demi-heure parfois, et les discussions passent à la trappe. Pour recevoir et contenter tant de bonnes volontés, le comité prévoit deux séances, en deux salles différentes, à la même heure. Chacun peut choisir, sans trop savoir, au petit bonheur. En vérité, l'on s'ennuie ferme.

On ne travaille pas seul et l'on doit, pour tout, se mettre à quelques-uns. Les congrès et colloques, expressions triomphantes du nomadisme intellectuel, fleurissent en tous lieux, les uns tiennent quelque temps mais d'autres disparaissent sans trop se faire regretter. Depuis le *Séminaire de Bordeaux*, si bien décrit par Jean Dutourd qui, il y a maintenant vingt années, en 1985, pouvait déjà voir l'inanité et le ridicule de la chose, nous sommes allés de mieux en mieux. Chaque université, chaque service culturel des départements ou des villes d'Art et d'Histoire, veut son colloque. C'est l'explosion. À grands frais et grande peine : il faut racler les fonds de tiroirs, trouver les salles et la bonne date, pas trop tôt dans l'année ni trop tard, bien cibler un créneau. Ne proposer que de l'insolite. On ne sait vraiment plus quoi inventer pour convaincre des collègues déjà tant sollicités : des thèmes tout nouveaux suggérés par d'étranges libellés qui laissent une large place à l'interprétation personnelle, des rencontres "autour" d'une œuvre ou d'un auteur. On n'hésite pas à transcender les siècles et l'on va souvent, pour partager les frais, dans le pluridisciplinaire. Certains font tout simplement l'histoire de l'Histoire et se contentent, à peu de frais, de disserter à longueur de séances sur les mérites d'un maître disparu depuis peu ou toujours vivant. Cela frise l'indiscrétion ou la propagande *pro domo*. Nous avons vu, notamment en pays anglo-saxons, colloquer sur l'École des Annales, sur Marc Bloch et sur Fernand Braudel. Il y a de cela quelques années, l'Université de Navarre conviait à des journées d'études sur les deux "médiévistes" contemporains qui, au choix des organisateurs, avaient le plus marqué leur temps. C'étaient Étienne Gilson, mort en 1978, et Jacques Le Goff, bien en vie ;

ce dernier présenté par l'un de ses proches disciples. Et l'on publie, plus tard, parfois très tard, à grand mal, chacun livrant sa "disquette" aux normes imposées (police, interligne, alinéas, notes et références). Les auteurs reçoivent leurs tirés à part, on vend quelques volumes et l'on se lasse.

Ces grandes fêtes rencontrent un tel succès, occasion de se retrouver entre praticiens du même métier, lancés dans la même aventure, que les organisateurs ne peuvent faire face aux demandes d'inscriptions, de plus en plus nombreuses. Refuser est fermer la porte à de jeunes chercheurs, leur interdire de faire connaître leurs travaux et les priver de participer à ces échanges d'idées ou de méthodes. Impossible, pourtant, d'ajouter un jour ou deux à un programme déjà chargé, ou d'ouvrir une autre salle en plus des deux déjà prévues, ou de prévoir des séances de nuit. La résistance intellectuelle a des limites. On a trouvé : les candidats malheureusement écartés d'un premier choix, exclus donc de communication, pourront présenter des *posters*. L'idée et la pratique viennent certainement d'outre-Atlantique. J'en ai découvert, surpris, la première mention dans un roman de David Lodge[115], écrivain particulièrement bien informé de tout ce qui concerne les mœurs et les usages universitaires. Effectivement, en France, on ne dit ni "affiches" ni "panneaux réclames". Il s'agit, semble-t-il, de présenter un programme de recherche, voire une problématique et une méthodologie propres, ou l'état des travaux par un dessin ou un ensemble de signes, graphiques, images et courbes. Depuis deux ou trois ans, un bon nombre de colloques consacrés aux sciences exactes n'ont garde d'oublier les *posters*, en annonçant leurs programmes : « ce colloque sera organisé autour de conférences plénières, d'ateliers thématiques (maximum deux en parallèle) et d'un espace "posters" »[116]. Les auteurs de *posters* devront, pour l'inscription, procéder de la même manière que pour les communications orales, en précisant qu'il s'agit d'un poster affiche. Et l'on donne la date de l'installation des posters, puis celle du décrochage. Il ne semble pas que, pour l'histoire, la pra-

---

[115] David LODGE, *Pensées secrètes,* éd. française, 2001.

[116] Il s'agit d'un Colloque sur les Sciences du Langage de l'Homme et de la Société.

tique en soit encore très répandue. Est-ce à regretter ? C'est peut-être là une nouvelle forme de communication et d'enseignement à un niveau supérieur à prendre au sérieux.

Professeurs et maîtres de conférences sont bien évidemment dans l'impossibilité de faire le compte de tout ce temps perdu à ces spectacles futiles. Pour assister à tous les séminaires sur des sujets totalement étrangers à leurs spécialités, à leurs compétences mêmes. Pour préparer à la hâte, désabusés à l'avance, leurs maigres contributions aux rencontres que l'on ne doit pas manquer. Prévoir de remplacer les cours et remplir les formulaires d'absence quelques semaines à l'avance, et d'autres formulaires pour, si l'on peut dire, le remboursement des frais. L'État et l'Université vivent largement, sur ce point, au-dessus de leurs moyens et le font savoir. Il vous faut des justificatifs : un bulletin de salaire (sic), un certificat de non-paiement par votre institution d'origine, au total un "dossier" de belle épaisseur qui risque fort de vous être retourné, incomplet ou fautif. Si tout va bien vous voyez venir, trois ou six mois plus tard, vos "indemnités" : trente-huit euros pour la nuit et quinze pour le repas. Et la SNCF au plus juste prix ; prime aux billets à tarifs réduits. On vous garde jusqu'au dimanche.

Une agitation dérisoire dont personne ne s'effarouche. Rien d'antipathique ou de désagréable, tout au contraire. Chacun fait ce qu'il peut, y met du sien et ces rencontres, sur le plan humain, ne sont pas du tout négligeables. Mais pour quels résultats, quels travaux livrés à l'impression ?

Publications : des patchworks bariolés, mal cousus

C'est aussi la fin, du moins un appauvrissement considérable, des ouvrages de synthèse sur de grands sujets. Les thèses d'État étaient toutes publiés aussitôt soutenues, étudiées par de nombreux spécialistes, toujours citées dans les bibliographies des manuels d'enseignement supérieur, toutes matériaux indispensables, essentiels pour qui se lançait en d'autres recherches. Celles du nouveau régime, si nombreuses maintenant, demeurent, sauf rares exceptions, à l'état de manuscrits, pour la plupart malheureusement inconnues et donc perdues. On les tient certes pour des travaux honorables, souvent irréprochables du point de vue scientifique, mais d'intérêt trop limité. De plus et surtout, les universités réservent leurs budgets pour éditer les travaux de leurs différents Instituts et de leurs équipes de recherches.

On a, dit-on, mis en vente en France quelque six cents nouveaux romans dans l'automne 2005, mais l'on ne donne pas volontiers le chiffre des tirages. Quant à savoir combien, parmi les acheteurs de ces "nouveautés", ont pris le soin d'ouvrir le volume et de distraire quelques heures de leur temps de loisirs pour le lire jusqu'à la fin, ce serait peine perdue que d'y songer. L'expérience, toute récente mais vite prise en compte, apprend que le livre s'achète, ne se lit pas toujours et s'oublie aussitôt. C'est devenu article de consommation de plus en plus vite périmé, livre jetable ou presque... Il semble que, pour l'Histoire, comme pour les romans et pour d'autres ouvrages, les éditeurs ne s'inquiètent pas vraiment du déjà vu et du déjà lu. Nous voyons sortir de presse, à quelques semaines seulement d'intervalle, deux biographies d'un roi de France, ou d'un grand ministre ou de tel ou tel personnage dont le nom peut retenir l'attention. Aucun chercheur n'aurait, naguère, consenti à passer dix ans de sa vie pour préparer une thèse sur un sujet qu'un autre aurait en chantier. Les maîtres y veillaient, conseillaient, négociaient pour mettre tout le monde d'accord. S'informer et s'entendre ne demandait que peu d'efforts et peu de temps. Aujourd'hui, les éditeurs des ouvrages scientifiques, le plus souvent les Presses d'une université, peuvent prendre tous les risques. Ils apportent toujours du nouveau sur un point précis, dans une ou deux des contributions tout au moins. Et sinon ? Qui irait protester ? L'essentiel est de produire pour justifier l'existence de l'équipe et obtenir son renouvellement.

Tout, ou presque tout, va au collectif. Il faut faire plaisir, faire connaître tout un chacun et, plus encore, donner la preuve que l'esprit d'équipe n'est pas un vain mot. Les grandes revues spécialisées, en France et à l'étranger, accueillent toujours les jeunes et moins jeunes chercheurs de haute qualité. Les Sociétés savantes, sociétés d'Histoire et d'Archéologie de province, maintiennent tant bien que mal, affrontées à toutes sortes de difficultés et à un sérieux manque de moyens, le rythme de leurs publications trimestrielles ou annuelles. Mais ce ne sont, bien évidemment, que des articles dispersés, pris au coup par coup, des mises au point sur des questions très particulières et, souvent, un fragment d'une thèse dont les autres chapitres seront publiés ailleurs ou ne verront jamais le jour.

La simple lecture des « comptes-rendus » offerts par nos revues destinées à un public universitaire montre que l'essentiel de l'édition, en histoire, consiste, et de très loin, dans les « Actes des colloques », les « Journées de… », les « Mélanges » ou dans des ouvrages collectifs qui rassemblent, de façon parfois quelque peu chaotique, au grand risque de larges lacunes ou de chevauchements, plusieurs contributions d'auteurs sollicités par un meneur de jeu. Fondé en 1989 et subventionné par le ministère de l'Économie, des Finances et de l'Industrie, le « Comité pour l'Histoire économique et financière de la France », se propose de « contribuer à une meilleure connaissance de l'histoire de l'État et de son rôle en matière économique, monétaire et financière depuis le Moyen Âge jusqu'à nos jours ». En trente-six années d'existence, il a organisé trente-cinq colloques et quatre séminaires. Le catalogue sorti en 2005 fait état de quelque cent ouvrages. Une douzaine concernent le Moyen Âge mais l'on n'y compte qu'une seule édition de texte[117] et quatre importants travaux de jeunes historiens, contre six volumes d'Actes de colloques et Recueils d'articles. Ce que nous envoient les maisons d'édition et les Presses universitaires anglo-saxonnes n'est en rien différent.

Actes des congrès et des colloques… « Mélanges » aussi… L'habitude d'offrir un certain nombre de contributions de collègues ou de disciples, rassemblées par un Comité de patronage, en l'honneur ou en mémoire à un professeur disparu ou parti en retraite ne date pas d'hier. Dans les années 1980, les bibliothèques avaient déjà pris le parti de présenter tous ces Mélanges, bien à part, dans leurs catalogues. Cela faisait, à la Bibliothèque Nationale et à celle de la Sorbonne, plus d'un tiroir. C'est maintenant devenu plus qu'un rituel, une véritable course pour publier davantage, toujours plus gros. Il ne semble pas que l'on ait, jusqu'alors, en France, tenté de rivaliser avec les *Mélanges Fanfani* qui, en 1960, comptaient quatre forts volumes, 1400 pages au

[117] *Les comptes de l'abbaye de Saint-Denis au XIIIe siècle* par Tifenn MARTINOT-LAGARDE.

total. Amintore Fanfani, bon historien des idées et des doctrines sociales, avait été Président du Conseil dans le gouvernement d'Italie. Nous n'avons rien de comparable. Mais on marche bien. Georges Duby eut, de son vivant, droit à deux volumes de *Mélanges*, l'un édité à Paris, l'autre à Aix-en-Provence. Et l'on annonce (été 2005) des Mélanges en deux volumes pour l'un de nos médiévistes avec, au total, trente ou quarante contributions.

Les auteurs, sollicités à temps, acceptent de bon cœur par amitié ; d'autres ne veulent courir le risque de déplaire ou de paraître hors circuit, heureux en tout cas de voir leur nom figurer, une fois encore, sur une table des matières. Les plus nombreux, jeunes chercheurs, trouvent une occasion d'être publiés et cela fait deux lignes de plus sur la liste de leurs travaux. On ne peut refuser personne et l'on en vient à imposer des limites de plus en plus strictes. Hommages mesurés à très peu près. Pour tel volume de Mélanges mis sur pied en l'an 1991, en l'honneur d'un historien professeur d'Histoire du Moyen Âge à la Sorbonne, les contributions ne devaient pas dépasser cinq pages (on ne comptait pas encore en "espaces").

Nous disons, de plus en plus, "colloques" plutôt que "congrès" et rares sont aujourd'hui les Actes qui rappellent, ne seraitce que de loin, ceux naguère édités par la Société Jean Bodin ou par le Comité International des Sciences Historiques. Ce sont amoncellements de broutilles, livres cadeaux que les collègues, les chercheurs qui préparent d'importants ouvrages, et le bon public ne se donnent pas la peine d'ouvrir, sachant par avance l'artificiel de l'entreprise. Il ne peut en être autrement mais l'on sent tout de même un sentiment de frustration. Ces actes des colloques ne sont pas négligeables c'est, comme pour les romans et pour les nouveaux modèles de téléphones mobiles, l'abondance qui décourage. Les catalogues de nos bibliothèques sont bien incapables de tout inventorier et l'on ne trouve plus trace des articles et diverses contributions ni dans les fiches bristol ni sur les écrans de l'informatique. En 1963, le Centre d'Études Supérieures de Civilisation Médiévale de l'Université de Poitiers publiait un *Répertoire international des Médiévistes*, gros volume recensant, par ordre alphabétique des noms d'auteurs, tout ce qui avait été publié, les dernières années, dans les ouvrages collectifs, les grandes revues scientifiques et les actes des congrès et colloques ; un index des "spécialisations" permettait de s'y retrouver sans trop de mal. C'étaient 688 pages et 3.530 titres d'articles. Un autre volume est paru en 1971 : 857 pages et 4.803 articles, plus un volume séparé pour les index, de 80 pages. Ce fut le dernier. Une maison d'édition anglaise entreprit de faire les mêmes recensements sur des fiches de bristol, composées au fur et à mesure des parutions puis envoyées aux abonnés. Ils n'ont pas tenu très longtemps.

Les Curriculum Vitae, présentés par des candidats à des postes d'enseignants chercheurs dans les universités comptent des listes de publications de plus en plus longues. On est passé d'un temps où l'on se contentait de faire mention de deux ou trois bons et grands ouvrages de synthèse, de thèses originales notamment, à, maintenant, plusieurs dizaines de rubriques qui prennent chacune deux ou trois pages sans forcément y trouver une seule importante publication, fruit d'une recherche individuelle et d'une longue élaboration. Ce sont, le plus souvent, diverses participations à des ouvrages collectifs et, plus encore, des contributions à des Colloques ou à des Mélanges. Un de nos collègues, sollicitant son transfert en Sorbonne, dans les années 90, avait, pour faire plus volumineux, mentionné les comptes rendus d'ouvrages publiés sous son nom dans différentes revues. Mais il est clair que d'autres, depuis, ont fait beaucoup mieux. Tout récemment, à l'appui d'une candidature de transfert pour un poste de professeur en histoire ancienne, l'un des candidats présenta une liste de travaux riche de deux cents mentions. Bien souvent, dans ces CV, ces Listes et ces "Parcours", un bon nombre d'auteurs omettent de préciser le nombre de pages de chaque publication. Cela peut faire illusion.

Beaucoup d'agitation, de bonne volonté et d'efforts sans aucun doute, mais la recherche n'y trouve certainement pas son compte. Que l'on cesse d'en dire de fausses raisons, comme d'incriminer un quelconque manque d'intérêt ou un niveau des connaissances de plus en plus faible. Cela n'est que le résultat. Tout est venu des réformes malencontreuses, fruits néfastes d'une politique délibérée.

Le tracas administratif

Le professeur, employé d'une entreprise

Dans le même temps où elles provoquaient une totale désorganisation de l'enseignement, les réformes et les réformes des réformes imposaient une complète remise en cause du métier. Les "cours", les TD (= travaux dirigés) ou TP (= travaux pratiques) et autres exercices d'encadrement, d'éveil ou de suivi, les corrections de centaines de copies et les examens en tous horizons ne sont plus qu'une petite partie des obligations de l'enseignant chercheur. D'autres s'y ajoutent ; toujours plus lourdes et la plupart sans intérêt, réunions stériles, conciliabules et marchandages imposés par une administration ubuesque. Le plus important étant de maintenir en vie, apparences sauvegardées, une machine que des innovations, toutes plus inutiles les unes que les autres, ont lancée ivre sur les rails, vers des buts que personne ne peut même entrevoir. On ne met jamais à plat. On aménage, on modifie, plus souvent l'on ajoute quelque bidule.

C'est, bien sûr, chose toute ordinaire et l'enseignement ne fait nulle exception à ce qui semble la règle dans nos États modernes bientôt paralysés par la surabondance d'agents appelés non à travailler mais à gérer. Mais, pour l'enseignement supérieur, cela atteint des coefficients de croissance que l'on imagine mal. Il y a encore une trentaine d'années, de grandes universités, à Paris et en province, ne comptaient qu'un personnel administratif (l'on disait tout simplement un "secrétariat") de quelques personnes, une bonne dizaine tout au plus. La Faculté des lettres de Rouen, créée de toutes pièces en 1964, atteint très vite une vitesse de croisière tout à fait honorable avec, pour toutes "ressources humaines" en fait d'administration, un secrétaire qualifié et deux dames dactylographes. Nous en sommes maintenant, en 2005, dans toutes nos universités, à un effectif administratif au moins égal, en nombre, à celui des enseignants, c'est-à-dire, pour un établissement de taille ordinaire, à cent ou deux cents personnes réparties en une cinquantaine de services et de bureaux.

Ce mirifique développement n'était pas inévitable, pas dans la nature des choses. Nullement le fruit d'une évolution raisonnable. Contrairement à ce que l'on veut ordinairement faire croire, l'augmentation des effectifs étudiants n'en est pas vraiment responsable. Les mêmes bureaux auraient pu, le cursus des études demeurant en état, traiter un beaucoup plus grand nombre d'inscrits sans recruter d'autres employés, à tous niveaux. La pléthore administrative fut délibérément provoquée par des directives hors du sens. Personne, à l'heure actuelle, ne saurait en voir la fin. La licence d'Histoire ne comptait encore, dans les années 1990, que quatre certificats, baptisés parfois UV (= unités de valeur), puis UE (= Unités d'enseignement). À l'exemple des pays anglo-saxons et de quelques européens, on a tout compliqué à plaisir. Les "livrets d'étudiants", autrefois parfaitement inutiles, prennent de l'épaisseur chaque année. Écrits pourtant directement en français, ce sont des modes d'emploi aussi difficiles à déchiffrer que ceux des ordinateurs, des fours à micro-ondes et des téléviseurs fabriqués en Corée ou en Chine. En venir à bout demande de longs temps d'initiation. Les services de la scolarité et les divers secrétariats voient, en début d'année, arriver de longues files de jeunes gens complètement désemparés, ahuris, lancés sans préparation d'aucune sorte à la découverte de labyrinthes dont ils n'avaient pas la moindre idée. Les plus astucieux s'en sortent sans trop de mal et se concoctent un parcours d'obstacles bien à eux, vraiment original, adapté à leurs projets, en tout cas à leurs horaires.

Seul un personnel bien formé, compétent à force de tentatives infructueuses et de longues heures sur le tas, peut maîtriser tout cela. Il faut multiplier les bureaux, de plus en plus spécialisés, bientôt leur réserver d'autres bâtiments. Une nouvelle réforme tombe à chaque nouveau ministre et oblige à tout revoir : autres structures, autres exigences pédagogiques, autres "contenus" des enseignements et autres horaires. L'ancien régime, cependant, court toujours ; les deux chevauchent et l'on a peine à s'y retrouver, à ménager des "passerelles". Ce n'est pas un calvaire bien sûr, mais la cour du roi Ubu.

Tout est casse-tête et l'on désespère, à force. Établir le service d'un professeur ou d'un maître de conférences est jouer avec les conversions, les règles de trois et les équivalences dans l'espoir de tomber juste, à la demi-heure ou au quart d'heure près, pour l'année. Le tout transmis au bureau des RH (= ressources humaines) qui vérifie et, le cas échéant, demande de rectifier. L'administration prend tout en main, se nourrit elle-même et, comme partout ailleurs, ne songe qu'à faire des petits.

Le Secrétaire général, maître à bord et gestionnaire d'une telle entreprise est, de fait, un personnage accablé de tâches et de responsabilités. Et, du coup, situé tout en haut de l'échelle, bien souvent inaccessible. Les maîtres de conférences et les professeurs sont ses employés au même titre que ceux des bureaux. Il ne reçoit pas à moins d'une ou deux semaines d'attente et fait volontiers répondre par sa secrétaire.

L'AU (= administration universitaire) toute puissante, plus lourde d'année en année, n'a, de par sa formation et par son travail, rien à voir avec les enseignements. C'est sans doute, en France, l'une des rares institutions où le personnel administratif, par ailleurs très compétent, n'a pas vraiment connaissance de la nature des activités propres à la maison. Il gère, du mieux possible, ce qui n'est certes pas mince mérite, et ne va pas sans heurts ou alarmes, mais ignore le pourquoi et le résultat. Dans les hôpitaux, l'administration, pléthorique dit-on pour les besoins réels, sait que l'on soigne des malades et a sans doute une bonne idée de ce qu'est une consultation et de ce qui se passe dans un bloc opératoire. Ce sont souvent des médecins ou des infirmières reconverties dans un des services de gestion. À l'Université, les chefs de services, les rédacteurs et les secrétaires forment un corps complètement étranger à l'institution elle-même. Les bureaux ne manifestent aucune sorte d'intérêt pour ce qui se dit dans les salles de cours et les amphithéâtres. De plus, du fait des réformes et de l'extrême complexité des enseignements, les professeurs perdent allure humaine et sociale. Ce ne sont plus des hommes et des femmes, reconnus et désignés, qualifiés par leurs fonctions, mais des entités administratives qui ne représentent rien d'autre que des heures de travail, en différents lieux, parfois sans vrai rapport les uns avec les autres. Monsieur X et Madame Y ne font pas des cours d'histoire ancienne et d'histoire moderne : ils sont en charge des ECUE(s) qui ne portent même pas de noms et que l'on désigne par des assemblages de lettres et de chiffres : AZB14, CDX22... En fait, chacun fait cours en cinq, six ECUE(s) et même davantage, toutes identifiées de la même façon. On cite, cas sans doute exceptionnel mais tout de même bien représentatif d'une telle folie, un maître de conférences qui, en histoire et dans une université de province, devait, au cours de l'année, se partager entre dix-sept cours et exercices différents. Le métier devient abstrait, désincarné et les relations humaines se ressentent, perdant toute sorte d'intérêt pour la tâche accomplie.

Sans cette administration, affrontée sans cesse à de nouveaux problèmes de salles et d'horaires, tenue de respecter un calendrier imposé, l'Université ne pourrait vivre. Mais elle ne pourrait, non plus, fonctionner s'il n'y avait pas de cours. Cependant, malgré, presque toujours, beaucoup de bonne volonté réciproque entre les services et les travaux et un vif désir de maintenir dans un ordre encore acceptable une institution que d'autres, loin de là et à l'abri des mécontentements, ne cessent de mettre à mal, malgré des rapports sereins, aimables même en temps de crise, les voisinages entre deux corps très différents provoquent forcément quelques malaises. Les chefs de bureaux, les rédacteurs et les secrétaires qui n'ont, bien sûr, pas de cours à préparer et n'emportent pas de dossiers chez eux, ne corrigent pas de copies, n'interrogent pas dans des salles surchauffées en juin et septembre, ne font pas non plus de recherches et ne dirigent pas de jeunes et moins jeunes chercheurs, tolèrent mal que d'autres ne viennent pas à l'université tous les jours, ne soient pas astreints aux mêmes horaires et aient des congés plus longs que les leurs. Ils ne peuvent ou ne veulent concevoir que ceux-ci travaillent hors des salles de cours ou de leurs bureaux[118] et il semble admis, en tout cas, que tout enseignant peut être joint à tout moment, chez lui ou ailleurs, par téléphone, fixe ou portable, et par courriel.

Les tâches administratives prennent le pas sur les cours et sur les autres exercices. Ceux qui enseignent et sont, malgré tout, responsables des diplômes, ne sont que de simples employés, priés de se soumettre aux règles imposées, employés soumis à une machine qui, trop souvent, s'emballe ou déraille. Le professeur titulaire d'un enseignement, cours, exercices et examens, n'est plus maître de rien. Le nombre d'heures, la répartition entre cours

---

[118] Ce qui est, bien sûr, une façon de parler car, généralement, ces enseignants sont quatre ou cinq ou davantage à se partager le même local, meublé d'une seule table.

magistraux et travaux dits “dirigés”, la nature des “contrôles” lui sont imposés.

Temps perdu, recherche sacrifiée

Personne n'est responsable, personne, sur place, n'y peut rien, n'y met de mauvaise volonté et ne commet d'abus de pouvoir mais tout vient d'en haut et rien n'est négociable. C'est au moment où l'on parle encore, si fort, de l'indépendance des universités que l'État les soumet à un contrôle de plus en plus rude et même à une sorte de tyrannie, les assomme de directives, d'évaluations et de contrôles, définit les structures et les programmes et ne leur laisse aucune liberté, tant pour l'enseignement que pour la recherche. Les bureaux de Paris prétendent décider de tout et lancent à tous vents, par courrier électronique, instructions, circulaires, décrets d'application, rédigés de telle façon qu'en tirer une idée un peu claire est déjà tout un travail. Bien évidemment, il leur faut des réponses, tout de suite, très vite : va-et-vient qui ne finit pas, harcèlement textuel éhonté. Des tonnes de papier dans l'année, le tout répercuté jusqu'à la base. Chaque service est en alerte pour un rien, pressé par les délais impossibles à tenir et, à son tour, bien obligé, exige de ses enseignants administrés, assujettis, un rapport, un tableau ou un “état” toutes autres affaires cessantes. De telle sorte que le professeur qui prépare ses cours, ou travaille en bibliothèque, ou rédige quelques pages de sa thèse ou de son “habilitation”, ou s'apprête à recevoir un doctorant pour parler de ses recherches, doit tout abandonner pour un bon temps et se consacrer à diverses tâches toutes plus accablantes les unes que les autres, toutes bien sûr d'une utilité insoupçonnable, comme de mettre au net des projets et des états de service, des prévisions budgétaires ou des commandes de livres. À livrer dans les vingt-quatre heures, quarante-huit au plus. Et, pour tenir les délais, ne pas déplaire et faire mal noter l'équipe, certains se trouvent dans l'obligation de supprimer des cours. Avant tout, remplir les questionnaires farfelus !

Les disciplines et les options, les ECUE(s) donc, sont si nombreuses que les dates d'examen écrit et oral, sont fixées d'autorité par un service central qui, au prix d'acrobaties invraisemblables et de longs essais pour rien, tente d'éviter les chevauchements. Chaque professeur en est informé plus ou moins tôt, selon les contraintes de ce calendrier, et ne dispose que d'un temps de corrections, qui, bien évidemment, ne tient pas compte du nombre de copies. Il faut remettre les notes coûte que coûte à date dite, faute de voir l'Informatique tomber en transes et tout refuser.

Il semble que la moindre des innovations n'ait d'autre but que de compliquer jusqu'au déraisonnable des pratiques jusque-là très ordinaires, relevant de la simple routine. Rien ne doit demeurer comme avant et l'on juge de l'intérêt d'une réforme à l'importance de la machinerie mise en route. Ce que traduisent à merveille la longueur et l'opacité savamment dosée des règlements fondamentaux et des diverses circulaires d'application dont personne n'est jamais à l'abri.

Aux temps lointains, les universités, complètement indépendantes du pouvoir politique, établissaient elles-mêmes leurs règlements, déterminaient les grades et les examens, en somme s'administraient sans rendre compte à qui que ce soit. De ces libertés, ne demeure que le droit de nommer aux postes vacants. L'État prononce ces vacances mais le choix revient aux collègues en place. C'est sans doute le seul corps de la fonction publique à bénéficier d'un tel avantage. On imagine que cela ne va pas sans heurts, tiraillements et affrontements entre personnalités ou familles de pensée. Mais, jusqu'à ces derniers temps, la procédure se maîtrisait aisément : tous les collègues, réunis en Conseil, désignaient l'élu à la majorité des voix. L'effectif des enseignants se comptant, aujourd'hui, par centaines, ce n'est plus possible. Nous en sommes au régime des "Commissions de spécialistes", une par discipline ou, plutôt, par section. En Histoire, ce sont la 21 (Ancienne et Moyen Âge) et la 22 (Moderne et Contemporaine). Ce qui fait qu'un "médiéviste" peut juger d'une candidature en histoire ancienne mais non en moderne. Un spécialiste du XVe siècle peut siéger pour les Sumériens et l'Empire romain mais non pour les années 1500. Tous les collègues de l'Université ne sont pas membres de droit de ces commissions. La composition en est régie par la loi ou, plutôt, par une série d'instructions ministérielles dont le décryptage demande, comme à l'ordinaire, une certaine habitude. En fait, le plus souvent, l'on ne comprend rien ; les RH (= ressources humaines) pas vraiment ; le Ministère consulté répond, s'embrouille parfois, ou ne répond pas. C'est la galère.

On a, sans ombre de raison, compliqué à loisir pour faire chic. Il faut, pour espérer porter une Commission sur les fonts baptismaux avec quelque chance de succès, prévoir un nombre égal de professeurs et de maîtres de conférences, élus par tout le corps enseignant par scrutin de liste, à la proportionnelle, à plus fort reste : pas moins de cinq et pas plus de dix de chaque catégorie ; plus autant de suppléants. La mise en place puis le simple fonctionnement de ces assemblées fatras ne sont pas affaires de peu et exigent, chaque année, calme et diplomatie pour mener à bien toutes sortes de tractations. Il faut l'avoir vécu au moins une fois pour prendre mesure du temps perdu en réunions préparatoires, discussions et marchandages, recherche des quotas, course aux conformités, appels à l'aide aux services compétents, tenter de comprendre ce qu'un rédacteur embrumé a voulu dire, enfin établir les listes et faire voter. Puis se réunir pour former un "bureau". Puis, le temps venu, recevoir les dossiers de candidatures qui, en histoire, sont de vingt à soixante ou à quatre-vingts pour un poste de maître de conférences, les répartir, rédiger les rapports. En une semaine généralement, pas plus. On en vient enfin aux élections qui se font en deux temps : étude des dossiers pour n'en retenir que cinq au plus, puis audition de ces candidats. Vérification des procédures par l'administration compétente et votes pour confirmer ou infirmer au Conseil Scientifique et au Conseil d'Administration de l'université. À refaire chaque année : il suffit d'un départ ou d'un changement de statut de l'un des enseignants pour que tout soit à revoir.

Ce n'est que l'une des étonnantes machineries administratives qui, parfaitement gratuites, mobilisent des jours et des jours pris sur ce qui devrait être le métier, sur les cours et sur la recherche. Tout est fait, dirait-on, pour manger du temps. Évoquer ce que les tracasseries de tous ordres et les contre-ordres inopinés ont généré de réunions, de tractations et de mises au point de dernier instant, en un mot de perte de temps pour rien, strictement pour rien, demanderait tout un volume. Qui, certes, mériterait d'être écrit et largement diffusé pour que le grand public, celui d'en bas qui, lui, travaille vraiment à produire, soit enfin informé de ces douces folies. L'homme hors du sérail ne peut avoir une idée, même imparfaite, du poids de ces sottises qui rythment d'un pas lourd la vie des universitaires qui aimeraient pouvoir travailler. Ce sont pourtant pratiques toutes ordinaires, fruits pernicieux des cogitations de chefs soucieux, en haut lieu, de toujours faire du neuf pour mieux employer leurs équipes d'experts... et en réclamer d'autres, plus nombreuses, interdisant aux enseignants d'être aussi des chercheurs. Qui peut prétendre y travailler correctement, si tiraillé de tous côtés ?

La thèse d'État supprimée, rien d'équivalent, rien d'approchant même ne l'a remplacée. Les maîtres de conférences sont recrutés étant titulaires d'une thèse nouveau régime. Ceux qui envisagent de poursuivre leur carrière et de postuler pour un poste de professeur n'ont pas à préparer une autre thèse, plus importante. Ils se présentent à ce que l'on appelle une “habilitation”. Le mot est manifestement emprunté à des pratiques “européennes”, en l'occurrence celles des universités d'Allemagne. Ce qui fait que personne, en France, ne saurait dire exactement ce dont il s'agit. Les textes et les décrets ne donnent, sur la nature des travaux exigés par le Comité national d'appréciation, que de vagues indications. C'est mystère ou à peu près. Chaque université, en fait chaque jury, définit ses critères et ses exigences. Ce peut être un ensemble d'articles et des contributions de diverses sortes aux colloques et congrès, ou un travail de synthèse reprenant des travaux déjà publiés et, en tout cas, un “parcours personnel” indiquant les étapes du cursus universitaire, la situation personnelle, les choix et les projets, les intérêts particuliers, etc. Ce sont, le plus souvent, des travaux différents les uns des autres, souvent trop dispersés pour être publiés et retenir vraiment l'intérêt des spécialistes. Cela n'a évidemment rien à voir avec ce qu'étaient les thèses d'État d'autrefois.

Les maîtres de conférences, soumis à tant de contraintes et d'obligations, n'auraient que peu de temps à consacrer à de nouvelles recherches et la préparation de cette habilitation qui, plus de dix ans après sa mise en place, garde ce caractère quelque peu ambigu, n'a rien de vraiment séduisant. Beaucoup y renoncent. Aussi, leur thèse “nouveau régime” présentée lors de leur candidature à un poste d'enseignant, mais généralement non publiée, est-elle souvent, sur le plan scientifique, le dernier travail important d'une carrière d'historien.

Ce qui fait que, depuis quelque temps, l'on voit se présenter de très nombreux candidats pour un poste de maître de conférences en Histoire et seulement quelques-uns pour ceux de professeurs. En ces temps si difficiles pour l'emploi, quelques postes n'ont pas été pourvus, faute de candidature.

Les chercheurs sous tutelle, libres d'enseigner là où on leur dit

Les universités ont longtemps bénéficié d'une grande liberté dans le choix de leurs domaines de recherches. En fait, dans ce qui était alors les Facultés des lettres, chaque professeur en décidait hors de toute contrainte, de toute directive d'une quelconque administration. Une part vraiment considérable, la totalité même en certains domaines, des publications de qualité, étaient le fait de jeunes historiens qui ne s'enfermaient certainement pas dans leur tour d'ivoire, se rencontraient et fréquentaient des congrès ou des colloques mais poursuivaient leurs travaux sans nul besoin de s'insérer dans des programmes imposés. Seuls les jurys de thèse et les commissions appelées à élire les collègues, pouvaient juger, mais après coup. Chaque chercheur, en préparation de thèse ou d'approfondissement de ses enquêtes, en charge d'un enseignement et de la direction d'autres travaux, se trouvait, aussitôt engagé dans l'Université, constamment confronté à un public étudiant de bon niveau, lui-même intéressé, capable de réagir. Peser sur le choix des sujets de thèse et, par là, interdire une recherche vraiment libre pouvait, il y a seulement quelques années, paraître vraiment hors de propos.

Tout est en marche pourtant pour imposer un contrôle de plus en plus sévère sans vraiment soulever de fortes oppositions ni même, semble-t-il, susciter quelque commentaire que ce soit.

Les premières décisions, politiques et administratives, datent déjà d'une vingtaine d'années. Il s'agissait de mettre les universitaires en concurrence avec des Instituts scientifiques mieux tenus en main. Pour, dans un second temps faire en sorte que ces instituts, le CNRS en tout premier plan, exercent une sorte de tutelle sur tous les centres de recherches des universités. Le ministère ne cesse d'intervenir, de conseiller ou de contraindre par différents moyens, circulaires et dévolutions de crédits notamment, pour que les liens entre CNRS et Universités, institutions jusque-là seulement complémentaires pour ne pas dire étrangères l'une à l'autre, se resserrent de plus en plus. Pour l'enseignement, la multiplication des filières et des options eut pour conséquence de faire de plus en plus souvent appel à des spécialistes non titulaires de l'université. Ce sont des "chercheurs" et, généralement, des chercheurs du CNRS, la plupart sans aucune expérience pédagogique, qui viennent donner chacun une heure de cours par semaine, non, bien sûr, aux quelque cent ou deux cents étudiants des amphithéâtres, mais à de petits groupes très ciblés. Ces chercheurs, étrangers au corps enseignant ordinaire, sont appelés à siéger au Conseil scientifique de chaque université et donnent leur avis sur l'orientation tant des études que de la recherche. Toutes les "équipes" doivent être communes aux deux organismes. Dans les Commissions de spécialités qui procèdent au recrutement des collègues, les enseignants de la discipline et de l'université ne forment que 70 % de la Commission ; les autres, 30 % donc, sont des membres "extérieurs", appartenant à d'autres universités ou à d'autres corps et instituts. Les instructions ministérielles insistent lourdement pour que le CNRS soit largement représenté. De telle sorte que peuvent participer aux débats et aux votes, pour un poste d'enseignement, un ou plusieurs "chercheurs" qui n'ont jamais tenu une quelconque charge d'enseignement. Un candidat à un poste de maître de conférences, agrégé d'Histoire, riche de quelques années d'enseignement dans le secondaire, titulaire d'une thèse de plusieurs centaines de pages voit son sort soumis à une Commission dont un ou plusieurs membres n'ont d'autre référence que d'avoir été naguère recrutés au CNRS, au vu d'un ou deux articles, parfois d'un simple projet d'études.

Ce qui, le voulant ou non, revient à déposséder l'université de ses prérogatives, en un mot de son indépendance sur le plan scientifique, au profit d'institutions privilégiées qui, elles, n'assurent aucune sorte de service public essentiel.

* *
*

Pour s'assurer du contrôle des orientations de recherche, ce fut d'abord, en 1989 ou 1990, l'octroi de décharges de services qui permettaient à certains enseignants chercheurs de consacrer plus de temps à leurs travaux personnels, notamment à leurs recherches et à la préparation de leur thèse ou d'un important ouvrage de synthèse. C'était, pouvait-on dire, introduire ce que nombre d'Universités à l'étranger et notamment dans les pays anglo-saxons, pratiquaient depuis longtemps sous forme de congés dits "années sabbatiques" : une année sur sept généralement pour tous les enseignants. Notre "sabbatique" est, en fait, fort peu de chose : un semestre pas plus et seulement pour quelques collègues privilégiés, désignés par les Conseils d'Universités. On respectait des *quotas* établis afin de ne pas désorganiser les services et, pour dire vrai, la plupart des professeurs ou maîtres de conférences n'y avaient jamais droit, tout au long de leur carrière.

Le 26 août 1991, le gouvernement créait de toutes pièces, vraiment *ex nihilo*, sans prendre le soin de beaucoup consulter, l'Institut Universitaire de France. Ce mot pompeux désigne dès lors un organisme sans corps ni âme qui n'a d'existence que sur le papier et rassemble des chercheurs *seniors* et *juniors*, de disciplines si différentes qu'ils n'ont évidemment rien à se dire et ne se rencontrent jamais. Ce sont, pour la plupart, des universitaires qui, ainsi distingués, bénéficient eux aussi d'importantes décharges de services pendant cinq années. Pendant dix ans même puisque les *seniors* sont renouvelables. La promotion de 2005 comptait vingt-huit *juniors* dont quatre en Histoire et dix-huit nouveaux *seniors* dont deux seulement en Histoire. Douze *seniors* étaient reconduits pour cinq autres années. Les postes ne sont pas mis au concours. Les candidats présentent un dossier et un projet de recherche, accompagnés de cinq lettres de recommandation, de cinq personnalités reconnues expertes. Et cela tient la rampe. Les laissés pour compte, trop modestes pour postuler ou mal en cour, se résignent et l'on voit même que, peu à peu, s'impose dans l'opinion l'idée que les élus forment une sorte d'élite du corps universitaire. Nous les voyons de plus en plus nombreux faire suivre leurs noms de la prestigieuse mention : « membre de l'Institut Universitaire de France » et le public, forcément mal ou très peu informé, doit confondre avec le véritable Institut.

Les choix sont le fait du prince. Une Commission, qui ne paraît pas définie de façon stricte, propose une liste de trente et une hautes autorités scientifiques parmi lesquelles le ministre nomme les vingt-trois membres du jury pour les *seniors* (douze français et onze étrangers dont une majorité d'européens) et douze, tous français, pour les *juniors*. Rien n'est public ni vraiment transparent. Aucune règle, aucun critère ne sont fixés à l'avance et tout porte à croire que les sujets d'enquêtes proposés par les candidats comptent tout autant, sinon plus, que leurs références et leurs travaux. C'est manière de favoriser tel ou tel secteur de recherche, telle conception de l'Histoire même et, par force, en interdire d'autres.

Mais c'est encore peu de chose et cela ne vaut qu'au coup par coup. Rien n'interdit d'aller plus loin, de peser plus lourd sur le choix des sujets, jusqu'à en interdire un certain nombre. Quelques États totalitaires ont, dans un passé encore proche, montré la voie et, en France même, tout est en place pour qu'il soit possible de les suivre sans rien changer aux pratiques d'aujourd'hui.

Définir et contrôler les recherches à l'intérieur même des universités permet de ne laisser ni liberté ni véritable initiative. Le ministère met les équipes en place, en détermine la composition, les surveille, ne leur accorde de subvention et, donc, ne leur permet de travailler que pour de courtes périodes, renouvelables à discrétion. Nul projet n'est reçu et nulle recherche ne peut être entreprise, nulle thèse reconnue en dehors de ces équipes. Ce qui revient à réduire considérablement les centres d'intérêt et interdire ce qui n'entre pas dans un cadre défini à l'avance. Et ces cadres sont, en dernier ressort, laissés à la discrétion des bureaux de Paris qui acceptent les libellés que des experts, désignés par voie d'autorité, on ne sait trop sur quels critères, jugent dignes d'être retenus. Ceux-ci suggèrent des modifications pour certains, des limites chronologiques ou géographiques pour d'autres et refusent tout net ceux qui ne leur conviennent pas.

Il ne semble pas que l'on ait clairement expliqué les buts et les raisons d'une politique imposée sans concertation d'aucune sorte. On peut, certes, imaginer que ces interventions nullement discrètes mais, tout au contraire, contraignantes et répétées jusqu'à lasser et décourager les oppositions et les velléités d'indépendance trop marquées, répondent d'abord à un souci d'efficacité sans doute nécessaire. Ce serait pour éviter trop de doubles emplois ou de recoupements, pour veiller à ce que deux ou trois universités ne fassent pas travailler leurs doctorants sur les mêmes sujets ou des sujets trop proches. Ce peut être aussi pour promouvoir les recherches dans un cadre régional approprié : telle ou telle équipe bénéficiant d'une sorte de monopole et rassemblant, sur le même programme, les enseignants d'autres Universités plus ou moins voisines. Pour le moment, nous en sommes là. C'est déjà dommage et l'on voit bien les conséquences. Une équipe ne peut obtenir son renouvellement et donc sa survie, si du fait de transferts ou de départs à la retraite, ses effectifs deviennent manifestement trop faibles. Les responsables doivent veiller et, tout naturellement, pèsent sur les recrutements pour exiger que les nouveaux collègues élus puissent tout aussitôt s'intégrer et répondent exactement au profil souhaité. Aussi, lors des élections à de nouveaux postes, tient-on davantage compte de la spécialité que de la qualité des travaux, de l'expérience d'enseignement et des aptitudes à susciter des vocations. Peu à peu, l'on en arrive à toujours préférer des candidats du cru, formés sur place, chercheurs dans le cercle bien défini par le contrat d'équipe et à fermer la porte aux autres qui, précise-t-on, ne correspondent pas au profil désiré. L'idéal étant, certains ne manquent pas de le faire savoir ou le manifestent par leurs votes, l'étudiant remarqué depuis longtemps, pris d'abord comme moniteur, puis dans tel emploi auxiliaire avec d'être promu à un poste vacant dès qu'il peut justifier des titres nécessaires. Voudrait-on, aujourd'hui, mener une enquête sur les postes délibérément "gelés", non pourvus, pendant une année ou plus, dans l'attente que tel ou tel ait terminé sa thèse nouveau régime ? C'est ainsi que chaque Université se spécialise. Les étudiants ne vont suivre que des cours ciblés, toujours les mêmes d'année en année. Non plus un enseignement général, vraiment universitaire, ouvert sur divers horizons, mais une suite de cours et d'entretiens circonscrits à un domaine restreint, en fait, dans la plupart des cas à une région.

Il ne s'agit encore, avec ce souci avoué de bien répartir les travaux de recherche entre les universités et les régions, que des premières démarches d'une politique qui, dès maintenant, a bien défini ses moyens d'action. Dès lors, tout est possible et il sera aisé, d'apparence acceptable, de peser sur tous les choix et, sans avancer aucune sorte de justification, de décider ce qui peut être ou non objet d'une recherche, de dire quelle époque doit être mieux étudiée et mieux connue que d'autres.

Sévir après coup, envoyer des ouvrages au pilori, condamner des mal pensants ferait tout de même assez mauvaise figure. Certains pourraient s'émouvoir, un temps du moins, et ce serait très regrettable. Mais sans en rien dire, sans imposer quelque censure que ce soit, sans interdire ni faire de nouvelles lois *ad hoc* et intenter des procès aux récalcitrants, factieux et rebelles, l'État aujourd'hui contrôle aisément la recherche historique. Il lui suffit de refuser les autorisations, de ne donner le droit d'exister qu'à des équipes dont les projets ne risquent à aucun moment de remettre en cause les vérités admises. Ne pourront aller contre, suivre leurs propres choix, que les chercheurs isolés qui travaillent hors les organismes d'État, notamment hors le CNRS et les universités. Mais il leur faudra trouver eux-mêmes un éditeur. Ils ne seront pas légion et n'auront que peu de chance de se faire entendre d'un public nourri des émissions historiques que la télévision, toutes chaînes à l'unisson et les “culturelles” à l'avant-garde, multiplie dans le seul but de forger l'opinion : niaiseries et balivernes, propagande plus encore.

TABLE DES MATIÈRES

Achevé d'imprimer le 2 octobre 2006
par la Sté ACORT Europe en la *St Léger*
www.cogetefi.com

Dépôt légal : à parution
Imprimé en France